Muruchi Poma

Evo
Morales
Die Biografie

Berlin, 14. 06. 2007

Muruchi Poma

Evo Morales

Die Biografie

Übersetzung aus dem Spanischen
von Erik Engelhardt

MILITZKE

Bibliografische Informationen der Deutschen Nationalbibliothek
Die Deutsche Nationalbibliothek verzeichnet diese Publikation in der Deutschen Nationalbiblio-
grafie; detaillierte bibliografische Angaben sind im Internet über http://dnb.ddb.de abrufbar.

Lektorat: Oliver Tekolf
Bildlektorat: Lars Pietzschmann
Umschlaggestaltung: Ralf Thielicke unter Verwendung eines Fotos von Noah Friedman-Rudovsky
Satz und Gestaltung: Thomas Butsch
Gesetzt aus der ITC Legacy und der ITC BradleyHand
Druck und buchbinderische Verarbeitung: Elbe Druckerei Wittenberg GmbH

Printed in Germany
ISBN 378-3-86189-772-9

Besuchen Sie den Militzke Verlag im Internet unter:
http://www.militzke.de

Danksagung

Ich habe noch einmal gelernt, dass jede Idee, sei sie noch so genial und glänzend, nur in die Tat umsetzbar ist, wenn man mit der materiellen und geistigen Unterstützung und der solidarischen Haltung aller Nahestehenden rechnen kann. Ich begann diese Arbeit und brachte sie nach vorn, aber ihre Vollendung hat sie dank der Hilfe vieler erfahren.

Die Familie Morales gab auf all meine mitunter unbequemen Fragen unvoreingenommen und geduldig Antwort, mein uruguayischer Freund Mauro leistete einige wertvolle Beiträge, der Übersetzer Erik Engelhardt unterstützte die Fertigstellung des Buches mit seinen Anregungen. Ich danke meiner Frau Andrea für ihre unermüdliche Geduld, ich danke meinem Sohn Feliciano und ganz besonders meiner Tochter Jenny für die außergewöhnliche Motivation und Kraft, die sie mir während dieser Arbeit gegeben hat.

Dieses Buch konnte nur durch das Verständnis zwischen den Kulturen entstehen, dem Beitrag meiner Verwandten Quechua und Aymara, meiner bolivianischen, lateinamerikanischen und deutschen Freunde.

Ich möchte Evo Morales meinen aufrichtigen Dank für seine mündliche Zusage aussprechen, über sein Leben schreiben zu dürfen. Es ist mir eine große Ehre, den Weg eines Mannes, der zum Vorbild und zur Hoffnung von Millionen Indígenas geworden ist, nachzeichnen zu dürfen.

Dr. Muruchi Poma

Inhalt

Einleitung:
Bruder und Präsident:
Evo Morales

08.04.2006

Es ist 10.00 Uhr morgens als ein Moderator der Regierungspartei – *Bewegung zum Sozialismus – Politisches Instrument für die Selbstbestimmung der Völker* (MAS-IPSP)[1] – aus dem riesigen Konferenzsaal wiederholt ins Mikrofon ruft: Unser Bruder Präsident Evo Morales wird gleich den Saal betreten, wir bitten die Schwestern und Brüder, die an dieser Veranstaltung teilnehmen, einzutreten und Platz zu nehmen.« Der Beginn der Veranstaltung, einer wichtigen Versammlung der Parteimitglieder, war bereits für einige Stunden früher angesetzt, aber auch jetzt sind noch drei schöne *Schwestern*, eine Bezeichnung, die bei den Versammlungsteilnehmern üblich ist, damit beschäftigt, an der Eingangstür die Personalien der Teilnehmer zu überprüfen.

Viele der Delegierten kamen von weit abgelegenen Orten hierher. Einige mussten lange Strecken zu Fuß von ihrer Gemeinde bis zum nächsten Dorf zurücklegen, von wo sie irgendein Verkehrsmittel weiterbrachte. Oft sind das Lastkraftwagen, die nach stundenlanger Fahrt auf unbefestigten Straßen einen Ort mit Busstation erreichen. Von dieser geht dann letztendlich ein Bus in die Stadt Cochabamba im Zentrum Boliviens. Die Veranstaltung findet genau hier statt, von den Ureinwohnern in einer ihrer Muttersprachen, dem *Q´ichua*, Quechua, auch *Qucha Pampa*, Seen-Pampa, genannt. Cochabamba liegt 2.523 Meter über dem Meeresspiegel und hat zirka 500.000 Einwohner.

Die Delegiertenversammlung findet auf einem Gelände mit wunderschönem Park statt, in dem zwischen blühenden Pflanzen, Hecken und Bäumen Tische und Stühle aufgestellt sind. Einige Teilnehmer stehen, andere sitzen, und diskutieren über das politische Leben Boliviens. Seit dem 18. Dezember 2005, als der Präsidentschaftskandidat Evo Morales Aima seine politischen Gegner mit absoluter Mehrheit schlagen konnte, sind genau 112 Tage vergangen. Bei den Protagonisten dieses Prozesses spürt man noch den Stolz über diesen Sieg. Es herrscht eine festliche Atmosphäre bei hervorragendem Wetter, strahlender Sonne und 27 °C. Die Stimmung lässt überhaupt eher auf eine Party schließen, als auf eine ernsthafte politische Versammlung.

Bei der Betrachtung fällt auf, dass viele Teilnehmer ihre traditionelle Tracht in lebendigen, kräftigen Farben angelegt haben. Die soziokulturelle Zusammensetzung der Delegierten dieser Versammlung ist repräsentativ für das wahre Bolivien. Das Land besitzt mehr als 35 verschiedene Volksgruppen mit eigenen Kulturen in ökologisch unterschiedlichen Gebieten: dem *altiplano* (Hochland), den *valles* (Tälern zwischen den Bergketten), den *yungas* (den höher gelegenen Regenwaldgebieten), dem Amazonasbecken, der *llanura* (Flachland) und den *chacos* (Savannen). Die zahlenmäßig wichtigsten indigenen Völker sind die Quechua, die Aymara, die Guarani, die Chiquitano, die Moxeño und die Guarayo[2]. Das bolivianische Einwohnerverzeichnis von 2001 führt 62 Prozent der Bevölkerung indigener Herkunft, während inoffizielle Schätzungen von bis zu 80 Prozent ausgehen. Evo Morales gehört dem Volk der Aymara an. Ein weiterer Bestandteil des multikulturellen, multiethnischen

Traditionelle Tracht der Männer aus Chaco und Sucre

und plurilingualen Boliviens sind Mestizen und Weiße, die ebenfalls auf dieser Versammlung vertreten sind.

Wie nie zuvor benutzen die Politiker in Bolivien heute den Ausdruck *indio*[3] mit Vorsicht, da er eine abfällige Wortschöpfung für die Ureinwohner des Landes ist. Der Begriff wurde durch die spanischen Eroberer fälschlicherweise geprägt, die meinten, auf indischem Boden angekommen zu sein. Seither wurde der Terminus *indio* von den Kolonisatoren und deren Nachfolgern im republikanischen Zeitalter und bis heute von der weißen Bevölkerung Lateinamerikas verwendet. Oft wurde er benutzt, um die Ureinwohner als Barbaren, Wilde, Seelenlose und Ungebildete zu bezeichnen und auszugrenzen. Die Bezeichnung gilt der indigenen Bevölkerung als bösartiger Ausdruck des menschlichen Geistes, um Genozid und Ethnozid der Ureinwohner Lateinamerikas zu rechtfertigen. Vor diesem Hintergrund scheint es unglaublich, dass Evo Morales

Morales leitet die Mitgliederversammlung der MAS

heute mit Titeln wie *globaler Indio* bedacht wird. Die Ureinwohner ziehen es vor, als die bezeichnet zu werden, die sie sind: die Quechua, die Aymara, die Guarani u. s. w. Im Gegenzug benutzen die Aymara in ihrer Sprache den Begriff *k´ara* um die Weißen zu charakterisieren, was laut einleuchtenden Erklärungen soviel wie *Schrunde* oder *rissige Haut*, also eine Krankheit bedeutet.[4]

Im Konferenzsaal mit Glasfassaden und großen Glastüren haben etwa 200 Personen Platz. Die Stühle wurden in zwei Blöcken, einem linken und einem rechten, aufgestellt. Vor der Bühne stehen zwei Gruppen von reservierten Stühlen für die frischgebackenen Minister des Landes. Für die Senatoren und offiziellen Abgeordneten sind die Plätze im linken Block vorgesehen, während die Delegierten der Verfassunggebenden Versammlung, der *Constituyente*[5], rechts Platz nehmen sollen. Die restlichen Plätze sind für Delegierte aus verschiedenen Landesteilen und Städten Boliviens reserviert.

Etwa 10.30 Uhr am Morgen ist der Saal bereits voll und der Moderator, der die Ankunft des Präsidenten ausgerufen hatte und jetzt auf einem der Stühle auf dem Podium Platz genommen hat, verkündet nun mit tiefer und sonorer Stimme: »Unser Bruder Präsident Evo Morales...!« und unter lauten Rufen und Applaus geht alles weitere unter. Mit seinem Begleitschutz an der Seite und einigen Mitgliedern der Regierung im Gefolge tritt der bis heute erste indigene Präsident[6] Boliviens langsamen Schrittes durch die seitliche Glastür und begrüßt die applaudierenden und Viva-rufenden Teilnehmer mit erhobener rechter Hand, um danach die Hände zu schütteln, die sich ihm auf dem Wege zum Podium entgegenstrecken.

Evo möchte er genannt werden, der Mann mit der Adlernase, dem dunklen kupferfarbenem Teint, den mandelförmigen Augen und dem dichten, schwarzen Haarwuchs. Er ist kräftig, hat eine breite Brust, nach vorn geschobene Schultern und eine für den bolivianischen Durchschnitt hochgewachsene Statur von etwa 1,80 Meter.

Er setzt sich zwischen seine Mitarbeiter und Ehrengäste auf dem Podium. Die Mischung aus Männern und Frauen fällt ins Auge. In dieser Versammlung werden die Vorschläge der MAS-Partei für die Constituyente zu hören sein.

Vom Rednerpult aus informiert nun sein offizieller Sprecher und Kampfesgefährte Alex Contreras: »Liebe Schwestern und Brüder, es spricht nun zu Euch unser Bruder Evo, Präsident von Bolivien ...« Und der tosende Applaus der Delegierten im Saal, die aufgestanden sind, verschluckt jedes weitere Wort.

Evo trägt ein weißes Hemd und schwarze Hosen. Er begibt sich festen Schrittes zum Rednerpult. Seine Bewegungen zeigen Enthusiasmus. Der Applaus der Delegierten scheint kein Ende zu nehmen. Plötzlich ruft jemand mit kehliger Stimme: »Jallalla (Viva), es lebe unser Präsident Evo!« Und alle antworten: »Jallalla!« und bringen den Saal zum Beben.

Neben ihm, in die Nähe des Pultes, hat sich der offizielle Sprecher postiert. Er ist von kleinerer Statur als Evo. Hinter ihm steht ein Militär in weißer Uniform und scheint damit dem Redebeitrag des indigenen Staatschefs, der weder Anzug noch Krawatte benutzt, den entsprechenden protokollarischen Charakter zu geben.

Evo hat keine Aufzeichnungen und beginnt seine Rede in Spanisch, indem er die anwesenden Delegierten und Ehrengäste begrüßt und sich bei ihnen bedankt. Er spricht ungezwungen und gewandt. Er schaut die Teilnehmer dabei direkt an. Hinter seiner ernsthaften Erscheinung steckt eine Person von beeindruckendem Stolz und Selbstbewusstsein. Der Ton seiner Worte zeigt Sicherheit, Aufrichtigkeit und Kraft.

Die Delegierten dieser Versammlung schauen aufmerksam zur Bühne. Viele von ihnen haben bereits gefüllte Wangen, das heißt, den Mund voller Kokablätter[7]. Andere beginnen jetzt, sich die grünen und trockenen Blätter der heiligen Pflanze eines nach dem anderen in den Mund zu legen. Sie fassen die Blätter mit zwei Fingern am Stiel und entfernen vorsichtig mit den Zähnen einen Teil des Randes während der andere Teil von ihren Fingern festgehalten wird, um danach Stiel und Blattgeribbe abzutrennen. Wieder andere falten die Blätter nur ein- oder zweimal zusammen, um sie gleich in den Mund zu legen. Die Blätter werden weder gekaut noch mit den Zähnen zerkleinert. Sie bleiben im Ganzen zwischen Wange und Backenzähnen liegen. Um ihnen einen angenehmen Geschmack zu verleihen, wird eine herbe alkalische Substanz, eine Art gekneteter Paste, hinzugegeben. Sie heißt *llujta* und besteht aus Pflanzenasche mit Banane oder Süßkartoffel. Die gesamte Prozedur wird *akulliku*[8] genannt. Man sieht ihnen den Genuss an, als ob sie einen feinen Kaffee oder einen exquisiten Tee kosten würden. Diejenigen, die keine grünen Blätter dabeihaben, zögern nicht, ihre Nachbarn darum zu bitten, obwohl sie mit die-

Legia oder *Llujta*, ein Gemisch aus *Quinoa*-Asche und Süßkartoffel oder Banane

sen oft noch nicht gesprochen haben. Sie nehmen die Koka mit ausgestreckten Händen entgegen, nicht nur, um sich mit dieser Geste zu bedanken, sondern auch als ein Zeichen des Respekts vor der Pflanze, die für sie heilig ist.

Evo fährt mit seiner Rede fort: »Die nächste große Aufgabe, die wir in Angriff nehmen müssen, ist, einen neuen bolivianischen Staat für alle, für Mestizen und Kreolen unter Führung der Indígenas zu gründen.« Er unterstreicht seine Überzeugung, dass nur »eine neue politische Verfassung die Basis dieses bolivianischen Staates sein kann. Wir sind an die Regierung gekommen und mit der neuen Verfassung erreichen wir die politische und wirtschaftliche Macht.« erläutert er den anwesenden Delegierten. »Im Jahre der bolivianischen Unabhängigkeit, 1825, wurde die politische Verfassung weder in Anwesenheit noch unter Mitsprache der Indígenas formuliert und verabschiedet. Mit einer Mehrheit unserer Delegierten in der Verfassungge-

Evo mit Zeitung in der Hand

benden Versammlung können wir eine Neugründung des Staates ohne Ausschluss der indigenen Mehrheit erreichen.« Der Präsident hat wiederholt bekundet, dass er einen *integrierenden Staat* für alle errichten möchte, das heißt, alle sollen partizipieren.

»Nationalisieren wir die fossilen Brennstoffe!« fährt er mit seiner Ansprache fort, und die Delegierten der Versammlung applaudieren so lautstark, als könnten sie damit die Umsetzung dieses Versprechens beschleunigen, welches die MAS ihren Wählern vor dem 18. Dezember 2005 gegeben hatte. Er fügt sofort hinzu, dass die Korruption nicht nationalisiert werden solle und macht damit eine klare Andeutung auf die ökonomischen und gesetzlichen Schwierigkeiten, denen er bezüglich der halbstaatlichen Unternehmen entgegensieht. Mehr als 50 Prozent ihrer Aktien wurden im Zuge der Privatisierung in den neunziger Jahren in private Hände gegeben.

Er äußert sich zu den Schwierigkeiten der MAS. »Wir brauchen Bolivianer, die auf die Veränderung setzen, nicht nur auf ein Amt.« Und macht damit seinem Unmut über kürzliche Vorfälle in einigen bolivianischen Städten Luft. Dabei kam es zu Revolten zwischen MAS-Mitgliedern, als es um die Besetzung administrativer Posten ging. Er ermahnt die Basisorganisationen »die politische Linie vorzugeben und nicht nur um die Amtssessel zu kämpfen.«

In seiner Rede zeigt er Erfahrung im Umgang mit kurzen Sätzen, die durch ihren einfachen, verständlichen Ausdruck leicht aufzunehmen sind. Manchmal macht er einen Scherz, hebt oder senkt die Stimme. Er hat den typischen Dialekt der Bolivianer aus dem Altiplano und den Valles, die Spanisch erst nach ihrer Muttersprache gelernt haben. Ein Spanisch voller *s*, bei dem der Konsonant *z* ebenfalls wie ein *s* ausgesprochen wird.

Evo gehört zu einer Bevölkerungsgruppe, in der viele bis zu drei Sprachen sprechen: Aymara, Quechua und Spanisch. Seine Muttersprache ist Aymara, in der Schule lernte er Spanisch und durch die Abwanderung in den Chapare später zusätzlich Quechua.

Am Ende seiner feurigen Ansprache bittet er die Delegierten, bei allen kommenden Redebeiträgen äußerst aufmerksam zuzuhören, besonders bei denen der VolksvertreterInnen der Constituyente. »Wann immer nötig, bitten wir diese professionellen Schwestern und Brüder einzugreifen, um alle bestehenden Zweifel zu beseitigen und Antworten auf unsere Fragen zu finden«, sagt er am Ende seiner Rede. In Wahrheit scheint er professionelle Kenntnisse gar nicht so gering zu schätzen, wie es ein großer Teil der bolivianischen Presse ihren Lesern immer glaubhaft machen möchte.[9] Die Delegierten, in deren Gesichtern man Freude und Stolz lesen kann, applaudieren laut und erheben sich von ihren Sitzen. Sie sind angesteckt von der revolutionären Leidenschaft ihres Präsidenten. Sogar die *Gringuitos*, so die liebevolle Bezeichnung der Teilnehmer für die anwesenden ausländischen Gäste weißer Hautfarbe, die in der hinteren Reihe mit ihren Laptops auf dem Schoß sitzen, erheben sich jetzt zum Applaus.

Sofort danach dankt Evo mit einer Geste für den Beifall und wendet sich an seinen Nachbarn, den zweiten Mann Boliviens, Álvaro García Linera. Er ist ein weißer, kein Indígena, gehört der Mittelschicht an und ist von Beruf Mathematiker und Soziologe. Genau wie der Indígena ist er nicht verheiratet. Die zwei Junggesellen sind eine *yunta*, ein Ochsengespann, wie Evo zu sagen pflegt, die sich vorgenommen hat, die Politik Boliviens zu verändern. Es handelt sich um Politiker, die seit Beginn ihrer Amtszeit keinen Moment daran gezweifelt haben, das Präsidentenhaus in eine Art Studentenwohnheim mit beständiger Interaktion und permanentem Dialog zwischen seinen Bewohnern zu verwandeln. Linera ist ein Theoretiker mit hunderten Veröffentlichungen zur indigenen Bewegung; Morales ist Politiker und Anführer von Millionen Indígenas.

Der Präsident nimmt das Mikrofon noch einmal in die Hand und beginnt

Treffen mit Quechua-Frauen

jetzt, für einige überraschend, die Versammlung zu leiten. Er ruft die Delegierten nach Anwesenheitsliste auf und bittet die Minister, aufzustehen, um von allen gesehen zu werden. Auch die Parlamentarier, die Delegationen und die Ehrengäste sollen sich auf Aufforderung des Versammlungsleiters erheben. Er stellt dabei fest, dass einige Kandidaten der Verfassunggebenden Versammlung aus bedeutenden Städten nicht erschienen sind. Er ermahnt diese und weist darauf hin, dass ein Fehlen auf einer Veranstaltung von so großer Bedeutung nicht tolerierbar ist. Am folgenden Tag – die Versammlung dauert zwei Tage – erscheinen die Erwähnten dann doch, möglicherweise hatte man sie benachrichtigt. Man sieht, dass der Leiter eines Stabes von hunderten Personen deren Disziplin einfordert. Er scheint damit sagen zu wollen, dass die Zukunft Boliviens genau davon abhängt, dass eine geeinte Mannschaft aus gebildeten und nicht gebildeten Mitarbeitern jedweder Herkunft, in die jeder Einzelne seine Kapazitäten und Fähigkeiten einbringt, eine Garantie für einen nachhaltigen Sieg ist.

Álvaro Linera ist an der Reihe und wird mit tosendem Beifall empfangen. Nach seiner Begrüßung und Danksagung beginnt er: »Alles was wir gesagt haben, tun wir auch.« Er bezieht sich dabei auf die Wahlversprechen und die Aktionen, die die neue Regierung schon umgesetzt hat. Er erwähnt, dass »kleine rassistische Clans nicht dachten, dass Evo den Departamentos die Autonomie geben würde« und spielt damit auf die Forderungen der weißen Elite aus dem Osten Boliviens an. Er greift die Politiker, die Bolivien bisher regiert haben, scharf an. Sie hätten ihre Versprechungen nicht erfüllt. Er nennt sie die *Goofies* und vergleicht sie so mit der Figur des Trottels von Walt Disney, was bei

Álvaro Linera und Evo Morales

einigen Anwesenden spontan eine Mischung aus Lachen und Beifall auslöst. Ein Indígena sagt leise zu seinem Nachbarn: »Álvaro ist gut, aber wenn er sich so sehr mit uns identifiziert, warum heiratet er nicht eine von uns?« Der Angesprochene macht eine zustimmende Geste.

Die beiden jugendlichen Politiker stehen auf dem Gipfel dessen, was sie sich erträumt hatten. Sie haben in dieser Versammlung keine Koka genossen, was eigentlich unvorstellbar für den Koka-Helden und Anführer der Koka-Bauern ist. Aber die beiden, dieses *Stiergespann vorm Pflug*, wirkt, als hätte man sie ein Leben lang auf Koka-Feldern geweidet, so ansteckend, elektrisierend und euphorisch waren ihre Reden für die Zuhörer. Sie sind sich entschlossen, die Furchen für ein neues politisches Leben in Bolivien zu ziehen. Die Indígenas haben diese Botschaft bereits verstanden, mehr noch, sie sind Teil dieses Prozesses. Viele Mestizen und Kreolen aus den Städten zweifeln jedoch noch und folgen dem eingefahrenen Weg der vergangenen Jahrhunderte. Sie glauben, die Regierung würde versagen und warten jetzt auf einen günstigen Moment, der es ihnen erlaubt, das Spiel für immer zu wenden.

Während der zweitägigen Konferenz haben die verschiedensten Redner gesprochen. Einige rüttelten die Teilnehmer regelrecht wach, aber es gab auch monotone und langweilige Vorträge. Einer der Zuhörer blieb in jedem Fall die ganze Zeit aufmerksam: Evo Morales. Er folgte dem Diskursen aus nächster Nähe, widerlegte einige Kritiken, bestand auf konkrete Vorschläge mit politischem Sendungsbewusstsein und schlug greifbarere Herangehensweisen mit größerer Tragweite vor. Kein Zweifel, er ist eine echte Führungspersönlichkeit. Am Ende hielten alle Anwesenden die wichtigsten Schlussfolgerungen schriftlich in der Hand. Man merkte dem Präsidenten seine Freude und Zufriedenheit über die Ergebnisse des Treffens an.

Der Indígenas-Führer hinterlässt den Eindruck einer ernsthaften Persönlichkeit, stark und unerschütterlich in der Art und Weise, wie er die Versammlung leitete. Er zeigte viel Geduld und Respekt als aufmerksamer Zuhörer, der die Redner nicht unterbricht. Er machte zustimmende Gesten und applaudierte, wenn ihn ein Beitrag besonders überzeugte. In den persönlichen Interviews, die er in den Pausen gab, verrieten seine Gesten und seine Körpersprache die Konzentration auf die Worte der anderen, er blickte zumeist nach unten und erhob den Blick nur manchmal, um Fragen zu stellen. Seine Mitarbeiter bestätigen, dass er ausgesprochen begierig ist, Details aufzunehmen.

Die kulturelle Erziehung und Bildung des Aymara-Kindes

Isallawi

Geburtshaus von Evo Morales

26.10.1959

Evo wurde am 26. Oktober des Jahres 1959 in Isallawi[10], 155 Kilometer süd-
westlich der Stadt Oruro in Bolivien geboren. Oft wird der Ortsname irrtümli-
cherweise Isallavi geschrieben. Ein Fehler, der von der Unkenntnis der Aymara-
Sprache herrührt, die den Konsonanten *v* nicht kennt.

Isallawi, auch unter dem Namen K´alawillka bekannt, ist eine Gemeinde, in
der Familien mit den Namen Morales, Aima und Vera leben. Es gibt dort etwa
zehn Häusergruppen, die auf einer Fläche von ungefähr vier Quadratkilometern verstreut stehen. Isallawi zählt zirka 40 Einwohner. Man sieht dort auch
heute noch die interessanten runden Häuser in traditioneller Bauweise, die nur
aus Lehmziegeln gebaut und mit Stroh gedeckt sind. Einige dieser Häuser sind
von Mauern umsäumt und haben Innenhöfe und Stallungen. Das Gemeindeland besteht aus Feldern und ist vereinzelt mit kleinen Büschen bewachsen.

Der Boden ist sandig und es gibt keine Bäume. Nur auf den angrenzenden Hügeln sind einige Kakteen zu sehen. Südlich ist das Territorium des Dorfes durch den Poopó-See[11] begrenzt. Es gibt weder Straßen noch Hausnummern. Durch das Zentrum des Dorfes führt ein unbefestigter Fahrweg.

Das Heimatdorf der Familie Morales grenzt an folgende Gemeinden: Payacollo, Tarachulpa, Misikuni, Laguiloma und Tolaloma, in der jeweils eine bestimmte Familie vorherrscht. Die Gesamtheit dieser fünf Gemeinden bildet zusammen mit Isallawi das Ayllu Sullka (siehe Grafik S. 24). Das Ayllu ist eine sozioökonomische Einheit mit klar definiertem Territorium und Bevölkerung, die auf das präkolumbianische Zeitalter zurückgeht. In diesem Gebiet existieren drei Ayllus: *Sullka*, *K'ollana* und *Ichura*, die als Mittelpunkt und administratives Zentrum den Ort Orinoca[12] haben, eine Art Hauptstadt der Ayllus, welche die Aymara in ihrer Sprache *Marka*[13] nennen.

Evo Morales sagte schon oft, er komme aus Süd-Carangas. Das Departamento Oruro besteht aus 16 Provinzen darunter Nord-Carangas, Carangas und Süd-Carangas. Diese drei Provinzen bildeten das Suyu de Carangas. Geschichtlich betrachtet war dieses Teil eines der vier Suyus des Inka-Imperiums, nämlich des *Qulla-Suyu*. Die vier Suyus werden in ihrer Gesamtheit *Tawantinsuyu* genannt. Es ist bekannt, dass Carangas im präkolumbianischen Zeitalter Teil des Kommunikationskreislaufs zwischen Potosí, dem Zentrum der Silberproduktion, und Cuzco (*Q'usqu* in Quechua), der Hauptstadt des Inka-Imperiums, war.[14]

Das Charakteristische an einem Ayllu ist, dass es Gemeindeland in Form von Weide- und Ackerflächen besitzt. Die Weiden für die Lamas, Alpakas und Schafe werden ausschließlich gemeinschaftlich genutzt. Die Gemeindebewohner verwalten ihr Territorium kommunal und grenzen es von anderen Ayllus ab. Das Überschreiten dieser Grenzen kann zu ernsthaften Konflikten zwischen den Ayllus führen.

Die Ackerflächen zur Produktion von Knollenfrüchten und Getreide liegen an verschiedenen Orten. Die landwirtschaftlich genutzten Flächen werden nach einem rotierenden System bewirtschaftet, bei dem die Flächen nur alle fünf, acht oder zehn Jahre bebaut werden. Das erlaubt ihre natürliche Regenerierung und dieser Prozess wirkt den Folgen von Dürre oder Frost entgegen. Die Verwaltung von Grund und Boden, Verteilung, Rückverteilung, Begrenzung und Pflege der landwirtschaftlichen Nutzflächen, vor allem in der Blütezeit und während des Wachstums der Pflanzen, liegt in kommunaler Hand. Allerdings steht der Ertrag dieser Ackerparzellen einer Familie zu. Jede Familie gibt diesen ihr zugeordneten Landbesitz ähnlich eines Erbes weiter. Die Ackerflächen sind aber kein Privatbesitz im westlichen Sinne, weil die Gemeinde als Kontrollmechanismus fungiert. So kann bei einem starken Zuwachs bzw. starker Verminderung einer Familie eine Neudimensionierung und Neuverteilung des Landes beschlossen werden. Auf diese Art wirkt man sowohl der fortlaufenden Parzellierung in Kleinfelder, bekannt als Minifundien, als auch der Verteilung des

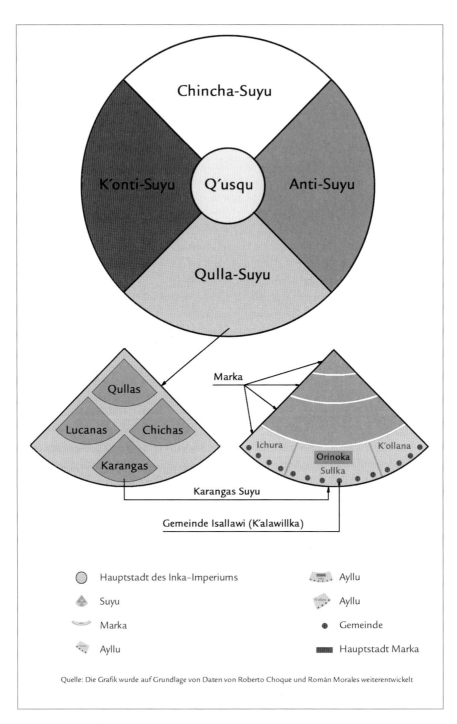

Grafische Darstellung des Inka-Imperiums Tawantinsuyu[15]

Landes auf wenige Besitzer, bekannt als Latifundien, entgegen. Bei Mangel an landwirtschaftlich nutzbarem Land beschäftigt sich die Dorfbevölkerung gemeinschaftlich damit, neue Gebiete urbar zu machen, was durch den allgemeinen Bevölkerungszuwachs zunehmend schwieriger wird.

Die Familie Morales lebte in Isallawi. Ihr Haus hatte drei Räume: die Küche, die Vorratskammer und das Schlafzimmer, alle aus Lehmziegeln erbaut, mit gestampftem Erdfußboden, mit Stroh gedeckt und voneinander abgeteilt. Ein Rundbau diente als Speicher. Die Küche befand sich neben dem Schlafzimmer. Letzteres, ein Raum von etwa 15 Quadratmetern, welcher auch als Wohn-und Speisezimmer fungierte, wurde am häufigsten genutzt. Von Wand zu Wand war eine dicke Stange zum Wäscheaufhängen angebracht. Dieser Raum war mit Pritschen und darauf gelegten Strohmatratzen eingerichtet, die von der Familie als Sitzgelegenheiten und als Betten genutzt wurden. Zu der Zeit, als Evo geboren wurde, gab es dort weder Tische noch Stühle. Schwere Stoffe aus Lamawolle, *pullos* genannt, dienten als Tages- und Schlafdecken. Es gab keinen elektrischen Strom, Kerzen und selbstgebaute Parafinlampen aus Konservendosen dienten als Lichtquelle für die Nachtstunden. Unter diesen Bedingungen mussten sich die Kinder sehr anstrengen, damit sie ihre Hausaufgaben gut erledigen konnten. Evo benutzte einen Lehmziegel als Tisch, einige Lamafelle als Sitz und die Parafinlampe spendete spärliches Licht.

Evo erinnert sich an die Erzählungen der Eltern über seine Geburt, die so kompliziert verlief, dass er beinahe gestorben wäre.[16] Seine Mutter, Maria Aima de Morales, geboren 1910, litt unter starken Blutungen und die Geburt ging nicht voran. Ihr Ehemann, Dionisio Morales Choque, geboren 1925, rannte aus der Küche, um eine Heilerin oder eine Hebamme zu rufen und die Nachbarschaft zu alarmieren.

Evos Schwester Esther erzählt, dass als niemand in der Familie mehr Rat wusste, wie der verzweifelten Gebärenden zu helfen sei, zwei ältere Frauen, Maria und Luisa, aus dem Dorf herbeikamen. In der indigenen Kultur erben die Frauen wertvolles Wissen über die Naturmedizin. Esther erinnert sich, dass Maria, die Jüngere der beiden, sich auf den Weg machte, um Medikamente zu besorgen und Luisa, die Ältere, die kaum noch gehen konnte, sich um die gebärende Maria Morales kümmerte.

Die Mutter lag auf dem Boden der Küche auf Schaf-und Lamafellen und schwebte zwischen Leben und Tod. Sie hatte soviel Blut verloren, dass ihr Gesicht eine gelbliche Färbung angenommen hatte. Luisa näherte sich Maria Morales und bat sie, über die letzten Tage und Stunden zu berichten. Evos Mutter erzählte, sie wäre in Orinoca im Hause einer Bekannten gewesen und hatte dort Brote gesehen, die frisch aus dem Ofen genommen wurden. Sie bekam solchen Appetit, dass sie die Bekannte fragte, ob sie einige davon kaufen könne. Leider durfte sie das nicht, weil alle Brote für die Lehrer im Dorf reserviert waren. Luisa, die jetzt die Hebamme war, wusste augenblicklich um das

Häuser in Isallawi

Problem der Gebärenden. Gelüst war das Problem, eine psychologische Reaktion bei einem unbefriedigten Wunsch. Und dafür hatte Luisa das Rezept: das Brot, das Maria den Heißhunger verursacht hatte.

In Isallawi gibt es keine Bäckereien und die Gemeindebewohner backen nur einmal im Jahr zum Allerheiligenfest Brot, denn es ist in der Andenkultur nicht etabliert. Wenn die Menschen Brot herstellen, dann nur für den Eigenbedarf. Weizenbrot gilt in den Gemeinden als seltenes Luxusprodukt. Die Getreidesorten, die hier angebaut werden, Quinoa und Amaranth[17], eignen sich nicht zum Brotbacken.

In größeren Orten mit mehr Einwohnern, wie Orinoca, wird Brot gebacken und auch verkauft. Aber dorthin sind es von Isallawi zehn Kilometer, viel zu weit, um kurz vor der Geburt Brot zu besorgen. Dazu kam, dass es zu der Zeit in Isallawi weder Autos noch andere motorisierte Verkehrsmittel gab, die es erlaubt hätten, schnell nach Orinoca zu fahren. Ebenso wenig existierten Telefone. Unter diesen Schwierigkeiten und beim Anblick des heiklen Zustands ihrer Patientin, begann die Hebamme aus dem wenigen Weizenmehl, das Maria Aima vorrätig hatte, ein Brot zu backen. Auf dem kleinen Lehmofen, dem *k´ere*, buk sie dann eher eine Art runde, flache Tortilla als ein richtiges Brot, aber mit ihr begann Luisa die Gebärende zu heilen. Sie hielt ihr das heiße Backwerk zuerst unter die Nase. Die Mutter hatte noch immer sehr starke Schmerzen und die Blutungen hörten nicht auf, berichtet Esther. Aber nur wenige Minuten nachdem Maria den leckeren Duft der frischgebackenen Tortilla eingeatmet hatte, kam Evo kurz vor Mittag gesund zur Welt.

Die Nabelschnur des Babys wurde mit einer scharfen Keramikscherbe

Typisches traditionelles Rundhaus der Indígenas aus dem Altiplano

durchtrennt, die dafür vorher bereit gelegt worden war, dieser Schnitt wird nicht mit Schere oder Messer ausgeführt. Metalle geben ein schlechtes Omen. Danach wurde das *wawa* (Baby) gewaschen, angekleidet, in Stoffwindeln gehüllt und mit einer breiten Schärpe umwickelt. Derartig eingepackt blieb nur das kleine Gesicht unbedeckt. Die Plazenta der Mutter wurde, weil sie wie die Mutter Erde auch heilig ist, sorgfältig in ein spezielles Tuch gewickelt und einige Stunden später vom Vater des Kindes an einem dafür ausgesuchten, geheimen Ort vergraben. Die Hebamme Luisa und ihre Assistentin Maria blieben fast den ganzen Tag bei der glücklichen Mutter, die noch besonderer Zuwendung bedurfte. Sie bereiteten ihr eine köstliche Suppe aus Lammfleisch, ohne Zwiebeln und Gewürze, nur mit Salz.

Alle Familienmitglieder waren glücklich. In Evos Geburtshaus lebte damals außer seinen Eltern auch sein älterer Cousin Florencio Morales Aima, geboren 1944, der für ihn eher ein großer Bruder als ein Cousin wurde, und seine Schwester Esther, geboren 1949. Vor allem der Vater, der zurückkam, als die Geburt vorbei war, hatte gemischte Gefühle. Er war stolz und glücklich aber auch besorgt. Stolz und glücklich, weil sein Kind ein *chacha*, ein Junge, war und Jungen werden in der Aymara-Kultur mehr als die Mädchen wertgeschätzt. Besorgt war er, weil das Ehepaar Morales schon vor Evo, der gerade geboren worden war, drei Jungen, Daniel, Eduve und Luis, verloren hatte. Einige Jahre später wurden Hugo und Reina geboren. Reina verstarb mit einem Jahr. Von den insgesamt sieben Kindern überlebten nur Esther, Evo und Hugo.

Änderung der Vor-und Familiennamen bei den Aymara

In alledem zeigt sich unwiderlegbar die ethnische Herkunft des heutigen bolivianischen Präsidenten. Eine Frage stellt sich jedoch: Warum der spanische Familienname Morales?

Es fehlt nicht an Personen, die ihre Schlüsse bereits gezogen haben, sei es wegen des Familiennamens oder anderer Fragen. Einer sagte in diesem Zusammenhang: »seine verschlagene Bescheidenheit, [...] seine studierten und weisen Mehrdeutigkeiten, [...] zeigen uns, dass Don Evo das Sinnbild des lateinamerikanischen Kreolen ist.«[18] Man muss schon weit entfernt oder sehr abgegrenzt von der lateinamerikanischen Wirklichkeit leben, um zu behaupten, dass diese Beschreibung auf Evo Morales zutreffe. In Bolivien und in ganz Lateinamerika gibt es viele »Indio«-Gegner, die nicht nur bewusst ihre indigenen Nachbarn ignorieren, sondern sie angreifen, diskriminieren und sie unter keinen Umständen akzeptieren wollen. Sie scheinen die dunkle Kolonialzeit vorzuziehen, in der versucht wurde, die Indígenas auszurotten.

Beginnen wir mit den Erklärungen der Vornamen des jetzigen bolivianischen Präsidenten: Juan Evo. Die Tradition zwei Vornamen zu geben, wurde von den spanischen Eroberern eingeführt. Juan ist lediglich Formsache und erscheint nur in offiziellen Dokumenten. Es ist sehr wahrscheinlich, dass dieser Vorname spanischen Ursprungs, eine *Empfehlung*, um nicht zu sagen eine Auflage der Schreiber des Standesamtes oder Kirchenregisters war, welches die Geburtsurkunde ausstellte.

Laut Informationen seiner Schwester Esther, nannten ihn seine Eltern bei Geburt Evaristo. Dieser Name ist ebenfalls spanischer Herkunft. Die Kolonisatoren lehrten die Indígenas im Zuge vieler anderer Versuche, sie zu *zivilisieren*, auch, dass sie die passenden Vornamen einem Almanach entnehmen müssten. Dieser Kalender führte für jeden Tag des Jahres entsprechende Namen von katholischen Heiligen, die mit ihm assoziiert sind. Im Falle, dass die Indígenas sich nicht daran hielten, kümmerten sich die Schreiber selbst darum, die Registrierung mit einem *zivilisierten* Heiligennamen vorzunehmen.

Das Gleiche geschah bezüglich der ethnischen Herkunft. Kinder sollten möglichst als Mestizen registriert werden und nicht ihrer wirklichen Abstammung entsprechend. Dieses Vorgehen wurde durch die für die Ausstellung der Geburtsurkunden verantwortlichen Institutionen damit begründet, dass die Indígenas somit keine Probleme als *Indio* in der *zivilisierten* Gesellschaft haben würden. Somit entstanden verfälschte Daten, die noch heute benutzt werden, die irrtümliche Vorstellung von Bolivien als Mestizenland zu stützen.

Trotz dieser *zivilisierenden* Anstrengungen, fanden die Indígenas Formen des Widerstands. Viele ließen ihre Kinder weder in den Kirchen noch auf den Standesämtern registrieren. Sie zogen es vor ohne Papiere illegal in ihrer Heimat zu leben.[19] Andere akzeptierten zwar die obligatorische Eintragung, aber änderten die Vornamen danach ab oder *übersetzten* sie auf ihre Art, wie es auch bei den Morales der Fall war.

Evaristo wurde in einen kürzeren Vornamen umgewandelt. Die Morales als Aymara sprechende, nutzten vor allem die Vokale a, i, und u[20] sowie den Konsonanten w und riefen ihren Sohn Iwu. Eine Tatsache, die von den Verwandten bestätigt wird.

Aber die Geschichte hört hier noch nicht auf. Im der Archiv der Grundschule in K'alawillka haben wir als Eintrag Ibo Morales Aima gefunden. Alles lässt vermuten, dass die Eintragung durch einen spanisch sprechenden Schreiber vorgenommen wurde, was die Frage aufwirft, warum dieser nicht Evaristo aus der Geburtsurkunde verwendete.

Es gibt darauf zwei mögliche Antworten: der Name Ibo (und nicht Evaristo) war in dieser Form auch in der Geburtsurkunde niedergeschrieben worden oder der Schreiber benutzte kein Dokument und führte die Eintragung auf Basis der mündlichen Information von Evos Mutter durch, die den Vornamen ihres Sohnes im Aymara wie Iwu aussprach. Die Tatsache, dass der Name Evaristo fast nie verwendet wurde, lässt auf die erste Möglichkeit schließen. Es ist ebenfalls nicht ausgeschlossen, dass es wie oft in Bolivien, zwei Geburtsurkunden gab. Die ursprüngliche wurde mit Ibo und die spätere mit Evo ausgestellt. Die letztere der beiden dürfte die jetzt gültige sein.

Wer aber änderte Iwu oder Ibo in Evo? Eigentlich konnte das niemand anderes als der Namensinhaber selbst und sicher auch erst, als er bereits die spanischen Konsonanten und Vokale des neuen Vornamens aussprechen konnte. Evo ist kurz und einfach. Er lässt sich gut merken und aussprechen. Einmal sagte Evo zu seinem Cousin, sein Vorname wäre einzig auf der Welt. Im Augenblick, als er sich das überlegte, dachte er noch nicht strategisch an seine spätere politische Karriere und den Vorteil für die Wahlkampagnen.

Bezüglich der Familiennamen Morales und Aima beginnen wir mit dem zweiten und seinem Ursprung in der Sprache der Aymara. Der Gebrauch zweier Familiennamen, eines mütterlichen und eines väterlichen, kommt ebenfalls aus dem Spanischen und hat sich in ganz Lateinamerika durchgesetzt. Laut unseren Nachforschungen über seine Bedeutung, scheint Aima vom Wort *Ayma* abgeleitet zu sein, was *Tanz der Häuptlinge* bedeutet. Es konnte keinerlei Verbindung mit dem ähnlich klingenden Wort *Aymara*[21] festgestellt werden. Während die Erklärung des mütterlichen Familiennamens relativ einfach ist, scheint es schwierig, die Herkunft des väterlichen Namens Morales zu klären.

Román Morales Zenteno[22], Mitglied der Morales-Familie, hat sich empirisch mit dem Thema beschäftigt. Seinen Nachforschungen zufolge gehen der Generation Evos vier Generationen mit seinem Familiennamen voran (siehe Stammbaum S. 31): Ildifonso Morales (Ururgroßvater), Dionisio Morales (Urgroßvater), Mariano Morales (Großvater) und Dionisio Morales (Vater). Román hat noch zwei weiter zurückliegende Generationen recherchiert, aber

Pedro Morales, Evos Onkel

seinen schriftlichen Aufzeichnungen kann man nicht entnehmen, dass diese ebenfalls Morales als Familiennamen trugen.

Im Ayllu Sullka kommen nur drei spanische Familiennamen vor: Vera, Vázquez und Morales.[23] Alle anderen Namen haben ihren Ursprung im Aymara. Das älteste heute lebende Mitglied der Morales-Familie ist Don Pedro Morales Mamani, geboren 1923, ein Onkel Evos. In den Anden sind die alten Menschen Archive von Weisheiten und Wissen über ihre Dörfer, eine Art biologische Datenbank.

Pedro Morales bestätigt uns, dass der Vater von Dionisio Morales, also Evos Großvater, auf jeden Fall Mariano Morales hieß. Er erinnert sich allerdings nicht an die vorherigen Generationen. Auf jeden Fall hat er uns einen sehr wertvollen Hinweis gegeben. Er erzählt, dass er von seinen Vorfahren gehört hat, dass der Name Morales gekauft wurde. Diese Information bringt plötzlich Licht ins Dunkel.

Es ist bekannt, dass es verschiedene Möglichkeiten der Annahme eines spanischen Familiennamens gegeben hat. Die bekannteste ist die Weitergabe des Namens des spanischen Haziendabesitzers an seine Leibeigene. Allerdings gab es in Orinoca nur einen Haziendabesitzer, wie uns der Direktor der Oberschule ITHAO, Herr Copajira, berichtet und dieser trug nicht den Namen Morales, der uns beschäftigt. Es ist ebenfalls unwahrscheinlich, dass die Vorfahren der Familie Morales diesen Namen sozusagen *aus Dank* annahmen, weil irgendein Morales mit einer Indígena aus Isallawi ein Kind hatte.

Die Erklärung von Román Morales gibt uns einigen Aufschluss. Ihm zufolge hatte die Familie möglicherweise die Dorfversammlung aufgesucht und in Aymara angefragt: »*Nayaxa murasxana munta*« (Wir möchten den Familienna-

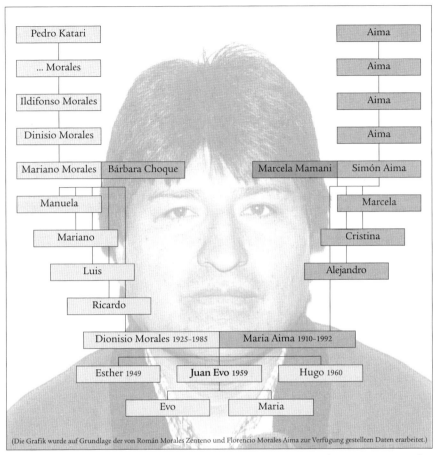

Pedro Katari				Aima
... Morales				Aima
Ildifonso Morales				Aima
Dinisio Morales				Aima
Mariano Morales	Bárbara Choque		Marcela Mamani	Simón Aima
Manuela				Marcela
Mariano				Cristina
Luis				Alejandro
Ricardo				
Dionisio Morales 1925-1985		Maria Aima 1910-1992		
Esther 1949	Juan Evo 1959		Hugo 1960	
Evo		Maria		

(Die Grafik wurde auf Grundlage der von Román Morales Zenteno und Florencio Morales Aima zur Verfügung gestellten Daten erarbeitet.)

Stammbaum von Evo Morales

men wechseln.) Worauf die Antwort gewesen sein könnte: »*Muralisamalla ukatxa*« (Dann heißt ihr ab sofort Muralis.). Es wäre aber ein großer Zufall, dass der Aymarabegriff *murar* für *wechseln* die Grundlage für den neuen Namen gebildet haben soll. Allerdings verrät uns diese Anekdote, dass die Vorfahren der Morales diesen Namen kannten und ihn in Aymara wie *Muralis* aussprachen.

Die Schlussfolgerung, die wir aus der Information von Pedro Morales ziehen können, ist wahrscheinlicher. Aber von wem kauft man einen Namen? Höchstwahrscheinlich von dem Schreiber, der die Geburtsurkunde des ersten Morales, dem Vater von Idilfonso Morales (Ururgroßvater) ausstellte. Er selbst konnte nicht der erste Morales gewesen sein, da er laut den Aufzeichnungen von Román noch drei Geschwister mit demselben Familiennamen hatte.

Das lässt uns zu dem Fazit kommen, dass es vor Evo noch fünf Generationen mit diesem Familiennamen gegeben haben muss.

Esther Morales in ihrem Empfangsbüro in Oruro

Welchen Namen trug also diese fünfte Generation? Unser wertvoller Informant verrät uns auch dieses Geheimnis: *Katari.* Wir zweifeln nicht am Wahrheitsgehalt der Information dieses Herren, die die Geschichte der Familie Morales zum Vorschein bringt. Das Wissen von Román Morales unterstützt diese Annahme. In seinen Aufzeichnungen findet sich vermerkt, dass er Pedro Katari in den archivierten Dokumenten des Besuchs von Francisco de Toledo in Orinoca im Jahre 1573 vorgefunden hat. Der studierte Mann behauptet sogar, dass alle Morales Nachfahren von Pedro Katari sind.

Andererseits gibt es mehr Zweifel als Klarheiten, zum Beispiel gibt es überhaupt keine Verwandten der Morales mit der Familie Katari in der Nachbargemeinde Tarachulpa und wenn es Verwandte gegeben haben sollte, hat sich die Spur dort verloren. Wir konnten im angesehenen Namensforschungsinstitut in Leipzig, Deutschland, herausfinden, dass es kaum Studien zur Namensherkunft in den Anden gibt, das heißt die Forschung steckt noch in den Kinderschuhen oder wurde überhaupt noch nicht begonnen.[24] Ein wichtiger Aspekt für die Klärung dieses Themas wäre die vorrangige Nutzung der herkömmlichen Namensgebung, die dem heutigen Familiennamen zugrunde lag. Es ist denkbar, dass Isallawi und Tarachulpa in der Vergangenheit eine Gemeinde bildeten und dort die Kataris vorherrschten.

Sollte die Annahme des eigentlichen Familiennamen Evos stimmen, wirft das die Möglichkeit auf, dass die Familie Morales von den Kataris, Tupaj Katari, Tomas Katari und anderen abstammt, die zahlreiche indigene Aufstände anführten. Wir können heute dazu noch nichts dazu sagen, da noch sehr viel empirische Recherche und Suche in den Archiven notwendig sein wird, um tatsächlich Schlüsse ziehen zu können.

Obwohl einige Behauptungen von Román Morales erst noch belegt werden müssen, haben seine wertvollen Hinweise auf jeden Fall den richtigen Weg für die Recherche gewiesen.

Katari bedeutet in der Sprache der Aymara Schlange. Sowohl in der Mythologie der Andenvölker als auch in der Mythologie der Maya, nahm das Reptil einen wichtigen Platz in der religiösen Symbolwelt dieser Kulturen ein. Für die Andenbewohner symbolisierte sie einen wichtigen Aspekt der Natur: die Flüsse. Also galt sie als Objekt des Respekts und der Anbetung. Es ist sehr wahrscheinlich, dass es nur den Mitgliedern der Oberschicht vorbehalten war, diesen Namen zu tragen.

Also müsste Juan Evo Morales Aima eigentlich Iwu Katari Aima heißen. Er selbst konnte sich dazu nicht äußern. Er ist heute der Präsident aller Bolivianer; der Mestizen, der Kreolen und der Indígenas. Er ist Indígena mit Familiennamen aus dem Spanischen und dem Aymara, ein Ausdruck seiner Kultur und auch der bolivianischen Geschichte.

»Stehle nicht, lüge nicht, faulenze nicht!«

Januar 1962
Viele Politiker, Analytiker und Journalisten haben beständig ihre Zweifel daran bekundet, dass Evo Morales das Vermögen besitzt, eine so schwierige Aufgabe wie die des Präsidentenamtes von Bolivien zu übernehmen. Sie lassen durchklingen, dass diese Befähigung ihrer Meinung nach nur durch eine akademische Ausbildung zu erreichen sei, die der Indígena offensichtlich nicht besitzt. In lateinamerikanischen Ländern wie Bolivien wird die akademische Karriere gegenüber einer nichtakademischen Ausbildung derart überbewertet, dass man mit einem Universitätsabschluss alles ist, ohne diesen nichts.

Morales wurde schon sehr oft von Journalisten mit dieser Thematik konfrontiert und erklärte daraufhin schon viele Male, dass er seinen Abschluss an der *Universität des Lebens*[25] gemacht habe. Es war seine persönliche Entscheidung, sich komplett der Gewerkschaftsarbeit auf dem Lande zu verschreiben, wo es weder Fachhochschulen noch Universitäten gab. Er sagte in den Interviews: »für meine akademische Ausbildung habe ich keine Zeit und ich denke auch nicht, dass ich eine brauche. Die beste Schule und die beste Uni sind Leben und Erleben selbst: das Leid, der Hunger, das Elend, die sozialen Kämpfe, die Versammlungen. Ich brauche kein Abschlusszeugnis, das wäre nur ein

Das Haus der Familie Morales in Orinoca

Stück Papier für mich, weiter nichts.«[26] Diese starke und pathetische Aussage kann man in seinem besonderen Falle annehmen. Es wäre jedoch sicher gefährlich, daraus generelle Schlüsse zu ziehen.

Der Komplex aus Erziehung und Bildung eines Indígena-Kindes berührt deutlich mehr Aspekte als das bloße Lesen und Schreiben. Gleichbedeutend oder vielleicht sogar noch wichtiger ist es, die kulturelle Bildung in Betracht zu ziehen, die die Persönlichkeit des Kindes geformt hat.

Bei seiner Antrittsrede am Tage der Übernahme des Präsidentenamtes von Bolivien erklärte er sehr klar: »[...] meine Heimat, Orinoca, begleitet mich stets, meine Heimat Orinoca, Süd-Carangas im Departamento Oruro, die mich wachsen sah und mich gelehrt hat, aufrichtig zu sein [...]« Also ist es das kulturelle Umfeld, aus dem er stammt, in dem wir seine Bildung finden können.

Davon ausgehend, dass Evo Morales der Aymara-Kultur angehört, sollten wir ein wenig deren Geschichte betrachten und die verschiedenen Facetten beleuchten, die sein Leben beeinflusst haben. Es ist von großer Bedeutung, zu wissen, dass er seine Kindheit und einen großen Teil seiner Jugend tatsächlich nach den Prinzipien, Sitten und Gebräuchen der Aymara-Kultur gelebt hat.[27] Er hat viele Male wiederholt, dass seine Devisen die Prinzipien der Aymara sind: *ama sua* (Stehle nicht!), *ama llulla* (Lüge nicht!) und *ama quella* (Faulenze nicht!). Diese Trias entspricht der Moral der präkolumbischen Zivilisationen.

Bezüglich der etymologischen Herkunft des Begriffes *Aymara* hat Juan Durand[28] eine plausible Erklärung parat. Nach ihm kommt Aymara vom Terminus *jaya mara aru* (*jaya* = zu, *mara* = alt oder Jahr; *aru* = Sprache) oder von *jaya mara* (zu alt).

Ältere Aymara-Frau bei der gemeinschaftlichen Arbeit

In Bezug auf die geografische Herkunft des Volkes haben die Aymara-Experten verschiedene Ansichten. Viele meinen, sie hätten ihren Ursprung im bolivianischen Hochland, dem Altiplano, in Tiahuanaku. Die Linguisten erklären, dass sie aus dem Norden des Inka-Imperiums kommen könnten, das heute in Zentral- und Nordperu liegt. Allerdings existiert auch eine interessante These von Roberto Choque Canqui[29], der davon ausgeht, dass sie ursprünglich in Coquimbo und Copiapo im heutigen Chile ansässig waren.

Román Morales, der sich intensiv mit der Region beschäftigt hat, weist darauf hin, dass die Aymara von Orinoca geschichtlich eine Verbindung mit den Aymara aus der Marka der *Laymis* von *Chayanta*, dem heutigen Norden des Departamentos Potosí, hatten. Daher wird auch die Verwendung des Ausdrucks *jach´a Laymi de Jurinuqa* für die Bewohner des Geburtsortes Evos[30] verständlich. In diesem Rahmen wäre es interessant, die Geschichte Isallawis zu erforschen. Man kann die Region heute so bewerten, dass sie am Anfang ihrer Erforschung steht. In diesem Kontext wäre es z. B. auch interessant, eine historische Erklärung für die Fundstücke aus bearbeiteten Gold zu finden, die eine, im wahrsten Sinne des Wortes, Schweineschnauze zufällig aus dem Boden eines der Ställe der Morales wühlte. Das Schmuckstück fiel später einem illegalen Schmuckhändler in die Hände, der das Stück für einen Spottpreis aufkaufte.

Die Inka hatten ernsthafte Schwierigkeiten mit den Aymara.[31] Als erster hatte der Inka Tupaj Pachacutej die Absicht, sie zu unterwerfen. Sein Ziel war es, sie der theokratischen Zentralherrschaft des Gottes *Inti*, der Sonne, und seines leiblichen Sohnes *Inka* zu unterstellen. Die Aymara lehnten diesen Monotheismus jedoch ab und begannen einen Krieg gegen Tupaj Pachacutej, den sie auch gewannen. Der aber gab sich nicht geschlagen und ließ sie wissen, dass er wiederkäme. Es sollte sein Sohn Tupaj Yupanki sein, der mit den Rebellen später einen Pakt schloss und als erster ihre Götter als Bestandteil der Inkagötterwelt akzeptierte.

Im Kolonialzeitalter fielen die Aymara, wie auch andere indigene Völker, der gnadenlosen Sklaverei zum Opfer und mussten in den Bergwerken von Potosí Gold und Silber abbauen. Aber es scheint, dass sie am meisten von allen Völkern Widerstand gegen die Kolonialherren leisteten. Tupaj Katari, Bartolina Sisa, Tomas Apaza und andere historische Persönlichkeiten sind Beispiele für diesen Widerstand. Im republikanischen Zeitalter führten sie ihre Rebellion gegen die Auferlegung eines ihnen fremden Systems fort.

Heute lebt die Mehrheit der Aymara im bolivianischen Altiplano sowie in Peru und Chile. Seriöse Veröffentlichungen[32] geben an, dass in Bolivien 1.600.000 Aymara leben, besonders stark vertreten in den Departamentos La Paz, Oruro und Potosí. So stellen sie mit 20 Prozent die zweitgrößte Bevölkerungsgruppe Boliviens nach den Quechua, die mit 2.500.000 Einwohnern 32 Prozent der Gesamtbevölkerung des Landes ausmachen.

Aymara-Gemeinden betreiben Subsistenzwirtschaft. Diese beruht auf drei Säulen: Ackerbau, Viehzucht und dem Verarbeitungssektor der Rohprodukte. Es existiert eine Art Tauschhandel sowohl für Rohprodukte als auch für verarbeitete Produkte. Geld kommt selten zum Einsatz, manchmal wird es als Zahlungsmittel eingesetzt, ist aber normalerweise der Subsistenzwirtschaft untergeordnet.

In dieser Wirtschaftsform, wird bei der Produktion eines Überschusses dieser als Reserve für Krisenzeiten zurückgelegt. Da ein solcher aber nicht permanent anfällt, kann die Gemeinde auch nicht in die Ausbildung oder Bezahlung von Arbeitskräften investieren, die sich damit befassen, Produktionsmittel und Produktionstechniken zu modernisieren. Dadurch könnte weiteres Mehrprodukt erwirtschaftet werden, so wie es im Inka-Imperium der Fall war. In der Realität dient der Überschuss praktisch nur der Nahrungssicherung und selbst diese kann in vielen Fällen nicht garantiert werden.

Die wertvollen weitervererbten Kenntnisse sind somit statisch erhalten geblieben, während sich Wetter und Natur in einem konstanten Prozess verändert haben. In dem Moment, als das gesamte System mit spezialisierten Arbeitskräften, Modernisierung und adäquaten Überstrukturen durch die Eroberer vernichtet wurde, war jede technische Weiterentwicklung der Gemeinschaftsproduktion gelähmt.

Die produktive Arbeit ist für den Andenbewohner von unschätzbarem Wert, da er fast vollständig von der Nahrungssicherung[33] und der Interaktion mit Mutter Erde, *Pachamama*, abhängig ist. Ohne Arbeit würde er schlichtweg aufhören zu existieren. Daher ist die produktive Arbeit das Höchste in dieser Kultur. Es ist unmöglich, einem Gemeindemitglied Müßiggang oder Faulheit nahezubringen. Dem Entstehen dieser Laster wird auch auf radikale Weise mit sozialem und psychologischem Druck entgegenge-wirkt. Im Inka-Imperium wurde sogar auf Staatsebene das Gebot *ama quella* (Faulenze nicht!) festgeschrieben und dieses Prinzip lebt in den Andenge-meinden bis heute fort.

In frühem Lebensalter lernen die Kinder bereits die Verantwortung der Arbeit kennen. Seine Schwester Esther berichtet, dass Evo ungefähr vier Jahre alt war, als er begann, mit ihr zusammen auf die Weiden zu gehen, um die Schafherde zu hüten. Die Aufgabe der Schäferin bestand darin, die Tiere auf der Suche nach den besten Weideflächen an von Isallawi sehr weit entfernte Orte zu bringen. Sie erzählt, dass es einmal keine Möglichkeit mehr zur Rück-kehr nach Hause gab, weil es schon zu spät und sehr weit weg war, so dass sie in einer Hütte aus Steinen und Lehmziegeln ohne elektrischen Strom und Wasser übernachten mussten. Esther, zu dieser Zeit ein Kind von etwa zwölf Jahren, hatte Angst, in dieser dunklen und kalten Umgebung zu schlafen. Die beste Lösung, die ihr in diesem Moment einfiel, war, sich zu den Schafen in das windgeschützte Gehege zu legen. In Gesellschaft ihrer Tiere und mit den leuchtenden Sternen am Himmel fühlte sie sich sicherer und dem Brüderchen blieb keine andere Möglichkeit, als sich dieser richtigen Entscheidung seiner Schwester unterzuordnen und es ihr gleichzutun. So kuschelte er sich an ihre Seite und sie hüllten sich in ein Aguayo-Tuch und den Umhang, den Esther immer dabei hatte. Am folgenden Tag, nachdem sie ihre restlichen Nahrungs-mittel beim Frühstück aufgebraucht hatten, begannen sie ihren Heimmarsch. Diese Episode sollten die Geschwister nie vergessen und wenn sie sich heute treffen, erinnern sie einander daran.

Oft hatte der Junge die Aufgabe, die Schafherde und später auch die Lama-herde zu hüten. Er wurde bei der Arbeit mit diesen Tieren immer von seinem treuen Freund Trébol begleitet, einem Hündchen, das ihm seine Eltern geschenkt hatten. Um sich nicht zu langweilen, nahm er immer einen Fußball aus Lumpen mit und dribbelte um die Ichugras-Büschel. Vom vielen Kicken zerfiel dieser Ball in wenigen Stunden. Zuhause angekommen, musste er sich einen neuen Ball für die nächste Partie gegen die stachligen Pflanzen machen.

Die Aymara lernen bereits als Kinder im Morgengrauen wachzuwerden. Laut Erzählungen von Evos Cousin Florencio, hatten die Eltern die Ange-wohnheit, etwa um vier Uhr morgens aufzustehen. Sie hatten keinen Wecker, aber ihre biologische Uhr unterstützt und geleitet von der Jahrtausende alten Gewohnheit, die Uhrzeit an der Sternenkonstellation abzulesen, verließ sie nie. Die Mutter machte das Frühstück und der Vater bereitete alles für Aussaat oder Ernte vor. Zur Saatzeit musste der Vater auch einige Lamas mitnehmen, um Naturdung und Saatgut transportieren zu können.

Etwa um fünf Uhr morgens nahmen die Morales ihr Frühstück ein. Diese morgendliche Mahlzeit bestand meist aus *lahua*, einer Mais-, Weizen- oder Chuñocreme.[34] Oft gab es nur Kartoffelsuppe. Manchmal überwog auch Mais mit *charqui*, sonnengetrocknetem Lamadörrfleisch. Evo erinnert sich an diese

Lucía Puma, die Mutter des Autors, beim *akulliku*

Zeiten und sagt, dass es oft wochenlang nur Mais gab, weil sie keine anderen Nahrungsmittel hatten.

Im Arbeitsprozess fehlte es nicht an Koka für das *akulliku*. Morales erzählt: »Mein Vater vollzog jeden Morgen vor der Arbeit seine Ehrerbietung an *Pachamama*, die Mutter Erde. Meine Mutter *ch'allaba* [das heißt sie spritzte einige Tropfen Alkohol auf die Erde und trank auf die Göttin Erde] mit Alkohol und Koka-Blättern, auf dass wir eine guten Arbeitstag hätten.« [35]

Seriöse Quellen, die sich mit der Erforschung des Themas gewidmet haben, zeigen die Nahrungsfunktion der Koka-Blätter[36] auf, und weisen darauf hin, dass Koka wie kein anderes Nahrungsmittel des Altiplano reich an Vitaminen, Kalzium und Phosphor ist. Sie erwähnen ebenfalls ihre metabolische Wirkung, das heißt, sie reguliert den Sauerstoffhaushalt des menschlichen Körpers.[37]

Zieht man in Betracht, dass der größte Teil der Ernährung der Andenbewohner aus Knollenfrüchten besteht und das Fehlen von Gemüse beängstigend ist, wird die Koka zum Lebensretter. Die Indígenas der Anden »kauen« bis zu viermal täglich: vor der Arbeit, während der Pausen und nach dem Essen.

Man kann sich also vorstellen, dass die Bauern durch den Koka-Konsum keinen Hunger verspüren und daher die Mahlzeiten des Arbeitstages geduldig erwarten können.

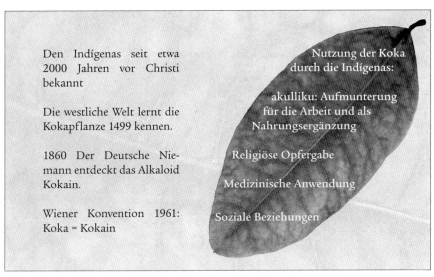

Den Indígenas seit etwa 2000 Jahren vor Christi bekannt

Die westliche Welt lernt die Kokapflanze 1499 kennen.

1860 Der Deutsche Niemann entdeckt das Alkaloid Kokain.

Wiener Konvention 1961: Koka = Kokain

Nutzung der Koka durch die Indígenas:

akulliku: Aufmunterung für die Arbeit und als Nahrungsergänzung

Religiöse Opfergabe

Medizinische Anwendung

Soziale Beziehungen

Geschichte und Nutzung der Koka-Blätter (*Erythroxylon coca Lamark*)

In der Erntezeit essen die Andenbewohner gekochte Kartoffeln und Oca (Familie Oxalidacea), eine aus der Gebirgsregion stammende Wurzel, die schon Grundnahrungsmittel der Inkas war und die sie in einer *wathia*, einem kleinen Ofen aus harten Erdklumpen zubereiten. Die *wathia* hat einen Durchmesser von etwa 40 cm, eine Höhe von 50 cm und ein seitliches Feuerloch. Sie wird schon über eine Stunde vorher angeheizt, damit sie die notwendige Wärme zum Durchbacken der Knollenfrüchte erreicht. Danach wird ein Loch im oberen Teil geöffnet und die verschiedenfarbigen Knollenfrüchte werden durch beide Öffnungen in den Brennraum gelegt, aus dem die Glut ausgekehrt wurde. Sie benötigen noch etwa zwei Stunden, bis sie durchgebacken sind. Diese köstlichen Knollen, deren Ränder knusprig und goldgelb sind, werden meist mit einem in Salzwasser aufgelöstem Mineralpulver namens *phasa* gegessen. Wie man sieht, ist die Zubereitung des Mittagessens ziemlich zeitaufwendig.

Laut Florencios Bericht wurde die *wathia* der Morales von der Mutter angeheizt, um die gerade geernteten Knollen zu backen. Sie hatte die Aufgabe, das Mittagessen zuzubereiten, war aber ebenfalls mit dem Aufsammeln der Kartoffeln beschäftigt. Nach etwa zweieinhalb Stunden konnten die in diesem Ofen gebackenen Kartoffeln verspeist werden.

Während die Eltern geduldig warten konnten, bis das Essen fertig werde, war dies zuviel Zeit für Evo. Sicherlich befand sich der Junge in einem Zustand verzweifelten Heißhungers, als er sich einmal seitlich auf den voll erhitzten Ofen stürzte und sich dabei den rechten Ellbogen verbrannte. Er zeigte völlige Unbeherrschtheit in dieser Situation, sagt Florencio. Evo war etwa 5 Jahre alt. Die Eltern hörten nur den vor Schmerzen schreienden Jungen und waren über diesen Vorfall so erschro-

Coca-Blätter aus den Yungas

cken, dass sie an dem Tag die Ernte nicht fortsetzten, sondern sich ausschließlich dem Kinde und der Behandlung seiner Verbrennungen widmeten.

Die Kinder arbeiten meist bei der Ernte mit. In vielen Gemeinden, so auch in Evos, ist ihnen aber bis zur Volljährigkeit das *akulliku* untersagt.

Sicher ist, dass er als Schüler die Grund-und Oberschule besuchen musste, allerdings hatte die arbeitsintensive Landwirtschaft der Eltern Vorrang. Oft mussten sie auch den *ayni*[38], eine Art Arbeitstausch, in Anspruch nehmen, das heißt, andere Dorfbewohner unterstützten zu diesen Stosszeiten die Morales und diese halfen ihnen im Gegenzug ebenso viele Arbeitstage. So lernte der kleine Indígena das zeitige Aufstehen, die harte Arbeit und das Prinzip der Gegenseitigkeit kennen.

Dionisio Morales war aber nicht nur Ackerbauer sondern auch Viehzüchter. Als Vater sah er sich verpflichtet, seinen Kindern ein Vorbild und Lehrer zu sein und unterwies Evo auch in der Kameltierzucht.

Die Lamas sind eine wichtige wirtschaftliche Grundlage für die Dorfbewohner. Außer zur Fleisch- und Wollproduktion, werden die Tiere vor allem zum Lastentransport gehalten.

Die Nutzung der Wiederkäuer als Transporttiere setzt verschiedenste Kenntnisse voraus, zum Beispiel, wie viel Gewicht ein männliches Tier tragen kann. Weibchen werden nicht zum Transport eingesetzt. Ein männliches Tier trägt ein Gewicht von etwa 20 Kilogramm. Die Last wird auf den Rücken der Lamas in Stoffsäcken so verteilt, dass das Gleichgewicht erhalten bleibt, und mit einem Strick weder zu straff noch zu fest angeschnallt. Experten wissen, dass beladene Lamas etwa 25 Kilometer am Stück zurücklegen können.

Kind beim Anheizen einer *wathia*

Einmal beladen folgen die Tiere in der Gruppe einem Leittier. Der Lamatreiber muss das Verhalten seiner Herde genau beobachten und dieses Leittier herausfinden, weil die Herde es erkennt und ihm automatisch folgt. Dieses Lama erhält als Dank für seine Führungstätigkeit einen Namen und eine Glocke um den Hals. Der Treiber ist stolz auf sein Leitlama, weil es ihm eine große Hilfe bei der Handhabung der Herde ist.

Die Kameltiere sind auf Kommandos abgerichtet, die häufig kurze individuelle Pfiffe des Treibers sind. Beim Erkennen dieser Kommandos laufen die Lamas in Richtung Treiber. Sie haben im allgemeinen ein nach außen geschlossenes Herdenverhalten. Daher ist eine Lamaherde schwer mit einer anderen zu mischen.

Es existiert eine Art Kultverbindung zwischen Lama und Treiber. Sie stellt eine eigene Welt für sich dar und ist voller Mythen. Diese Beziehung findet ihren Höhepunkt bei den Karnevalsfestlichkeiten. Die Tiere werden mit *tikas*, Ohrringen, geschmückt, die speziell dafür angefertigt werden. Zum Zeitpunkt des Anbringens der Ohrringe, werden auch die Ohren zum Wiedererkennen der Tiere markiert, indem mit einem Messer ein kleines Stück herausgeschnitten wird. Dieser Vorgang ist bekannt als die *quillpa*. Die Kinder erhalten die schönsten mehrfarbigen Jungtiere als Geschenk. Diese erfüllen die neuen Besitzer und Besitzerinnen mit großem Stolz. Verschenkt werden nur Weibchen und die Kinder haben danach die Verantwortung für ihre Tiere.

Florencio erzählt, dass seinem jüngeren Cousin auch ein Lamaweibchen geschenkt wurde, und da dieses sich höchstwahrscheinlich vermehrt hat, müsste der jetzige bolivianische Präsident immer noch Besitzer einer Lamaherde sein.

Erinnerungsfoto an die Armeezeit von Dionísio Morales, Evos Vater

Die Feuerprobe für die Anwendung aller von seinem Vater erworbenen Kenntnisse, sollte Evos Reise in die *liquina*, die Valles und tropischen Gebiete von Bolivien sein, ein Fußmarsch von zirka drei Monaten.

Auf dieser Tour wurden männliche Lamas als Transportmittel eingesetzt, ohne die diese lange Reise unmöglich gewesen wäre. Diese Tiere waren nie zum Reiten benutzt worden, sondern nur zum Transport von Ladung. Auf der Hinreise nahm die Karawane Salz, welches sie aus der berühmten Salzwüste *Uyuni* holten, Lamawolle, Chuño, Lamadörrfleisch und andere Dinge zum Tausch gegen die Produkte der Valles und Yungas, Mais und Kokablätter, mit.

Die Mädchen und Jungen, die mit der Karawane reisten, wurden *chintas*, reisende Gehilfen oder Lehrlinge, genannt und ihre Aufgaben waren, die Lamas zu beaufsichtigen, die Stricke in Ordnung zu halten und die Mahlzeiten für alle Reisenden zu bereiten.

Die Lamatreiber kannten genau den Weg, die Rastplätze, die Schlafplätze und die Wasserstellen. Die Lamas mussten am Nachmittag geweidet werden und alle standen nachts um drei Uhr auf, um bis zum Mittag zu marschieren. Nachts wurden die Wiederkäuer in Fünfergruppen an den Hälsen zusammen-

Im *Altiplano* von Oruro, wo die Lamas zu Hause sind

gebunden, was das Aufschnallen der Ladung im Morgengrauen des nächsten Tages erleichterte.

Morales sagt, dass er im Alter von zwölf Jahren mit seinem Vater eine Reise in die Provinz Independencia im Departamento Cochabamba unternahm. »Ich erinnere mich, wochenlang hinter ungefähr 50 Lamas als Treiber marschiert zu sein, auf der Suche nach Mais, damit unsere Gemeinde überleben konnte. Mein Vater war sehr solidarisch. Als wir nach zwei Monaten zurückkamen, brachte er Mais fürs ganze Dorf mit. Es wurde ein Fest veranstaltet und Pachamama geehrt, denn der Hunger ist fatal für die Bewohner des Altiplano, deren Heimat häufig von Dürren und Frost heimgesucht wird. Als wir mit der Lamakarawane in Confital[39] vorbeikamen, ohne Essen, bei Regen und Kälte, und die Straße Cochabamba-Oruro kreuzten, sah ich die Passagiere der Fernbusse, der sogenannten *flotas*[40], Orangen-und Bananenschalen aus den Fenstern werfen. Ich hob sie auf, kaute die Schalen und mein größter Wunsch war es damals, in diesen Bussen von *Danubio* und *Nobleza* mitzufahren.«[41]

Die Cousine Evos, Doña Justina Morales de Soliz, erzählt, dass diese weiten Reisen auch dazu dienten, sich mit Koka einzudecken. Laut ihrer Informationen fanden die Reisen immer im April nach der Erntezeit im Altiplano statt. Nach etwa einem Monat Marsch erreichten sie die Höhe des Dorfes Vacas in der Provinz Arani im Departamento Cochabamba. Dort war genau der richtige Ort, um die Lamas zu weiden. Während die *chintas* in den Hügeln die Kameltiere hüteten, gingen die Erwachsenen zu Fuß in Richtung Totora, der Provinz, die das Tor zu den Tropen von Cochabamba darstellt, um sich dort mit Koka zu versorgen.

Justina Solíz, Evos Cousine

Doña Justina berichtet weiter, dass die von dort stammende Koka entspre-chend ihres Herkunftsortes als *Totora* oder *Vandiola* bezeichnet wurde.[42] Nach dem Besuch der Gegend um Vacas traten sie normalerweise die Rückreise nach Orinoca an, die einen weiteren Monat in Anspruch nahm.

In der Kunst des Kameltreibens ist auch ein ritueller Teil der Andenkultur verankert. Die Indígenas beginnen ihre produktiven Aktivitäten nicht ohne Anbetung, die eine Grundfeste ihres Weltbildes darstellt. Ein wichtiger Ein-schnitt im Kalender der Viehzüchter ist die Karnevalsfeier.

Florencio ließ uns wissen, dass Evos Vater einen heiligen Ort namens Samiri inmitten der Dünen am Ufers des Poopó-Sees hatte. Dort war seine Opferstel-le, also der Platz, an dem er seine Ehrerbietung für die Göttin der Fruchtbar-keit, Pachamama, erbrachte.

Die hier beschriebenen Vorgänge ähneln den traditionellen Riten, wie sie z. B. in den Schriften von Huamán Poma de Ayala, Garcilaso de la Vega und anderer spanischer Chronisten beschrieben werden.[43]

Schon am Donnerstagnachmittag vor dem Karneval, auch *Comadres* genannt, stellte Dionisio Morales eine Opfergabe für die Göttin zusammen. Diese Gabe wurde mit größter Sorgfalt und allen erforderlichen rituellen Handlungen wie dem *akulliku* der Koka-Blätter und unter Benutzung von Alkohol in Anwesen-heit der Kinder vorbereitet. In diesem Moment übernahm Dionisio die Rolle eines spirituellen Priesters der Aymara-Religion. Evo erinnert sich: »Es war, als sprächen meine Eltern mit der Erde, mit der Natur.«[44]

Die Vorbereitung des religiösen Opfers fand in seinem Heim auf einem Zeremonietuch aus bunter Lamawolle, der *incunya*[45] statt, auf der verschiedene

Eine religiöse Opfergabe

heilige Gegenstände angeordnet wurden: kleine Figuren aus Zucker und Fett, heilige Kräuter, Koka-Blätter, Schnapsfläschchen und Copal-Räucherharz.

Nach Abschluss dieser Vorbereitungen begaben sich alle nahestehenden Familienmitglieder zur heiligen Stelle Samiri, nur wenige Kilometer von ihrem Wohnort entfernt.

Geschützt von Horstgras und unter einem flachen Stein gab es eine Stelle, die extra für diese religiöse Gabe errichtet wurde, so Florencio.

Aus diesem sorgsam gepflegten Versteck, nahm Dionisio zuerst die Reste des Opfers vom vorangegangenen Jahr, um gleich darauf die neue Gabe einzulegen und mit tiefer Stimme der Fruchtbarkeitsgöttin für den Nachwuchs an Jungtieren zu danken, mit dem sie die Familie gesegnet hatte.

Für den Aymara Morales war diese religiöse Handlung, in der Sprache der Quechua *qaraqu* (Opfergabe) genannt, ein Akt der Gegenseitigkeit und des einzigartigen Respekts vor der Göttin Pachamama.

Zum Samiri nahmen sie auch ein vorher sorgfältig ausgewähltes Lama mit. Das Tier wurde in einem Ritual geopfert, welches die Aymara *wilancha* nennen, eine Art Reinigung der Erde (*Pachamama*) mit dem Blut des geopferten Tieres. Dabei wird das Blut um die Opferstelle verspritzt und die Gesichter der Anwesenden damit bemalt.

Danach bereitete die Mutter das Fleisch des geopferten Tieres zur Speisung der Familie zu. Dieses gekochte Fleisch wurde ohne Salz – wahrscheinlich als Zeichen der Reinheit des Rituals – gekocht und noch am gleichen Tag und am gleichen Ort verzehrt. Die Knochen vergrub die Familie in der Nähe des Platzes.

Also wurde Evo in all diesen Zeremonien ausgebildet, damit er ein wahrhafter Ackerbauer und Viehzüchter der Anden würde. Er lernte, die Natur zu bewundern, die in all ihren Teilen für die Andenbewohner lebendig ist. Er lernte alle Teile gleichermaßen zu achten: die Menschen, die Pflanzen, die Tiere, die Erde, die Flüsse, die Berge, die Quellen, die Höhlen u.a. Als Kind war seine Aufgabe das Schafehüten. Als Jugendlicher betreute er die Lamas und Alpakas in den Pampas von Isallawi und erlernte später den Kult der Erde, *Pachamama*. Als Erwachsener sollte er die heilige Pflanze Koka anbauen.

Betrug und Lüge sind in den Gemeinden weitestgehend unbekannt. Es ist notwendig, sich daran zu erinnern, dass die Inka als eines ihrer obersten Prinzipien *ama llulla* (Lüge nicht!) festgeschrieben hatten. Unverheiratete Frauen oder Männer dürfen so viele sexuelle Beziehungen haben, wie sie wollen, unabhängig davon, ob sie bereits versprochen sind. Nach der Heirat ist der Ehebruch ein Tabu und wird als hochgradiger Betrug betrachtet.

In den Gemeinden wurde die Behütung der Ehe institutionalisiert. Diese Tradition beginnt mit dem Anhalten um die Hand der zukünftigen Frau. Mit Koka und Alkohol im Gepäck suchen die Eltern des Bräutigams die Eltern der Braut auf, die der Bitte normalerweise stattgeben. Die Trauzeugen des Paares werden von den Dorfoberhäuptern festgelegt. Und es sind diese Trauzeugen, die von Anfang an über das harmonische Zusammenleben der Eheleute wachen müssen. Ehekonflikte werden zuerst durch sie geschlichtet und nur wenn es ihnen nicht gelingt, greifen die *mallkus* oder *jilakatas*[46] ins Geschehen ein. Beim Ehebruch werden beide Schuldige hart und, zur Abschreckung aller, in Anwesenheit der Gemeindebewohner bestraft.

In der Gemeinde der Morales ist es normal, dass die Häuser keine Schlösser oder ähnliche Sicherheitsvorrichtungen haben. Selbst wer genug Geld für den Einbau hat, verzichtet darauf, weil die Notwendigkeit nicht besteht und die Aufrichtigkeit der Nachbarn vorausgesetzt wird. Genauso ist es mit den männlichen Lamas, die frei geweidet werden. Niemandem fällt es ein, diese Lamas zu stehlen. Natürlich gab es solche Fälle in der Vergangenheit, aber es ist bekannt, dass die auferlegten Strafen ebenfalls hart und manchmal sogar der Tod des Übeltäters waren. Es gilt also ebenfalls das Prinzip *ama sua* (Stehle nicht!).

Wer die Ehrlichkeit und Aufrichtigkeit der heutigen Andenbewohner kennt und weiß, dass es sich um eine weiter vererbte Tradition ihrer Vorfahren handelt, dem fällt es leicht zu verstehen, warum die Inka auf die Täuschungen und Lügen der spanischen Eroberer hereingefallen sind. Francisco Pizarro ließ Atahualpa mehr als viermal in übersandten Botschaften wissen, dass seine Soldaten dem Inka dienen und ihm mit ihren Waffen Schutz gegenüber seinen Feinden bieten würden.[47] Das war fatal für das Inka-Imperium. Der letzte Inka erschien zum Treffen mit den 158 spanischen Eroberern[48] mit seinem Gefolge tausender unbewaffneter Indígenas im Glauben an die Aufrichtigkeit des Vorschlags. Im 19. Jahrhundert sollte der legendäre Aymara-Heerführer Zarate Willka[49] ebenfalls der Lüge und dem Betrug seiner Feinde zum Opfer fallen.

Für viele der Andenbewohner, die es noch nicht gelernt haben, wiederholt sich die gleiche Geschichte, wenn sie beim Besuch der Städte in Fallen gehen und dort durch Betrügereien ihre wenigen Ersparnisse verlieren. Es gibt eine Unzahl von Lügengeschichten[50], bei denen der Indígena am Ende immer der Verlierer ist.[51]

Die moralischen Prinzipien Ehrlichkeit, Aufrichtigkeit, Loyalität, Solidarität und Respekt prägten das Leben des heutigen Präsidenten Boliviens.

Im politischen Leben lernte er, dass Lüge und Betrug die am häufigsten eingesetzten Mittel seiner Gegner sind. Später sollte Evo sagen, und er spielte damit klar auf die vorhergehenden Regierungen Boliviens an, dass einige professionelle Politiker sich in höheren Studien qualifiziert hätten, aber keine Moral haben. Das in Bolivien eingeführte westliche System wird von ihm in Frage gestellt.

Die Grund-und Oberschulbildung Evos

Februar 1964
Dionisio Morales Choque hatte in Orinoca ein Richteramt inne. Er besorgte sich in diesem Ort eine Wohnung, um seiner Funktion als Justizautorität besser nachkommen zu können. Er lebte dort ohne seine Frau, aber mit drei Kindern: Florencio, Evo und Esther. Die drei besuchten das Landschulzentrum vom Orinoca. Man beachte die Anstrengungen der Eltern, ihren Kindern Bildung zu ermöglichen. Evo besuchte bereits die Vorschule, als er vier Jahre alt war. Dort erlernte er die ersten Buchstaben des spanischen Alphabets.

Nach ungefähr sieben Monaten kehrten sie wieder in die Gemeinde Isallawi zurück. Die Mutter war dort zusammen mit Evos jüngerem Bruder Hugo geblieben. Sie hatten für die Tierherden gesorgt, die die Erwerbsquelle der Familie waren. Im folgenden Jahr, 1964, wurde Evo in die Schule von Isallawi, *Unidad Educativa de K´alawillka*, eingeschult.

Der Schüler hatte keinen weiten Weg, denn das Schulgebäude befand sich nur 200 Meter von seinem Haus entfernt. Die Mutter bereitete ihm allmorgendlich ein Mittagessen aus Kartoffeln und Fleisch, welches der Junge in einer Umhängetasche mitnahm. Die Schule hatte statt einer richtigen Glocke ein an einem Pfosten aufgehängtes Stück Blech und wenn die Kinder die ersten Schläge hörten, mussten sie sich beeilen, um rechtzeitig zum Unterricht zu kommen.

Die Schule von K´alawillka hat heute zwei Klassenzimmer und einen Raum, der als Direktion und Lehrerzimmer fungiert. In Evos Kindheit gab es nur ein Klassenzimmer, in dem alle Altersgruppen von einem Lehrer zu gleichen Zeit

Ältere Frauen bei der gemeinschaftlichen Arbeit in der Schule von K'alawillka

unterrichtet wurden. Diesem Unterrichtsraum fehlte es an Pulten und Stühlen, auch hier wurden Lehmziegel als Möbel eingesetzt. Trotz dieser Unbequemlichkeiten müssen die Kinder so glücklich gewesen sein, in einer Schule lernen zu dürfen, dass sie das Fehlen dieser Möbel nicht störte. Evo erinnert sich, in der Schule einmal einen Esel in den Farben der bolivianischen Flagge, rot, gelb, grün, gezeichnet zu haben. Das war der Witz des Jahres für seine Mitschüler.[52]

Bald jedoch musste Evo seinen Schulbesuch in K'alawillka abbrechen, weil sich sein Vater für eine Reise zur Arbeitssuche entschied. Es gab zu dieser Zeit eine große Nachfrage nach Arbeitskräften im Norden Argentiniens. Zusammen mit seinem Sohn, seiner Tochter und weiteren 200 Indígenas wurde Dionisio Morales mit Lastkraftwagen von Orinoca nach Sewaruyu transportiert, wo es eine Eisenbahnstation gab. Von dort reisten sie in Zugwaggons nach Jujuy in Nordargentinien. »Es war eine starke Migration, aber nur saisonbedingt zur Zeit der Zuckerrohrernte«, erinnert sich Evo in einem Presseinterview, als er schon politischer Anführer ist. »Dort hatte ich meine erste Arbeit als Stieleisverkäufer und damit machte ich ein bisschen Geld, um meine Familie zu unterstützen. Ich lebte nur von gerösteten Nudeln und Tee. Ich lernte an der Schule im Zuckerrohrgebiet von Galilea in der Provinz Jujuy, aber ich war ein verschlossener Aymara, verstand fast kein Spanisch und musste daher den Unterricht abbrechen.«[53]

Nach der Rückkehr aus Argentinien, wo sie sechs Monate verbracht hatten, besuchte Evo wieder das Landschulzentrum von Orinoca, mit den Reiseerinnerungen im Hinterkopf. Seine Schwierigkeiten mit der spanischen Sprache in

Lehrerin der Schule von K'alawillka

Argentinien müssen ihn motiviert haben, die Sprache jetzt akribisch zu lernen. Neu in dieser Grundschule lernte und übte er hier die korrekte Aussprache des Vokals *e*, um ihn nicht mit dem *i* zu verwechseln, ebenso bei *o* und *u*. Zum Beispiel sagen die Aymara statt dem spanischen *pecho* (Brust) *pichu*. Diese Verwirrungen sind fatal für das Selbstwertgefühl der Andenkinder, die in die Städte migrieren und sich dort zum Gespött der Nicht-Indígenas machen.

Danach besuchte Evo die landwirtschaftstechnisch und geisteswissenschaftlich ausgerichtete Oberschule von Orinoca (ITAHO). Er widmete sich leidenschaftlich dem Lernen, berichtet Florencio. Nach dem Unterricht machte Evo seine Hausaufgaben und übte für die Schule. Sie hatten weder Fernsehen – bis heute gibt es keines in Orinoca – noch Radio, daher war der Sport seine Hauptbeschäftigung in der Freizeit. Später lernte er auch einige Musikinstrumente zu spielen, unter anderem Trompete. Es ist sicher, dass er überdurchschnittliche schulische Ergebnisse und damit seine ersten Erfolge im Leben erzielte.

Auch die Beschäftigung auf anderen Gebieten brachte ihm gute Resultate. Sein damaliger Mathematiklehrer Manuel Solís Enrique erzählt uns: »Er war ein respektvoller, disziplinierter und pünktlicher Schüler. Seine Auffassungsgabe war sehr gut. Er war nicht nur Vorsitzender des Schülerrates, sondern auch der Fahnenträger seiner Schule. Unter seinen vielen Fähigkeiten hob sich seine Liebe zum Sport hervor. Er war ein Jugendlicher, der seine Mitschüler auf verschiedene Art motivierte.«

Der heutige Direktor der ITAHO, Martín Copajira, erzählt, dass der damalige Direktor sich sehr dafür einsetzte, dass die Schüler Fußball spielten. Es wurden

Haupteingang der Oberschule ITAHO

die verschiedensten Meisterschaften zwischen den Klassen der Schule veranstaltet und Evo nahm an ihnen sehr aktiv teil, sagt seine Familie.

Das bolivianische Schulsystem umfasste zu dieser Zeit fünf Jahre Grundschule, drei Jahre Mittel- oder Vorbereitungsstufe und vier Jahre Oberstufe, die mit dem Abitur abgeschlossen werden konnte. Morales besuchte elf Jahre lang die Schule, von der Grundstufe bis zum dritten Jahr der Oberstufe in Orinoca.

Vater und Mutter waren sehr stolz, dass ihre Kinder die Schule besuchen konnten, eine Möglichkeit, die ihnen verwehrt geblieben war. Sie machten alles nur Erdenkliche möglich, damit ihre Kinder Schul- und Ausbildung genießen können. Sie entschieden, dass die Jungen ihr Abitur in Oruro machen sollten. Esther wohnte bereits dort und hatte eine Ausbildung zur Schneiderin abgeschlossen. Evo Morales besuchte diese Stadt zum ersten Mal, als er acht Jahre alt war. Laut seinem eigenen Bericht, erschien ihm diese Stadt unglaublich.[54] Es ist gut möglich, dass er sich dort wie in einer magischen Welt fühlte, nur dass Oruro nicht nur eine Illusion, sondern brutale Wirklichkeit war.

Während Hugo, der Jüngste, vorerst bei seinen Eltern blieb, zog Evo, der Ältere, zuerst einmal allein nach Oruro. Seine Eltern kauften ein kleines Stück Land und bauten ein Haus in dieser Stadt. Dieses Haus war Evos erster eigener Wohnsitz und er wohnte dort ein Jahr lang allein, weil er nicht bei seiner Schwester bleiben konnte, die bereits verheiratet war und mit ihrem Ehemann zusammenwohnte.

Im Jahre 1977, im Alter von 18 Jahren, besuchte Evo die oberste Klasse der Gemischten Oberschule *Marcos Beltrán Ávila* der Stadt Oruro. Die heutige Direktorin dieser Schule, Alicia Luna Torrez, informiert uns, dass die archivier-

Esthers Hochzeit, Evo zweiter von links

ten Zeugnisse zeigen, dass der Schüler Evo Morales dort besonders in Philosophie, Physik, Musik und Sport sehr gute Ergebnisse erzielte.

Am Samstag, dem 8. Oktober 1977 erhielt der heutige Regierungschef Boliviens die Abschlusszeugnisse der Oberschule, die ihm das Anrecht auf seinen Abiturtitel in Geisteswissenschaften bescheinigten. Evo selbst hat in vielen Interviews erklärt, dass er kein Abitur hätte. Es ist gut möglich, dass er auf die Bescheinigung verzichtete, weil er den notwendigen bürokratischen Akt, von einer der bolivianischen Universitäten dieses Zertifikat anerkennen zu lassen, der ihn Zeit und Geld gekostet hätte, nicht in Angriff nehmen konnte oder wollte. Der Nichtbesitz dieses Dokumentes verbietet ihm allerdings tatsächlich den Titel tragen zu dürfen.

Die Direktorin weist ebenfalls darauf hin, dass sich die soziale Mischung der Klassen seit Evos Zeit nicht wesentlich verändert hat. Ihren Informationen zufolge, kommen heute ungefähr 30 Prozent der Schüler aus der Stadt und 70 Prozent aus den ländlichen Gebieten. Die Schüler vom Land kämpfen mit großen Integrationsschwierigkeiten.

Fern von der Fürsorge ihrer Eltern, ist das größte Problem, mit dem sie konfrontiert werden, die fehlende kulturelle Integration, verrät uns die Direktorin. »Wenn Mutter oder Vater schon einmal in die Stadt kommen, und die Schule ihrer Kinder besuchen, freuen wir uns, aber es gibt Fälle, wo wir uns mit ihnen wegen Sprachbarrieren nicht unterhalten können.« Die Eltern sprechen nur Aymara und kein Spanisch. In dieser Situation rufen die Eltern ihre Kinder als Übersetzer, die sich aber oft weigern, zu dolmetschen, so die Direktorin. Indígena zu sein und die eigene Sprache zu sprechen, stigmatisiert mehr als es

Innenhof des Colegio Marcos Beltrán

identifiziert, können wir es in Anlehnung an *Die offenen Venen Lateinamerikas* des bekannten uruguayischen Schriftstellers Eduardo Galeano umschreiben.

Ein anderes großes Problem ist die finanzielle Situation der Kinder. Die Eltern geben ihnen Geld für Essen und persönliche Ausgaben, aber häufig deckt die Summe nicht die tatsächlichen Kosten bis zur Rückkehr der Eltern. Die Dorfbewohner können das Geld nur verdienen, indem sie in der Stadt versuchen, ihre wenigen Waren zu verkaufen. Zur Saat- oder Erntezeit ist es ihnen unmöglich in die Stadt zu kommen. In diesem Fall ist die Straße die einzige Alternative für die Migrantenkinder.

Die finanzielle Situation der Morales war nicht grundlegend anders als die von der Schuldirektorin beschriebene. Evos Eltern schickten ihm Kartoffeln, Chuño und andere Nahrungsmittel, die in Isallawi produziert werden. Für seine Freizeitausgaben und alle sonst notwendigen Dinge wie Schulmaterialien, Zucker usw., erhielt der jugendliche Indígena ein Taschengeld von seinem Vater. Um dieses aufzubessern, arbeitete er noch parallel zur Schule als Pauschalarbeiter, z. B. als Ziegelbrenner, Bäckergehilfe und Trompeter.

Einer seiner Mitschüler der Oberschule bezeugt, dass Evo ein guter und fleißiger Arbeiter war. Er erinnert sich an einen ruhigen Jugendlichen, der

Eingangstür der Oberschule, an der Evo Morales sein Abitur machte

ganz in seinen Dingen aufging. Er mochte Fußball, erwähnt der Befragte ebenfalls.[55]

Seinen Fußballfanatismus konnte Evo nie vollständig beherrschen. Eines Tages, kurz nachdem auch sein jüngerer Bruder zu ihm gezogen war, erfuhren sie, dass es im Zentralstadion von Oruro eine Partie von nationalem Rang geben würde. Also bat Evo Hugo, die Eintrittspreise für dieses Fußballspiel herauszubekommen. Nach seinen Erkundigungen kehrte Hugo deprimiert zurück und sagte:

»Bruder, die Karten sind so teuer, dass wir uns ganzes Monatsbudget ausgeben würden.«

Der Fanatiker dachte nach und antwortete dann nach einigen Minuten:

»Brüderchen, lass uns die Karten kaufen. Das Spiel ist wichtig. Mach dir keine Sorgen; ich werde einfach noch mehr arbeiten gehen.«

So gaben sie für die Partie von 90 Minuten ihr ganzes monatliches Taschengeld aus und hatten weder Brot, Fleisch noch Zucker, bis Evo wieder Geld verdient hatte.

Mit seiner Anpassung an die städtische Kultur schien der Aymara Evo laut der Informationen seiner nahestehenden Verwandten keine Probleme zu haben.[56] Es scheint, dass der jugendliche Indígena mit 17 Jahren eine gefestigte

Schulaufmarsch, Evo Morales ist der zweite von links

kulturelle Bildung seines Volkes hatte. Im Gegensatz zu Jugendlichen, die keine Festigkeit darin besaßen, hatte er sogar mehr als genug davon. Es wäre für ihn unvorstellbar gewesen, seine Herkunft zu leugnen. Darüber hinaus hatte er das Glück, eine Schule zu besuchen, deren Schüler in der Mehrzahl aus seinem Kulturkreis kamen. So befand er sich inmitten eines kulturell homogenen Umfelds. Es erschien ihm überhaupt nicht abwegig, westliche Elemente der Stadtkultur anzunehmen. Einige wenige Male in seinem Leben sah man ihn im Anzug, Krawatte und einer Mähne, auf die die Beatles neidisch gewesen wären, durch die Straßen Oruros defilieren.

Die finanzielle Unterstützung seiner Eltern und die Einkünfte, die er aus seinen Jobs erzielte, waren nicht ausreichend, eine akademische Laufbahn einzuschlagen. Evo musste sich etwas einfallen lassen, wie er jetzt seinen Lebensunterhalt bestreiten könne. Später sagte er dazu, er hätte gern Journalismus studiert, weil er Journalisten dafür bewunderte, wie sie mit dieser Menge an Informationen arbeiten. Aber auch er sollte das Arbeiten mit Informationen und die Kommunikationstechniken erlernen.

Der zukünftige Präsident der Indígenas lernt vom Fußball

Bis heute sind die verschiedensten Einordnungsversuche für das politische Agieren Evo Morales' gemacht worden. Für die einen ist er ein Linker und ein *sozialistischer Indio*, der die internationalen Unternehmen verstaatlicht hat. Für andere ist nicht viel weniger als ein Rechter, ein *prokapitalistischer Indígena*, der den *Andenkapitalismus* entwickelt und die internationalen Unternehmen in Bolivien agieren lässt. Für nicht wenige Beobachter ist er ein fürchterlicher *Populist*, der Bolivien an den Rand einer Diktatur bringen wird und die puritanischen Indianisten vertreten die Meinung, dass die Regierung Morales die Fortsetzung des bisherigen rassistischen Systems ist, nicht mehr und nicht weniger.

In der Tat ist es nicht leicht, ihn mit den herkömmlichen Parametern für Politiker zu bewerten. Nur das Wissen über den politischen Werdegang Evos ist eine sinnvolle Basis, um ihn im politischen Kontext zu charakterisieren.

»Ich bin sein erster politischer Mentor«, bestätigt der ältere Cousin Evos, Marcial Morales Aima[57], mit unumstößlicher Sicherheit. Marcial ist 72 Jahre alt (2006) und es ist bewundernswert, dass er in diesem fortgeschrittenen Alter immer noch aktiv als Bauer und Koka-Produzent im Chapare arbeitet. Er lebt heute in Yapacaní im Departamento Santa Cruz. Er war ein treuer Schüler des heroischen Gewerkschaftsführers Federico Escobar Zapata, auch von seinen Gefolgsleuten *Macho Moreno*[58] genannt und lernte von ihm das ABC des Marxismus. Er lernte auch den legendären Guerillaführer Ernesto Che Guevara persönlich kennen und versteckte ihn in seinem Haus, während ihn andere Campesinos verrieten. Er ist ein revolutionärer Pionier und Gründer des Gewerkschaftsdachverbandes der Kolonisten und landwirtschaftlichen Produzenten Boliviens. In Wahrheit gibt es so viele politische und historische Ereignisse in seinem Leben, dass man ihn ein *lebendes Gewerkschaftsalmanach* nennen kann. Er erklärte uns sein Prinzip: »Ich verkaufe mich weder für Silber noch für Gold!« und sagt uns, dass er das von seinem Meister *Macho moreno* gelernt habe, einem der ersten bolivianischen Politiker, der mit Leib und Seele gegen das korrupte politische System des Landes kämpfte.

Der ältere Cousin, der Isallawi als Kind verlassen hatte und in Cochabamba lebte, besuchte seinen Geburtsort als Evo 15 Jahre alt war. Seine politische und gewerkschaftliche Tätigkeit war etwas, das ihn immer begleiten sollte. Auf einer dieser Reisen organisierte er einen Kurs zur *Befähigung, Orientierung* und *Bewusstseinsentwicklung* in Orinoca. An diesem Kurs, der drei Tage dauerte, nahm auch sein jüngerer Cousin Evo als einziger aus seiner Gemeinde teil. Marcial war als roter verrückter Bergarbeiter, *koya loco*, bekannt. Man kann seinen Erzählungen entnehmen, dass der spätere Präsident Boliviens hier seine ersten Kontakte mit sozialistischen und marxistischen Ideen hatte.

Dieser Kurs schien Evo so beeindruckt zu haben, dass er nicht schlafen konnte. Die Cousins übernachteten gemeinsam auf einem Feldbett, der Jüngere mit

Marcial Morales, Evos Cousin, in seiner typischen Regionaltracht

dem Kopf zum Fußende. Um drei Uhr morgens erhob er sich plötzlich und weckte den Meister mit den Worten: »Ich werde dein Nachfolger sein.« Der so Geweckte, der normalerweise bis zum Sonnenaufgang schlief, verstand nicht sofort. Es war für ihn ein Traum mit dauerhaftem Eindruck.

Auf die berechtigte Frage nach einer Erklärung für dieses spontane Verhalten antwortet Marcial: »Ich glaube, dass Evo sich nicht nur mit der Thematik des Kurses, der sich mit der Verteidigung der Unterdrückten und Gedemütigten befasste, identifizierte, sondern in diesem Moment auch eine persönliche Entscheidung fällte.«

Bei anderer Gelegenheit zeigte der junge Indígena eine ähnliche Reaktion. Eine seiner Verwandten, Adela Aima, erzählt, wie er sich einmal erhob und verkündete: »Eines Tages werde ich Präsident sein!«[59]

Sind diese plötzlichen Verhaltensweisen bloß Ausdruck der Träume eines Pubertierenden? Es müsste viel Tinte fließen, um diese Ausbrüche des jungen Indígena zu erklären. Wir sind uns fast sicher, dass diese Reaktionen keinem rationalen Prinzip folgen. Man könnte eher sagen, dass sie sehr viel intuitives Potential zeigen. Es waren Träume eines Jugendlichen, die Wirklichkeit geworden sind.

Später sollte sich Marcial große Sorgen um seinen jüngeren Zögling machen, denn Evo wurde viele Male von den repressiven Organen der damaligen bolivianischen Regierung festgenommen, eingesperrt und fast ermordet. Nicht nur er, sondern viele Mitglieder der Morales-Familie wussten, dass Marcial ihn auf den Weg der politischen Arbeit gebracht hatte und viele Verwandte erhoben den Zeigefinger, wenn sie meinten, dass Evo sich in Gefahr begab. Heute sind sie alle stolz auf die Position, die er erreicht hat.

Sein Cousin, der beispielhafte Gewerkschaftsführer, zögert nicht, die Geschichte seines *kleinen Bruders* zu erzählen. Er hat viele Erinnerungsstücke und man merkt ihm seinen Stolz an, wenn er diese Gegenstände zeigt, die Zeugnis des gemeinsamen Kampfes mit dem heutigen Präsidenten sind.

Die Quellen, aus denen sich die politischen Gedanken Morales' speisten, waren die politische Arbeit und die Gewerkschaftsarbeit. Der Indígena betrachtet das ganze Leben als einen Lernprozess. Nach einer Gipfelkonferenz, die er mit den lateinamerikanischen Präsidenten abhielt, äußerte er sich gegenüber der Presse folgendermaßen: »Als ich als Gewerkschaftsführer arbeitete, war der Dialog wichtig. Heute als Präsident sehe ich, dass dieser Dialog aufrichtig, ehrlich und verantwortungsbewusst sein muss. Aus dieser Versammlung habe ich viel gelernt. Für mich ist jedes Treffen und jeder Kontakt eine Lektion.«[60]

In der Tat brachten die ständigen Versammlungen der Koka-Bauern Evo verschiedene Nebeneffekte für seinen politischen Werdegang. Vor den Versammlungen musste er sich gut vorbereiten, um nicht von den unerbittlichen Kritikern, die in den Reihen der Gewerkschaftler nicht fehlten, widerlegt zu werden. Während und nach einem Treffen hatte er die Möglichkeit zum Gedankenaustausch mit Gewerkschaftlern, Politikern, mit Vertretern der NGOs, der nichtstaatlichen Organisationen, von denen es in der Koka-Bauern-Bewegung nur so wimmelt, und mit Journalisten. Er meinte einmal dazu: »Wir haben mit vielen Journalisten diskutiert, vor allem mit denen aus Cochabamba. Ich hatte mit den Journalistenfreunden, die mich prägten, eine Debatte, eine Art Streit, der mir aber geholfen hat. Gut, das gehört dazu.«[61]

In seiner Arbeit als Koka-Bauern-Gewerkschaftler hatte Evo ein intensives Verhältnis zu seinem späteren Berater, dem ehemaligen Gewerkschaftsführer der Bergarbeiter, Filemón Escobar, ursprünglich trotzkistischer Ausrichtung.

Kontakte mit hochdotierten Politikern und Intellektuellen gab es unzählige, aber man kann nicht feststellen, welchen Einfluss sie auf Evos politische Laufbahn hatten. Jedoch brachte er sich durch seine Beziehungen zu Intellektuellen der sozialistischen Linken während seiner Zeit als Parlamentarier auch Fidel Castro und Hugo Chávez näher, deren antiimperialistische Erfahrungen er schätzte und deren Jargon er zum Teil übernahm. In einem Interview äußerte er, dass sie seine Freunde sind, mit denen er die Erfahrungen des gemeinsamen Kampfes teilt.[62] Den kubanischen Regierungschef bewundert er wegen seines Widerstandes gegen die *Gringos* (Fremden) aus dem Norden. Der Kubaner José Martí war eines der antiimperialistischen Beispiele und Träger geistreicher indigener Ideen im 19. Jahrhundert. Er war in der Jugendzeit Fidel Castros dessen theoretisches Vorbild.

Es ist sehr wahrscheinlichBergarbeiter, dass Evo Morales schon in den neunziger Jahren Kontakte mit dem venezolanischen Präsidenten Hugo Chávez hatte, aber mit Sicherheit können wir nur sagen, dass die beiden Politiker sich im August 2002 getroffen haben, zur Zeit des Amtsantritts von Gonzalo Sánchez de Lozada als Präsident von Bolivien. Filemón Escobar sagte, dass sie bei dieser Gelegenheit darin übereinstimmten, dass die bolivianische Indígena-Bewegung gestärkt werden müsse.[63] Später besuchte Morales Venezuela viele Male und es scheint klar, dass die politischen Strömungen und Veränderungen in diesem Land sein politisches Denken beeinflusst haben, besonders bezüglich der Erkenntnis, radikale Veränderungen in der Verfassung Boliviens herbeiführen zu müssen. Die plumpen Anschuldigungen seiner politischen Gegner, er sei eine Marionette Chávez', beruhen nicht auf Tatsachen.

Um den Indígena in seinen Gedanken und Aktionen auf diesem Gebiet zu verstehen, ist es nötig, drei Aspekte zu kennen. Erstens gab es vor der Kolonialisierung Amerikas eine Art über die heutigen Ländergrenzen hinausgehender politischer Einheit durch das Inka-Imperium. Heute leben in vielen Ländern Südamerikas Quechua und Aymara. Zweitens sollte Simón Bolívar die Unabhängigkeit dieser Länder erreichen. Diesem in Venezuela geborenen lateinamerikanischen Kämpfer zu Ehren trägt Bolivien heute seinen Namen. Drittens erzeugen die Hegemoniebestrebungen der USA ein Wiederaufleben von historischem Bewusstsein bei vielen Politikern in Lateinamerika.

Es ist interessant, dass bei dieser Vielzahl von Kontakten mit Staatsmännern Lateinamerikas eine Annäherung an die indianistischen und antiimperialistischen Ideen entsteht und auch eine Art lateinamerikanischer Patriotismus, wie er sich in den Aktionen und Erklärungen Evo Morales zeigt. Nur so erklären sich seine Beziehungen zu den heutigen Präsidenten von Argentinien und Brasilien.

Wenn uns jemand Antworten bezüglich des politischen Lernprozesses von Evo Morales geben kann, dann nur er selbst. In einem Interview sagte er zu seiner Lieblingslektüre: »Alle Bücher über Gewerkschaftskampf und den Kampf der indigenen Völker in Lateinamerika.«[64] Über den Ursprung seiner indigenen Ideen sagt er: »Fausto Reinaga ließ mich erkennen, wer wir Quechua und Aymara sind.«[65] Es überrascht nicht, dass er einen der Klassiker der Literatur über den indianistischen Widerstand in Bolivien und ganz Lateinamerika studiert hat, den Autoren des Buches *Die Indio-Revolution*[66], auch als die *Bibel des Indio* bekannt. Dieses Werk war in der Führungsebene der Landarbeitergewerkschaften sehr verbreitet. Reinaga schreibt: »Die Hoffnung darauf, dass der *cholaje* unser kulturelles Problem klärt, und dass der *cholaje* kommt, um den Keswa und den Aymara das Alphabet zu lehren und das der *cholaje* unsere Geschichte und unsere Kultur weiterentwickelt, ist unnütz und vergeblich.«[67] *Cholaje* bezeichnet einen Indígena oder Mestizen, der sich nicht mehr mit seiner Herkunft identifiziert. Das indianistische Gedankengut Reinagas sollten die Aymara als Aufruf verstehen, die Entscheidung über ihre Zukunft in die eigene Hand zu nehmen.

Der Schriftsteller ist auch Philosoph, Historiker und Gründer der *Partei der Indios Aymara und Keswa* (PIAK).[68] Reinaga hinterließ unzählige Schriften und trat bei vielen internationalen Veranstaltungen der kommunistischen Bewegung auf, unter anderen 1957 in Leipzig. Anfangs war er Mitglied kommunistischer Strömungen, aber als er merkte, dass die Ideen, die er verteidigte, keinen Anklang fanden, wandte er sich von den Kommunisten ab und griff sie hart an. Dieser Intellektuelle ist international bekannt. Unter anderen interessanten Aussprüchen finden wir diesen: »Der Indio sollte Marx und Christus aus seinem Gehirn streichen, um frei zu sein.«[69] Er ist der Begründer des *Indianismus* und er war es, der sagte: »Indio ist Indio und nicht Indígena.«[70], um sich klar vom indigenistischen Konzept abzugrenzen, welches den Geburtsort als Kriterium ansetzt. Für diesen scharfsinnigen Denker ist die Kultur der *Indios* nicht in Amerika geboren, sondern sie *war schon immer dort.* Er scheint der ursprüngliche Vordenker des Konzepts des *indigenen Bewusstseins*[71] zu sein. Es gibt keinen Zweifel, dass die von diesem intellektuellen *Indio* gesäten Ideen von vielen Anführern der sozialen Bewegung der Indígenas aufgegriffen wurden.

Evo ist mit einigen sozialistischen Ideen vertraut, ist aber kein Sozialist. Viele seiner Gedanken enthalten den Einfluss des Indianisten Reinaga und stehen im Einklang mit seinen eigenen Erfahrungen. Man kann zusammenfassend sagen, dass seine Gedankengänge eklektisch und pragmatisch sind, das heißt, sie arbeiten mit verschiedenen Konzepten und den politischen Ideen verschiedener Strömungen um ein Ziel zu erreichen: das Beenden der sozialen Ausgrenzung der Indígenas. Evo ist weit vom Opportunismus entfernt. Kaum ein anderer Politiker verfolgt so konsequent die Umsetzung seiner Ziele.

Die sportliche Aktivität, der Fußball, war seine erste Schule zur Entwicklung von Führungsqualitäten. Wir erinnern uns, dass er als Jugendlicher nicht nur ein leidenschaftlicher Fußballspieler war, sondern auch Chef der Fußballmannschaft *La Fraternidad* (Brüderlichkeit). Evo sagt dazu: »Ich war der Kapitän, der Vertreter der Mannschaft, der Schiedsrichter. Ich war wie ein Mannschaftschef.«[72] Er organisierte und leitete verschiedene Events in Orinoca. Er war Trainer des Teams der Gemeinde Isallawi. Im Chapare organisierte er später Fußballmeisterschaften.

Seine Liebe zum Fußball hat Evo wahrscheinlich von seinem Vater, der nicht nur den Erlös seiner Schafwolle zur Verfügung stellte, um Bälle und Trikots für die Mannschaft seines Sohnes zu kaufen, sondern auch, wie Evo berichtet, immer da war, wenn sein Sohn spielte oder ihn brauchte. Don Dionisio war ein leidenschaftlicher Fußballamateur, berichtet sein Neffe. So entwickelte Evo unter Vaters Schutzmantel sowohl seine sportlichen Fähigkeiten als auch seine Qualitäten als Organisator.

Martin Copajira erzählt uns eine interessante Geschichte über den Ursprung des Fußballs in der Gegend von Orinoca. Laut seinen Informationen gab es in den dortigen Gemeinden bis in die Mitte des 20. Jahrhunderts die Tradition des *tinku*, eine Festlichkeit der Dorfbewohner zu Ehren ihrer Götter. Die dort aufgeführten Kampfspiele endeten aber manchmal mit tödlichem Ausgang. Diese Tradition wird noch heute im Norden des Departamentos Potosí in

Evo (links) und seine Cousins

Bolivien fortgeführt. Dem damaligen Direktor der Schule von Orinoca kam die Idee, den *tinku* durch Fußballturniere zwischen den Gemeinden zu ersetzen. Überraschenderweise wurde dieser Sport von den Bewohnern mit der gleichen Leidenschaft wie die rituellen Kämpfe des *tinku* aufgenommen und seither gibt es Fußballmeisterschaften in Orinoca.

Morales erlernte beim Fußball viele Qualitäten des Personalmanagements, die entscheidend für seine Karriere als Gewerkschaftler und Politiker[73] sein sollten. Seine Fähigkeit, Personal zu koordinieren, sollte er von Jahr zu Jahr besser beherrschen und in der Politik anwenden lernen.

Als Trainer musste er Entscheidungen bezüglich der Qualitäten seiner Spieler treffen. Diese Erfahrung sollte in unweigerlich seinen Beobachtungssinn für die kleinsten Details beim Leiten eines Teams schärfen lehren. Er musste Stärken und Schwächen der einzelnen Mitspieler, ebenso wie die der Gegner, genau kennen. Es war notwendig, mit den Spielern zu sprechen, sie zu verstehen und sie für die nächste Partie zu motivieren. Beim Umgang mit einem Stab von Mitarbeitern halfen ihm die Gebräuche seiner Kultur, in der kommunale Entscheidungen nicht vertikal gefällt werden, sondern horizontal in einem intensiven Dialog mit jedem einzelnen Mitglied der Gemeinde. Allerdings unterliegt hier die auf eine horizontal verhandelte Entscheidung folgende Umsetzung und Erfüllung der beschlossenen Aufgaben einer klaren Hierarchie. Evo hat diese Herangehensweise bei der Organisation des Koka-Bauern-Widerstandes im Chapare angewendet.

Außer dem Personalmanagement sammelte er beim Fußball auch Erfahrungen in der Entwicklung und Umsetzung von Strategien, Taktiken und Zielen, falls notwendig auch durch Druck. Um als Gewinner aus verschiedenen Partien oder Meisterschaften hervorzugehen, musste er mit minutiös ausgearbeiteten Plänen arbeiten. In den unzähligen Gewerkschaftsversammlungen haben die führenden Köpfe der Bewegung unter Evos Leitung Stunden über Stunden darauf verwendet, die Ziele und verschiedenen Formen des Kampfes zu planen, wie zum Beispiel die Straßenblockaden. Später waren es die organisatorischen Treffen für seinen Wahlkampf auf regionaler und nationaler Ebene.

Schritt für Schritt entwickelten Taktiken und Zielen folgen und ihnen treu bleiben, bis sie erreicht sind. Aus den Niederlagen lernen. Den Einsatz der Ressourcen gut planen und Kräfte für den entscheidenden Moment vor dem Sieg aufsparen. Abwarten ohne zu verzweifeln. Das waren die Fähigkeiten, die Evo permanent bei seiner Aktivität als Sportler trainiert hatte. Evo erklärte bei vielen Gelegenheiten diese Art zu handeln. Auf der eingangs beschriebenen Versammlung in Cochabamba sagte er es folgendermaßen: »Was ich mir vornehme, erreiche ich fast immer.« Es gab politische Krisen, denen er ruhig begegnete, ohne seine festgelegten Ziele zu vernachlässigen. Er wies darauf hin, dass er Angebote für öffentliche Ämter erhalten habe, wie Ministerposten, sich aber nicht vom Weg abbringen ließ und ihn weiterverfolgte wie geplant.

Seine Leidenschaft für den Sport erleichterte ihm auch das Verhältnis mit den Dorfbewohnern zum Beispiel kurz nach seiner Ankunft im Chapare. Evo erzählte: »Eines Tages spielte ich mit den Siedlern Fußball und wurde Torschütze. Sofort wollten sie, dass ich in ihrer Mannschaft spiele. Hör mal, Junge, wo ist dein Acker und seit wann wohnst du hier? fragten sie mich und schon in der selben Nacht kamen sie mich besuchen. Ich schloss Freundschaften.«[74]

Zu allen Gewerkschaftsveranstaltungen nahm er seinen Fußball mit, sagen diejenigen, die ihn seit seiner Jugend kennen. Evo fand auf diesen Treffen immer einen Moment, um zu einer Fußballpartie zu rufen. Er spielt immer noch, auch heute als Staatschef von Bolivien. Bei seinen Besuchen in den indigenen Gemeinden spielt er mit den Regierungsmitarbeitern gegen die Dorfbewohner. Evo ist der Kapitän seiner Mannschaft, er ist Stürmer und häufig Torschütze, sagen seine Arbeitskollegen. Dass er sich dabei schon die Nase gebrochen hat, gehört zu den normalen Risiken, auf die ein fanatischer Kicker vorbereitet sein muss.

Das
Koka-Blatt
und der
Anführer
der Koka-Bauern

Abwanderung in die Tropen und Koka-Produktion

Einer der Flüsse des Chapare

April 1978

Mit 18 Jahren stellte Evo sich zur Musterung im Ausbildungszentrum für Spezialtruppen (CITE) in Cochabamba vor. Von dort wurde er dem Generalstab La Paz, 4. Kavallerieregiment, zugeteilt, wo er bis 1979 diente. In dieser Zeit kam es, wie so oft in Bolivien, zu zwei Militärputschen: dem von General Juan Pereda Asbún und dem von General David Padilla Arancibia. Der Soldat Evo Morales trat das erste Mal in den Regierungspalast als Militär unter Befehl des Putschisten General Padilla Arancibia. Er war laut seinen Freunden ein sehr disziplinierter Soldat, der seinen Vorgesetzten gehorchte. »Ironischerweise musste er als Wehrdienstleistender in einem Falle auch repressiv gegen die Koka-Bauern der Yungas vorgehen«, berichtet eine bolivianische Zeitung. [75]

Nach seinem Wehrdienst kehrte er kurzzeitig in seine Gemeinde zurück mit der Absicht, sich wieder niederzulassen. Eine grausame Kältewelle Anfang

Evo mit seiner ersten Liebe

der achtziger Jahre zerstörte alle Hoffnung auf endgültige Rückkehr in sein geliebtes Dorf. Also widmete er sich dem, was er auch in seiner Kindheit gelernt hatte: der Musik. Er verdiente sein Geld als Trompeter in der *Banda Imperial* der Stadt Oruro. Diese Arbeit erlaubte es ihm, auch in andere Departamentos wie Tarija zu reisen, wo er wahrscheinlich seine erste Liebe kennenlernte.

Zum einen waren es die extremen Wetterschwankungen im Altiplano, Dürren und Frost, die das Überleben jedes Mal schwerer machten. Auf der anderen Seite waren die Eltern ernsthaft besorgt ob der Tatsache, dass ihre Kinder nicht studieren könnten und keine würdige Zukunft hätten. Das waren ausreichend Gründe dafür, dass die Familie Morales neue Horizonte im Leben zu suchen begann.

Florencio in Cerro Verde vor dem Hintergrund der Stadt Cochabamba

Die Morales entschieden sich für eine Überlebensstrategie mit geteiltem Risiko. Sie suchten wie ihre Vorfahren andere klimatische Nischen für ihre Landwirtschaft. Es handelte sich nicht um eine endgültige Emigration, sondern um die Erschließung eines neuen Produktionsgebietes, ohne das alte zu verlassen. Die Söhne wanderten danach allerdings definitiv ab.

Die Strategie der Familie Morales, trotz der Wetterschwankungen die Viehherden zu behalten und die Ackerflächen im Altiplano weiter zu bewirtschaften und auch in tropischen Gebieten zu produzieren, um den Lebensunterhalt zu verdienen, war nur mit aktiver Teilnahme der Kinder möglich.

Eingangs machten sie sich auf eine umfangreiche Suche nach Land in den Yungas im Departamento La Paz. Evo erzählt, dass er zweimal dorthin reiste, aber sie verwarfen den Plan wegen der hohen Landpreise, die nicht mit ihrem Budget vereinbar gewesen wären. Schließlich entschieden sie sich für die Emigration in den tropischen Teil des Departamento Cochabamba: den Chapare. Dort hatten sie auch Verwandte, die sie unterstützen konnten.

In diesem Emigrationsprozess kamen die Kinder der Morales in die Großstadt Cochabamba, wo sie mit der entschiedenen Hilfe der Verwandten mütterlicherseits rechnen konnten. Sie mieteten einen Wohnraum im Armenviertel Cerro Verde, ein Zimmer für die ganze Familie in einem primitiven Rundbau, wo alle sanitären Einrichtungen mit weiteren Bewohnern geteilt werden mussten.

Die Stadt gliedert sich in einen Nord- und einen Südteil. Im Norden leben wohlhabendere Familien und im Süden, wo sich auch Cerro Verde befindet, leben Familien mit niedrigem Einkommen und Migranten aus dem ländlichen Raum. Das Viertel befindet sich auf einem Hügel. Die einfachen Häuser sind

Überreste des Hauses von Evo Morales im Chapare

meist aus Lehmziegeln gebaut. Es gibt erst seit einigen Jahren ein Abwassersystem. Trinkwasser wird heutzutage an drei Tagen in der Woche gebracht.

Als sie sich dort eingelebt hatten und kurz vor ihrer Übersiedlung in den Chapare, wurden alle notwendigen Vorbereitungen getroffen. Evo besorgte sich ein Motorrad. Er musste nur noch fahren lernen. Sie reisten auf der Suche nach Land in den tropischen Teil des Chapare, lernten dort ihre zukünftigen Nachbarn kennen, die ihnen halfen, ein *chaco*, eine Landparzelle, ausfindig zumachen und ihnen zurieten, diese zu erwerben.

Dionisio Morales kaufte schließlich ein *chaco* in der Nähe des Hafens von San Francisco, der früher Verladehafen zum Departamento Beni im Norden Boliviens war. Auf dem neuen Landbesitz errichteten sie ihr zukünftiges Wohnhaus von zwei Etagen aus Holz und mit Dachziegeln gedeckt. Um ins Obergeschoss zu kommen, wurde eine Art festangebrachte Leiter gebaut, die auf dem Boden des Erdgeschosses verankert wurde. Es gab keine Eingangstür.

Das Erdgeschoss hatte keine Seitenwände, es wurde auch nicht genutzt. Das Obergeschoss hatte Wände bis zu einer bestimmten Höhe von zirka 1,50 m, um die Luftzirkulation zu ermöglichen. Im Chapare ist es üblich, nur dieses zweite Geschoss zu nutzen, da man hier die Feuchtigkeit und die stickige tropische Hitze besser ertragen kann. außerdem dringen dort nicht so leicht Schlangen, Ratten und andere Tiere ein.

Evo und Hugo widmeten sich ganz ihrer neuen Beschäftigung als Bauern. Zu Anfang pflanzten sie Reis, Bananen und Zitrusfrüchte. Später begannen sie, Koka zu produzieren. Esther gründete ihre eigene Familie und blieb in Oruro. Dionisio half ihnen bisweilen.

Das Koka-Blatt und der Anführer der Koka-Bauern   *67*

Die Landwirtschaft in Isallawi blieb hauptsächlich in den Händen der Eltern. Die Söhne hatten nicht genug Zeit, ihnen zu helfen. Sie schafften es gerade einmal zum Karneval und anderen traditionellen Festlichkeiten in ihre Heimat zu fahren. Das Leben als Ackerbauer und Koka-Pflanzer nahm sie komplett in Anspruch. Das Landstück sich selbst zu überlassen, um ein Universitätsstudium in Cochabamba zu beginnen, war unmöglich.

Der tropische Chapare besteht aus den drei Provinzen: Tiraque, Carrasco und Chapare im Departamento Cochabamba. Er befindet sich nordöstlich der Stadt Cochabamba und bedeckt eine Fläche von etwa 24.500 Quadratkilometern.

Das Gebiet ist gekennzeichnet durch weite Ebenen und flache Hügel. Es weist eine dichte und vielfältige Vegetation aus Bäumen, Sträuchern, Pflanzen und Blumen auf, wie sie typisch für einen Dschungel ist. Es hat eine unglaublich reiche Fauna und wird von Flüssen und wunderschönen Bächen durchzogen. Im Chapare befindet sich ein Teil des Amazonasbeckens mit den Flüssen Rio Secure, Rio Ichilo, Rio Isiboro und Rio Chapare, in denen Süßwasserfische vorkommen.

Diese tropische Region ist durch eine sehr hohe durchschnittliche jährliche Niederschlagsmenge gekennzeichnet. Bewohner des Chapare erzählen, dass es schon Niederschläge von bis zu 200 mm in nur sechs Stunden gab. Der Name *Chapare* stammt aus dem Quechua vom Begriff *ancha paran*, der bedeutet: es regnet viel. Mit der Zeit verkürzte er sich auf *Cha para* und später auf *Chapare*. Die Jahresdurchschnittstemperatur beträgt 24,8 °C. Einige Ortsansässige erzählen, dass im Sommer manchmal bis zu 41 °C erreicht werden.

Die bedeutendsten urbanen Zentren sind: Villa Tunari (Provinzhauptstadt), Sinahota, Chimoré, Ivirgarsam, Puerto Villaroel und Bulo Bulo.

Allein die Provinz von Tunari hat ungefähr 60.000 Einwohner. Der Chapare hatte in den achtziger Jahren ein unglaubliches Bevölkerungswachstum. Mitte der sechziger Jahre lebten dort nur 12.000 Menschen. In den Jahren danach stieg die Bevölkerung auf 210.000 Einwohner an.[76] Zuerst immigrierten die Andenbewohner, wie die Morales, und später die entlassenen Bergarbeiter der ehemaligen staatlichen Minenunternehmen. Diese tropische Region wurde zu einem attraktiven Migrationszentrum in den siebziger und achtziger Jahren, ganz besonders wegen der Produktion von Koka und ihre entsprechend massive Einspeisung in den Kreislauf des Kokainhandels.

Der Chapare von Cochabamba und die Yungas [77] im Departamento La Paz sind die heutigen Koka-Anbaugebiete Boliviens.

In den sechziger Jahren war der Chapare noch ein traditionelles Koka-Anbaugebiet wie jedes andere auch. Es wurden dort die Koka-Sorten *Vandiola* und *Totora* angebaut, die nach Orten in der Provinz Carrasco des Departamento Cochabamba benannt sind. Seit den achtziger Jahren des 20. Jahrhunderts ersetzt der Name der Chapare-Koka andere Herkunftsgebiete und löschte alle Erinnerungen an ihre traditionelle Nutzung aus. Mehr für die Feinde des

Koka-Blattes als die Produzenten und Konsumenten ist die Chapare-Koka Synonym für die Drogen-Koka. Viele vergessen, dass die Bauern selbst Konsumenten der Blätter sind.

Im Chapare begannen die jungen Morales ein neues Leben. Sie waren nicht mehr im kargen Altiplano zwischen den Kordilleren ansässig, wo es keine Früchte, kein Gemüse und auch nicht die angenehme Wärme der Tropen gab. Evo sagte: »Ich hatte mir niemals vorher erträumt, Plantagen mit Orangen, Grapefruits, Papaya, Bananen und Koka zu besitzen.«[78] Offensichtlich war er glücklich über das neue Leben, das für sie begonnen hatte.

Am Anfang, im Alter von ungefähr 21 Jahren, kannte Evo die Koka-Pflanze noch nicht gut. Seinen Beruf als Koka-Produzent musste er von seinen Freunden und Nachbarn erlernen. Er konnte noch nicht gut zwischen den Koka-Blättern und den Blättern anderer Pflanzen unterscheiden. Überrascht, wie immer völlig naiv und aufrichtig, erzählte er einmal seinen Freunden, dass er nicht mit der Ernte der Blätter vorankäme, weil einige der Koka-Sträucher angeblich Dornen hätten: »›Diese dornige Koka lässt mich nicht vorankommen‹, sagte ich zu meinen Compañeros, und sie lachten und antworteten mir, dass inmitten der Koka-Felder immer aller fünf Meter Orangen-Bäume gepflanzt werden. Und sie sagten mir jetzt: ›Hör zu Evo, du hast die Orangen-Bäume abgeerntet.‹«[79] Er hatte keine andere Wahl, als bei der Arbeit zu lernen. Es gab und gibt keine Ausbildungszentren für die qualifizierte Arbeit der Koka-Bauern.

Die Koka-Pflanze ist normalerweise einen Meter hoch, sie kann aber eine Höhe bis zu fünf Metern erreichen. Sie wächst auf 500 bis 2.000 Meter über dem Meeresspiegel bei einer Temperatur von 18–25 °C. Der Begriff *coca* kommt ursprünglich aus dem Aymara, wo das Wort *k'okha* Baum bedeutet. Laut Informationen von Koka-Pflanzern werden die Samen der Koka separat zum Keimen gebracht. Etwa zwei Wochen nach dem Auflaufen des Saatgutes, wenn die Setzlinge ungefähr 30 Zentimeter groß sind, können sie aufs Feld umgepflanzt werden. Nach einem Jahr können die ersten Blätter für den Gebrauch geerntet werden.

Es kann drei- bis viermal pro Jahr geerntet werden. Die Bauern erzählen, dass die Koka-Pflanzen des Chapare ertragreicher als die der Yungas sind, das heißt, sie werden viermal jährlich geerntet. Aller drei Jahre müssen die Pflanzen verschnitten werden. Die Koka-Bauern in der tropischen Zone des Chapare, in der Evo lebte, unterbrechen die Reihen durch das Zwischenpflanzen anderer Gewächse wie eben zum Beispiel Orangenbäume. Tatsächlich hatten die Andenbauern schon immer ihre Produktion diversifiziert, um damit ihre Risiken zu vermindern. Es wurden ebenfalls aus bioorganischen Gründen Felder mit gemischten Pflanzenkulturen bebaut, beispielsweise um ihre Pflanzen vor Plagen und Krankheiten zu schützen.

Die Ernte der grünen Blätter erfolgt manuell. Die Koka-Bauern nennen diesen Prozess in Quechua *k'ichi*, was abzwacken bedeutet. Die Erntehelfer fassen

Koka-Pflanze

die Blätter am Blattstiel und lösen sie mit Daumen und Zeigefinger ab. Es ist dabei nicht nur von Bedeutung, Produktivität im Sinne einer rentablen Ernte zu erreichen, sondern die Qualität der Ernte wird durch die Blattgröße bestimmt. Also müssen die Bauern nicht nur Koka-Blätter von anderen Blättern unterscheiden können, sondern auch zwischen verschiedenen Blattgrößen differenzieren. Um zufriedenstellend zu produzieren, muss eine möglichst große Anzahl von Erntehelfern im Prozess mitwirken. Die Frauen haben eine weiße Schürze um die Hüfte gebunden, die eine Tasche bildet und in welche die grünen Blätter gelegt werden. Die Männer tragen eine Tasche, die sie über eine Schulter hängen.

Die Blätter müssen innerhalb einer Nacht eingebracht und an einem Ort eingelagert werden, der *mat´ahuasi*, Wiederbefeuchtungsraum, genannt wird. Am nächsten Tag beginnt der Trocknungsprozess der Blätter, der bis zu drei Tagen dauern kann. Sie werden zur Trocknung in der Sonne auf einem großen Tuch ausgebreitet. Es muss darauf geachtet werden, dass kein Regen auf sie fällt, wodurch sie sich schwarz färben würden. Nach der Trocknung werden die Blätter zurück in eine feuchte Umgebung gebracht, wo sie mit Wasser besprüht werden, bis sie die notwendige Restfeuchte haben. Danach müssen die Blätter komprimiert und zum Transport in Säcke verpackt werden. Auf dem Markt bevorzugen die Käufer ganze Blätter gegenüber gebrochenen. Sie sollten ihre grüne Farbe behalten.

Kokablätter trocknen nach der Ernte

Der glühende Verfechter der Koka

Januar 1980
Seit dem Zeitpunkt, an dem die Morales ein Landstück erworben hatten, wurden sie automatisch Mitglieder der Gewerkschaft. Das ist eine übliche Tradition in den Indígena-Gemeinschaften, wo sich niemand ausschließen kann oder ausgeschlossen werden darf.

Obwohl es eine gewisse Ähnlichkeit zwischen der Organisation einer Dorfgemeinschaft und einer Gewerkschaft gibt, existiert auch ein entscheidender Unterschied zwischen diesen Institutionen. Evo Morales erinnert sich daran: »Ich kannte damals die Struktur einer Gewerkschaft noch nicht. Im Altiplano war es ganz anders, es gab keine Gewerkschaften. Im Chapare führten sie eine Anwesenheitsliste und verlangten Mitgliedsbeiträge.«[80]

Er erzählt, dass die Struktur einer *Cocalero*-Gewerkschaft aus verschiedenen Sekretariaten und den Mitgliedern des Gewerkschaftsvorstandes gebildet wird, die keine besonderen Kriterien erfüllen müssen. Im Gegensatz dazu erfüllt ein *mallku* oder ein *jilakata* alle Funktionen dieser Sekretariate in der betreffenden Gemeinde und kann nur gewählt werden, wenn er verschiedene streng festgelegte Bedingungen erfüllt, wie hohes Ansehen und ein entsprechendes Alter.

Das neue Gewerkschaftsmitglied integrierte sich zuerst über sein Interesse am Sport in seine Gewerkschaft. Für Nachbarn und Mitglieder seiner Gewerkschaft hob sich als Tatsache hervor, dass er immer ein leidenschaftlicher Sportler war. Evo berichtet: »Eines Tages begann ich mit den Siedlern Fußball zu spielen und wurde Torschütze. Sofort wollten alle, dass ich in ihrer Mannschaft mitspiele.«[81] Ein bolivianischer Schriftsteller sagte zutreffend, dass es nicht lange dauern sollte, bis sich Morales vom jugendlichen Fußballer zum Mann mit Rückgrat entwickeln sollte, vom *Joven de las Pelotas* zum *Joven de Pelotas*.[82]

In dieser Eingewöhnungszeit Evos in den Chapare wurde Bolivien erneut von einem Militärputsch erschüttert. Am 17. Juni 1980 stürzte General Luís García Meza die Regierung der damaligen bolivianischen Präsidentin Lidia Gueiler Tejada, der ersten Frau Boliviens in diesem Staatsamt.

Staatsstreiche waren in Bolivien an der Tagesordnung. Zwischen 1978 und 1980 hatte das Land fünf Präsidenten, das heißt jeder Präsident regierte im Durchschnitt nur 5 Monate.

Aber der Putsch von General Luís García Meza hatte bis dahin in Bolivien unbekannte Charakteristika. Er etablierte eine Regierung, die später in die Geschichte als die *Drogenregierung* eingehen sollte, weil schon zu Beginn des Putsches eine direkte Verbindung zu den bolivianischen Drogenbaronen offensichtlich war.

Dieser *Putsch der Drogenmafia*, an dem sich auch der flüchtige Ex-Nazi Klaus Altmann beteiligte, wurde anfänglich von den rechten Kräften Boliviens und der restlichen Welt toleriert, weil ihm auch radikale Gewerkschaftsführer und Politiker zum Opfer fielen, wie der bekannte, unkorrumpierbare Politiker Marcelo Santa Cruz.

Es wurde bekannt, dass Luís García Meza, der seine Strafe heute in den Gefängnissen Boliviens absitzt, zusammen mit seinem Verbündeten, dem Militär Luís Arce Gómez, der sich auch bis heute in den USA in Haft befindet, zum einen Staatskanäle zum Kokainexport benutzten, aber zum anderen eine Transportsteuer für Koka-Blätter zwischen La Paz und Santa Cruz einführten. Die Einnahmen aus diesem Geschäft wurden direkt unter der Gruppe von García Meza nahestehenden Personen aufgeteilt.[83]

Die *Drogenregierung* musste allerdings gegenüber der internationalen Gemeinschaft zeigen, dass sie auch effektiv gegen den Drogenhandel vorging. Das war, wie man sich vorstellen kann, eine sehr leichte Aufgabe, nachdem die internationalen demokratischen Regierungen 1961 die *Single Convention of Narcotic Drugs*, das Einheitsabkommen über die Betäubungsmittel, unterzeichnet hatten. Die Koka wurde auf die Liste der verbotenen Narkotika gesetzt und das *Kauen* der Blätter war somit illegal.[84] Die Regierung tat nichts weiter, als Koka-Bauern, die gemäß dieses Abkommens plötzlich Drogenhändler waren, brutal zu töten.

Es war eine unglaubliche Situation. Die bolivianischen Drogenmilitärs, die an der Macht waren, hatten zum einen ihre Hände im schmutzigen Kokaingeschäft und zum anderen erschossen sie die Hersteller und Konsumenten der Koka-Blätter. Die wirklichen Drogenhändler töteten die angeblichen Drogenhändler. Für die sogenannte zivilisierte Welt gab und gibt es bis heute leider keinen Unterschied zwischen Koka-Blättern und Kokain.

Senda Baher – hier wurde ein Cocalero lebendig verbrannt

In diesem System brutaler Unterdrückung kam es dazu, dass ein erbitterter Verfechter der Koka auf den Plan trat: Evo, der Koka-Bauer. Er erzählt: »Ein Vorfall wird mir immer im Gedächtnis und meinem Bewusstsein hängen bleiben. Es geschah in Senda Baher, im Gewerkschaftsverband Chipiri im Jahre 1981. Ein Cocalero wurde auf brutalste Art und Weise von den Militärs der Regierung García Meza ermordet. Er wollte sich nicht des Drogenhandels für schuldig erklären, worauf die Militärs, die sich in angetrunkenem Zustand befanden, ihn brutal niedertraten, seinen Körper mit Benzin übergossen und ihn ohne jegliche Skrupel vor den Augen aller Siedler bei lebendigem Leibe verbrannten. Das war ein entsetzliches Verbrechen. Seit diesem Moment versprach ich, unermüdlich für die Menschenrechte, für die Ruhe und den Frieden in unserer Heimat, für den freien Koka-Anbau, für die nationale Souveränität der Rohstoffe, für die Menschenwürde der Bolivianer und für unsere Freiheit zu kämpfen.«[85] Bei anderer Gelegenheit sagte er, dass ihm dieser Vorfall durch Mark und Bein ging, ihm die Augen öffnete und bewirkte, dass er sein Leben grundlegend änderte.

Bis zu dieser grauenhaften Begebenheit war der Cocalero wie das unschuldige *heilige Blatt*, welches sich noch an der Pflanze befindet und noch keine andere Erfahrung gemacht hat. Trotz des Einflusses durch Verwandte, Freunde und die Informationen, die Evo ständig bekam, legte er kein militantes Verhalten an den Tag. Er widmete sich ausschließlich der Produktion von Koka-Blättern und der Organisation von Fußballmeisterschaften. Seit diesem Schock begann für Morales ein Prozess, den sich niemand vorstellen konnte. Er selbst sagt dazu: »Zu dieser Zeit organisierten wir uns in einer Jugendgruppe, die wir *Centro*

Auf einer Cocalero-Versammlung, zweite Reihe, vierter von links

Juvenil nannten und entschlossen uns, die Gewerkschaft mit allen Mitteln zu unterstützen.«[86] Zwei Jahre später, 1983, wurde der leidenschaftliche Verteidiger der Koka-Pflanze zum Sportsekretär der Gewerkschaft *2. August* gewählt.

Die Menschheit lernt nicht aus ihrer Geschichte. Man glaubt, mit Gewalt Probleme lösen zu können, aber das Resultat schlägt immer negativ auf die Beteiligten zurück. Bis heute folgt man dem primitiven Prinzip: Wenn nicht im Guten, dann im Bösen.

Die Regierung der Drogenmilitärs bestand nicht lange. Sowohl internationaler Druck als auch die entschlossenen Aktionen gewerkschaftlicher und politischer Kräfte innerhalb Boliviens zwangen García Meza und seine Verbündeten zum Rücktritt.

Im Jahre 1982 übernahm Hernán Siles Zuazo, eine Zivilperson an der Spitze der *Demokratischen Volkseinheit* (UDP), in Bolivien das Amt des Präsidenten. Seine Regierung war populistisch und linksgerichtet, aber nicht von positiver Relevanz für die Koka-Bauern.

Diese zivile Regierung begann unter anderem mit einer ungeschickten ökonomischen Maßnahme, der Entdollarisierung.[87] Das bedeutete, dass sich Bolivien auf seine nationale Währung festlegte und nicht auf den Dollar. Das zog eine Reihe von Konsequenzen nach sich, die den wirtschaftlichen Rückgang, in dem sich Bolivien befand, noch verstärkten.

Mit der Entdollarisierung verwandelte sich der Chapare in ein Dollarparadies. In diesem Gebiet wurden alle informellen und illegalen Transaktionen im Finanzkreislauf des Drogenhandels in Dollar abgewickelt, und es gab nie etablierte legale Banken. Der Staat hatte keinerlei Einfluss auf den dortigen Geldkreislauf

Dionisio Morales, Bildmitte, beim Spielen der Tarka auf dem Hügel Kuchi Kuchi

und so verwandelte sich diese Tropenregion nicht nur in ein Gebiet, in dem man leicht Arbeit finden konnte, sondern auch zu einem Zugang zum Dollar, der auf nationaler Ebene immer beliebter wurde. Die Bevorzugung dieser Währung bewirkte einen hyperinflationären Prozess des bolivianischen Peso von 25.000 Prozent. In den Chapare umzusiedeln, war wie das Paradies zu betreten.

Die Regierung der UDP ergriff eine weitere unangenehme Maßnahme. Im Jahre 1983 schuf sie eine Polizeiabteilung zur Kontrolle der ländlichen Gebiete, genannt UMOPAR, *Mobiles Einsatzkommando für Landpatrouillen*, mit beträchtlicher Unterstützung der US-Regierung. Hernán Siles Zuazo unterzeichnete ein bilaterales Abkommen mit den USA, in dem er sich zur planmäßigen Beseitigung der Koka-Pflanzungen verpflichtete.

Die Regierung Siles Zuazo sandte Militär in die Tropen von Cochabamba, um die Vernichtung der Koka-Felder zu beschleunigen. Das zog nicht nur Proteste, sondern auch den organisierten Widerstand der Cocaleros nach sich. Der Zivilpräsident war erschöpft von diesem Konflikt. Letztendlich verweigerten ihm auch die meisten Parlamentarier ihre Unterstützung und er zog sein Präsidentschaftsmandat vor Beendigung der Amtszeit zurück.

In diesem alles andere als friedlichen Prozess nahm das politische Gewerkschaftsleben des jungen Koka-Bauern Evo feste Konturen an. Sein Vater Dionisio wurde zum *jilakata* und seine Mutter zur *mamatalla*, zu den höchsten Autoritäten im Ayllu Sullka gewählt. Als die Kinder davon erfuhren, entschieden sie sich, jetzt häufiger als zuvor nach Isallawi zu reisen, um ihre Eltern zu unterstützen. Diese Bindung zu ihrer Heimatgemeinde bestand immer. Der *jilakata* Morales hatte vielfältige Aufgaben in der Gemeinde zu erfüllen und fühlte sich

Das Koka-Blatt und der Anführer der Koka-Bauern   75

durch dieses Amt sehr geehrt. Einige dieser Aufgaben waren schwer zu bewältigen. So klärte er unter anderem das plötzliche Ableben einiger Gemeindemitglieder auf. Auf der Suche nach Gründen für diese tragischen Vorfälle stieß er auf ein altes Phänomen. Es hieß, dass möglicherweise ein *liquichiri* umgehe. Es geht in indigenen Kommunen das Gerücht, dass *liquichiris* angeblich menschliches Fett entnehmen und das Opfer dieses Eingriffs in der Folge sein Leben einbüßt. Dionisio Morales war radikal und wollte der Sache auf den Grund gehen, aber es fehlte ihm die Zeit. Im April des Jahres 1985 verstarb der Vater von Evo Morales am Ufer des Poopó-Sees.

Evo erfuhr diese schmerzliche Nachricht im Chapare erst nach vielen Tagen. Es war ein harter Schlag für ihn, als der vielleicht meistgeliebte Mensch aus seinem Leben verschwand. Er hatte viel von seinem Vater gelernt, aber was er am meisten an ihm bewundert hatte, waren seine Rechtschaffenheit, Ehrlichkeit, Solidarität und Charakterstärke. Er schaffte es nicht, rechtzeitig zur Beerdigung zu erscheinen. Seine Reise aus dem Chapare nach Isallawi dauerte länger als zwei Tage in Kleinbussen, Überlandbussen und Lastkraftwagen.

Bei der Ankunft in Isallawi hörte er von dem Gerücht, sein Vater sei das Opfer eines *liquichiri* geworden. Aber noch mehr als mit diesem Gerücht, war Evo mit der Trauer um den Vater beschäftigt, der wohl einer der wichtigsten Menschen in seinem Leben gewesen war. Er konnte es nicht glauben, dass sein Vater nicht mehr am Leben war.

Die Ehefrau von Dionisio, Maria Aima de Morales, war jetzt allein. Evo wusste, dass er seinen Verpflichtungen als Sohn nachkommen musste. Er schlug der Mutter vor, mit ihm in den Chapare umzusiedeln. Sie lehnte dies ab, weil sie sich nicht vorstellen konnte, sich von ihrer Viehherde zu trennen und in einem Gebiet zu leben, welches ihr unangenehm war. Aber schließlich gab sie der Bitte ihres Sohnes nach. »Evos Wunsch war es, dass sie zusammen mit ihm und seinem Bruder Hugo im Chapare lebte«, erzählt sein Cousin Florencio. Maria Aima war schon viele Male im Chapare zu Besuch gewesen, aber an diesem extrem heißen Ort voller unsichtbarer Stechmücken zu leben, erschien ihr unmöglich. Trotz alledem versuchte sie es aus Liebe zu ihren Kindern und ging zusammen mit ihnen in die Tropen von Cochabamba. Und es trat ein, was sie befürchtet hatte. Die übertriebene Feuchtigkeit, die drückende Hitze und die Mosquitos, die man nur spürt, wenn sie einen stechen und die einem das Leben unmöglich machen, zehrten schon nach wenigen Wochen am Leben der Witwe Morales. Sie hatte die meiste Zeit ihres Lebens im Altiplano verbracht, wo sie sich gesund und frei fühlte. Sie war an Temperaturen von bis zu -15 °C in den Winternächten gewöhnt. Das einzig Gute, was sie den Tropen abgewinnen konnte, war die Koka, deren *akulliku*, ihr Erleichterung und Beruhigung verschaffte, wenn sie unter Kopfschmerzen litt, die ihr die Hitze bereitete.

Maria Aima konnte sich nicht umgewöhnen und entschied sich nach einem Monat nach Isallawi zurückzukehren. Sie hatte den landwirtschaftlichen Betrieb mit den Viehherden behalten und der musste von jemandem betreut werden.

Die Formen und Größen der Kokablätter erweisen dem Hellseher gute Dienste

Das war möglicherweise die wirkungsvollste Ausrede gegenüber der Hartnäckigkeit ihrer Söhne, die sie zum Bleiben bewegen wollten. Auf das Argument ihrer Kinder, dass die Gemeinde Isallawi und der Chapare sehr weit auseinander lägen und sie so nicht wissen könnten, wie es ihrer geliebten Mütter ginge, fragte sie: »Und wofür gibt es *qukakaudores*?« Ihren Familienangehörigen zufolge suchte die Mutter Evos regelmäßig diese Hellseher auf, um nachzufragen, wie es ihren Söhnen ginge. Diese weisen Männer funktionierten für sie wie lebende schnurlose Telefone und gaben ihr bei jedem ihrer Besuche Auskunft. Sie lasen aus verschiedenen Strukturen der Koka-Blätter, die auf einem *incunya*-Zeremonietuch ausgebreitet wurden. Jedes Blatt enthielt eine bestimmte Symbolsprache. Wenn zum Beispiel ein Blatt Schlechtes voraussagt, entsprechen bestimmte Merkmale und Formen in ihm dem Schlechten. Liegt das Blatt mit der schlechten Voraussagung neben dem, das die betreffende Person symbolisiert, hat der Hellseher schlechte Nachrichten für diese Person. Bei einer derartigen Vorhersage wäre Maria in ihrer Besorgnis sofort zu ihren Kindern gereist. Die Argumente der Mutter waren schlagend und die Söhne Morales hatten keine andere Wahl, als ihre Entscheidung zu akzeptieren.

Die starke Frau übernahm nach der Rückkehr nach Isallawi die Verantwortung für die Viehherde der Familie Morales bis zum Ende ihres Lebens. Die Brüder sahen sich außerstande, irgendetwas zu unternehmen, dass sie bei ihnen bleiben würde. Sie verstarb im Jahre 1992. Die Trauer um die geliebte Mutter war sehr groß. In einer Familienversammlung entschieden sie, dass Hugo die Viehzucht der Familie übernehmen sollte, denn Evo hatte sich bereits für seine Gewerkschaftskarriere entschieden.

Bergarbeiter und Koka-Bauern

gemeinsam gegen den Neoliberalismus

Januar 1985

Im Jahre 1985 wurde Evo Morales zum Generalsekretär der Gewerkschaft *2. August* gewählt. Zu seinem Amtsantritt schwor er, die Koka bei seinem Leben zu verteidigen, berichten seine Gewerkschaftskameraden. Als Gewerkschaftsführer musste er aus nächster Nähe allen politischen Prozessen des Landes folgen und an den Gewerkschaftsaktivitäten teilnehmen. Er begann eine Gewerkschaftskarriere mit viel Verantwortungsbewusstsein und war sich im Klaren, dass er auf extrem gefährlichen Pfaden wandeln würde.

Im August 1985 begann ein Prozess radikaler Veränderung im ökonomischen, sozialen und politischen Leben Boliviens. Victor Paz Estensoro kam an der Spitze der Partei *Nationale Revolutionäre Bewegung* (MNR) erneut an die Macht. Dieser Politikveteran war einer der Hauptaktivisten der Revolution im Jahre 1952, in deren Folge unter anderem die großen privaten Bergbau-Unternehmen verstaatlicht und Latifundien unter Kleinbauern aufgeteilt worden waren. Außerdem hatte er den Indígenas das Wahlrecht gegeben. Jetzt im Jahre 1985 war es nicht mehr das Ziel dieses Repräsentanten der wohlhabenden Klasse Boliviens, diese Jahrzehnte zurückliegenden Prinzipien weiterzuverfolgen und zu konsolidieren. Im Gegenteil, wenige Wochen nach seinem Machtantritt erließ Victor Paz Estensoro das berühmte Dekret 21060, das offensichtlich neoliberal ausgerichtet war. Von seinen Verfechtern wurde es *Programm der Stabilisierung, strukturellen Anpassung und Reformen*[88], aber auch als *Neue Wirtschaftspolitik* bezeichnet.

Im Rahmen dieser strukturellen Anpassung wurden hunderte Zinn produzierende Minen einer der großen staatlichen Firmen des Landes, der *Staatlichen Bergbaukorporation Boliviens* (COMIBOL), geschlossen. Die wirtschaftlich attraktiven Minen gingen in private Hände über, unter anderem war der gewichtige Planungsminister der neuen Regierung, Sánchez de Lozada, ein Nutznießer dieses Prozesses. Die privaten Firmenbesitzer hatten das Recht, jederzeit ihre Arbeiter zu entlassen. Einstellungen ohne Kündigungsfrist wurden angestrebt. Die Dollarbindung wurde aufgehoben und *freie Investition* sowie *freier Markt* waren die Maximen dieser *Neuen Wirtschaftspolitik*.

Vielen erschien es, als ob die herrschende bolivianische Elite, die bis dato die staatliche Wirtschaft verteidigt hatte, ihre Ziele änderte. Aber in Wirklichkeit verfolgten sie mit neoliberalen Methoden ihre anfängliche Absicht, die Oberschicht zu stärken, die kaum in die Wirtschaft investierte, sondern ihren Reichtum für sich behielt. Vorher hatten sie von den Überschüssen des staatlichen

Kapitals profitiert und jetzt war die Stunde gekommen, sich noch mehr an der Versteigerung ihrer Ernährerinnen, der staatlichen Unternehmen, zu bereichern.

Der Arbeitskräfteabbau bei COMIBOL von 40.000 auf ein Minimum von 11.000 Arbeitern, der von seinen Befürwortern mit dem evident niedrigen Zinnpreis auf dem Weltmarkt gerechtfertigt wurde, zog in der Konsequenz die abrupte Entlassung von mehr als 29.000 Arbeitern in das Elend der bolivianischen Straßen nach sich. Diejenigen, die die neue Politik anführten, sprachen scheinheilig davon, diese Arbeitskräfte wieder einzugliedern. Die massive Kündigung von zehntausenden Bergleuten hatte den Effekt eines Zerfalls der Bergbau-Gewerkschaftsorganisationen. Was die Militärdiktaturen der letzten Jahrzehnte nicht geschafft hatten, erreichte Paz Estensoro. Er schuf den mächtigen *Gewerkschaftsverband der Bergarbeiter Boliviens* (FSTMB) mit einem einzigen Regierungserlass in der Rekordzeit von wenigen Monaten ab. Bolivien war bis dahin ein Bergbauland gewesen, welches einen Großteil seiner Einnahmen aus dem Export von Metallen, wie dem Zinn, erzielte. Die Arbeitnehmer der Staatsunternehmen bildeten das ökonomische Rückgrat des Landes.

Unter diesen Umständen war und ist es verständlich, dass das politische Leben Boliviens durch unzählige blutige Kämpfe der Bergbaugewerkschaftsorganisationen geprägt war. Diese Männer aus dem Untergrund widerstanden den brutalen Militärinterventionen in den Bergbauzentren und waren die Einzigen, die in den 60er Jahren öffentlich den argentinisch-kubanischen Guerillaführer Ernesto Che Guevara und seine Widerstandskämpfer in Bolivien unterstützten. Sie entschieden freiwillig den Lohn eines Arbeitstages diesen Männern zur Verfügung zu stellen, die sich entschieden hatten, ihre Utopie Wirklichkeit werden zu lassen und dafür von der bolivianischen Armee unter Beratung von nordamerikanischen Experten ermordet wurden.

Für die Regierenden dieser Zeit galten die Bergleute als unbezwingbar. Aber jetzt mussten sie von einem Tag auf den anderen ihren Lebensmittelpunkt und ihre gewerkschaftliche Organisation verlassen. In dieser verzweifelten Situation unternahmen sie eine letzte Anstrengung des Widerstandes. In Jahre 1986 organisierten sie den *Historischen Marsch für das Leben*. Geplant war eine Wegstrecke von 228 Kilometern von der Stadt Oruro nach La Paz. Aber der Marsch wurde auf halbem Wege von den Teilnehmern abgebrochen und erfüllte nicht die Erwartungen der Beteiligten. Er war wie der letzte Flügelschlag des Kondors, des Herren der Anden, der vom Aussterben bedroht ist.

Niemand wurde wiedereingliedert. Einige blieben in den Kooperativen, aber die meisten der *Wiedereingegliederten* emigrierten massiv in die Landwirtschaftsgebiete wie den Chapare. LKW wurden mit all ihrem Hab und Gut und ihren Familien beladen, aber sie hatten auch ihre Erfahrungen aus der Gewerkschaft mit im Gepäck. Unter den Bergarbeiterfamilien verbreitete sich die Nachricht, dass man im Chapare Geld verdienen könne. Die scheinbar besiegten Bergleute stärkten die Reihen der Koka-Bauern-Bewegung und schienen entschlossen, ihr gewerkschaftliches Know-how jetzt gegen die Neoliberalen und zur Verteidigung der Koka einzusetzen.

Die Bergleute wurden zu Koka-Bauern, Nachbarn und Kampfgefährten Evos. Er erinnert sich: »Ich schlug vor, die Bergarbeiter einzuladen ... Und es kamen die aus dem Bergbauzentrum Catavi. Wir kochten zusammen und nachts tanzten wir.«[89] Von seinem Cousin Marcial hatte er bereits vor Jahren erfahren, dass viele Bergleute die gleichen kulturellen Wurzeln wie sie selbst hatten und dass sie wertvolle gewerkschaftliche Erfahrung mitbrachten. Er lernte den ehemaligen Bergbau-Gewerkschaftsführer Filemón Escobar kennen, der später sein Berater werden sollte. Escobar bestätigte, dass seine Verbindungen zu den Koka-Bauern in den Tropen schon vor der Gewerkschaftszeit von Evo Morales bestanden und dass er bereits in den 80er Jahren Befähigungskurse für Koka-Bauern organisiert hatte.

Die neoliberale Regierung von Victor Paz Estensoro führte die brutale Politik der Militärintervention in den Koka-Anbaugebieten weiter und begann mit den Vorbereitungen zur Verabschiedung von Gesetzen, die den internationalen Abkommen und insbesondere den Forderungen der USA gerecht wurden. Die Notwendigkeit, mit aller Kraft die Anti-Drogenpolitik in Angriff zu nehmen, wurde eine der Prioritäten der neuen Regierung. Der wichtigste Minister der MNR-Regierung, Sánchez de Lozada, übernahm mit Hilfe seines Beraters Aguilar Gómez[90] die Aufgabe, eine Anti-Drogenpolitik zu entwickeln, die ernsthaft und kohärent sein sollte gemäß der Forderungen internationaler Institutionen.[91] Das war die Geburtsstunde des *Trienal-Planes* und des berühmten Gesetzes Nr. 1008.

Sowohl die Regierung als auch die Koka-Bauern zeigten Bereitschaft zum Dialog, um diese schwierige Thematik Boliviens in Angriff zu nehmen und es begann ein Verhandlungsprozess. Evo Morales nahm daran teil und verbrachte viele Stunden und Tage bei diesen Verhandlungen in seiner Funktion als Generalsekretär der Gewerkschaft. Er war Anfänger auf dieser Ebene politischer Diskussion. Sie war sein Kurs für Lernen in der Praxis. Dort entwickelte er seine ersten Verhandlungsstrategien. Er lernte unter anderem seinen späteren Rivalen, den Rechtsanwalt Sánchez Berzain, kennen, von dem er sagte, dass er einer der Besten auf seinem Gebiet sei. Er genoss den Luxus, unfreiwillige »Lehrer« zu haben, die Experten im Schwingen künstlicher Reden und Spezialisten in schmutziger Vorgehensweise waren. So konnte er sowohl erkennen, wie er selbst nicht machen wollte, als auch die Strategie und Vorgehensweise seiner Gegner studieren.

Gemeinsam mit seinen Kampfesgefährten hörte Evo geduldig die Argumente der Gegenseite. Interventionen seinerseits in den Diskussionen waren selten, berichten Leute, die ihn zu dieser Zeit kannten. Evo hatte vor allem die Aufgabe, so viele Informationen wie möglich aufzunehmen, um sie gleich danach an seine Basis weiterzugeben.

Er hatte schon Jahre zuvor in seiner Gemeinde im Altiplano gelernt, dass ein Anführer nicht allein entscheiden sollte. Nur die Gemeinschaft als Ganzes hat

Florencio und Evo in Cerro Verde

diese Befugnis. Diese Form der Verhandlung, wie sie typisch für Andenkommunen ist, beugt bis zu einem gewissen Grad der Korruption der Gewerkschaftsführung vor.

Diese langwierigen und schwierigen Gespräche endeten in den Abkommen vom März 1986, vom 6. Juni 1987 und vom 5. Februar 1988. Keines dieser Abkommen wurde zur Zufriedenheit beider Seiten eingehalten. Schlimmer noch, parallel zu diesen angeblichen Vereinbarungen mit den Koka-Bauern, setzte die Regierung der MNR die Ausarbeitung von neuen Gesetzen und die konsequente Anwendung der entsprechenden repressiven Maßnahmen und Verbote fort.

Die Wiedergeburt des Koka-Bauern

April 1986
Die Regierung Victor Paz Estensoro ließ das traurig-berühmte Gesetz 1008 – Regelung über Koka und Kontrollierte Substanzen – im Juni 1988 verabschieden.[92] In dieses Gesetz wurde keine einzige Forderung der Cocaleros aufgenommen.

Das Gesetz arbeitet mit legalen Darlegungen und unterscheidet die Regelungen zur Koka von Verbotsregelungen. Es gründet sich auf die Behauptung,

Die Schlagkraft der Militärs erhöhte sich mit der Verwendung von Hubschraubern

dass es zulässige und unzulässige Koka gäbe.[93] Die erstgenannte ist die der Yungas, sie wird als traditionelle Kultur eingeordnet, das heißt die einzige laut Gesetz zulässige Koka ist diejenige, die für den traditionellen Konsum angebaut wird. Die Koka aus dem Chapare wird als Übergangskultur klassifiziert, das heißt der Chapare würde in naher Zukunft der Gruppe der nichtzulässigen Anbaugebiete zugeordnet werden. Die dritte Gruppe umfasst Anbaugebiete wie den Beni und andere, deren Koka-Produktion als illegal behandelt wird.

Mit der Anwendung dieses Gesetzes ist die Produktion der zulässigen Koka in den Yungas auf eine Fläche von 12.000 Hektar begrenzt. Die Übergangskulturen müssen durch Alternativkulturen ersetzt oder unter Zwang beseitigt werden.

Also war das Schicksal der Koka-Bauern des Chapare festgeschrieben. Bezüglich der Alternativkulturen sagte Evo: »Ich war Reisbauer und verdiente gut, bis mein Reis gegenüber dem aus Brasilien zu teuer wurde. Das gleiche passiert heute mit der Ananas, einer Alternativkultur zur Koka, die keinen Markt und einen äußerst niedrigen Preis hat. Für zehn Ananas bekommst du einen Boliviano (heute etwa 0,12 Euro). Die Koka hilft dir zu überleben. Sie hat einen festen Preis und einen sicheren Markt.«[94] Der Koka-Bauer musste keine Betriebswirtschaft oder etwas ähnliches haben, um zu erkennen, dass die Alternativkulturen, die sogar häufig mit viel Kreativität und Innovation erdacht wurden, aufgrund der fehlenden Unterstützung bei der Suche eines sicheren und kompetitiven Marktes, untergingen.

Der Protest der Koka-Bauern gegen dieses Gesetz ließ nicht auf sich warten. Am 27. Juni 1988 gingen sie im Stadtzentrum von Villa Tunari im Chapare auf

Erste Kandidatur zum Generalsekretär
des Gewerkschaftsverbandes der Tropen von Cochabamba

die Straße, nicht nur gegen die neuen gesetzlichen Verfügungen, sondern auch gegen den Einsatz von Herbiziden.[95] Die Koka-Bauern entschlossen sich, friedlich die Gebäude der *Direktion für Rückbau der Coca* (DIRECO) zu besetzen, wo höchstwahrscheinlich schädliche Herbizide eingelagert wurden. Die repressiven Organe eröffneten aus Hubschraubern US-amerikanischer Herkunft das Feuer auf die Demonstranten. Dabei starben zwölf Personen und zwanzig weitere wurden verletzt. Dieses Verbrechen sollte in die bolivianische Geschichte als das *Massaker von Villa Tunari* eingehen.[96]

Im Januar 1989 traten Evo und ungefähr 200 weitere Koka-Bauern in der Stadt Cochabamba in den Hungerstreik, der etwa drei Wochen dauerte. Die Regierung schlug vor, mit den Streikenden ein Abkommen zu unterzeichnen. Diese akzeptierten die Ersetzung der Koka durch Alternativkulturen und die Anwendung der Programme zur Vernichtung der Koka-Pflanze. Die Regierung begann sofort mit der Anwendung des Gesetzes.

Die Cocaleros mussten auf ihrer Seite die gewerkschaftlichen Organisationen stärken und konsolidieren. Evo Morales wurde im Jahre 1988 in einem Kongress zum Generalsekretär des *Spezialverbandes der Landarbeiter der Tropen von Cochabamba* (FETCTC) gewählt und erreichte damit endlich eines seiner ersten persönlichen Lebensziele. Er hatte bereits 1986, im Alter von 27 Jahren, versucht, dieses Amt zu erlangen, aber er scheiterte. Damals stellte er sich zusammen mit Oscar Sotomayor und Sinforiano Maldonado zur Kandidatur. In der Gewerkschaft war es üblich, dass die Anwärter eine komplette Liste der Personen erstellten, mit denen sie die Ämter des Verbandes besetzen wollten. Der junge Kandidat und seine Gefolgsleute stellten sich unter dem Namen

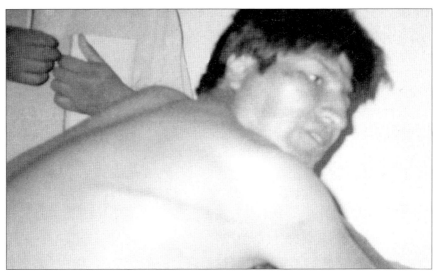

Der von den Schlagstöcken der Ordnungskräfte
schwer verletzte Evo Morales (Senda Nueva/Chapare, 8. April 1997)

Breite Anti-Imperialistische Massenfront (FAMA) auf und benutzten orangefarbene Wahlzettel, um sich von den anderen zu unterscheiden.

Die FAMA konnte diese Wahl nicht gewinnen. Laut der Meinung eines seiner Kampfgefährten waren die Konkurrenten Gewerkschaftsführer mit viel mehr Erfahrung als der junge Sportler. Man weiß, dass es generell eine gewisse Skepsis ihm gegenüber gab, »[...] aufgrund seiner Jugend gegenüber den älteren Gewerkschaftsführern aus der Region, die das Scheitern des jungen Führers voraussagten«.[97] Wahrscheinlich störte diese Einstellung den jungen Evo Morales nicht besonders, weil er wusste, dass es der Andenmentalität entsprach, eher in ältere Personen als in Jugendliche im Lernprozess zu vertrauen. Aber er war sich auch sicher, dass er mit viel Verantwortung, Ehrlichkeit und Ausdauer die skeptische Meinung der gestandenen Cocaleros ändern könne. Dionisio Núñez, derzeit Anführer in den Yungas, erinnert sich, dass es Koka-Bauern-Führer mit viel mehr Fähigkeit und Reife als Evo gab, aber viele von ihnen wurden Opportunisten. Evo glaubte an seine Prinzipien und blieb ihnen bis zum Ende treu, sagte uns Dionisio Núñez.

Es dauerte nicht lange bis es dem Anwärter gelang, die Skepsis der Alten und Jungen ihm gegenüber zu überwinden. Als er in seinem Aktionsgebiet als Generalsekretär des Verbandes der Tropen von Cochabamba an die Macht kam, organisierte er einen Massenmarsch der Cocaleros zur Erinnerung an das Massaker von Villa Tunari von 1988. Diese Demonstration am 27. Juni 1989 war massiv wie noch nie und ein voller Erfolg für ihre Organisatoren. Evo hielt eine mitreißende Rede und griff seine Feinde scharf an. Es wurde klar, dass der junge und starke Koka-Bauern-Führer sehr viel Rückhalt in seinen eigenen Reihen

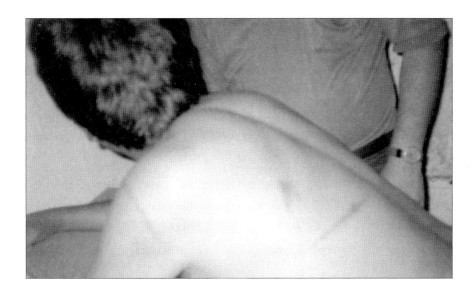

hatte und politisch enorm schnell gewachsen war. Man bemerkte seine Geschicklichkeit im Umgang mit der gewerkschaftlichen Macht, besonders bei der gewerkschaftlichen Basis.

Es gab keinerlei Zweifel daran, dass der Cocalero-Führer sich zu einem Hindernis bei der Umsetzung der Drogenpolitik der Regierung entwickelte. Alles deutet darauf hin, dass sich die politischen Feinde von Evo Morales sich entschlossen, ihn permanent zu beobachten um sich dieses *joven de pelotas* zu entledigen. Es ist sehr wahrscheinlich, dass die Anti-Drogeneinheiten den Befehl hatten, ihn in einem passenden Moment zu beseitigen. Möglicherweise kam ihnen der Marsch von Villa Tunari gelegen.

Am Tage nach der Demonstration befand sich Evo bei Tagesanbruch gemeinsam mit seinem Bruder und den Nachbarn in seinem Haus, berichten seine Nachbarn. Niemand vermutete, dass sie wenige Stunden vor einem tragischen Ereignis standen. Sie saßen auf einer Bank, lachten und machten Witze in Quechua. Währenddessen warteten Evos Häscher, wahrscheinlich fünf Uniformierte des *Mobilen Einsatzkommandos für Landpatrouillen* (UMOPAR), auch *leopardos* genannt, nicht weit entfernt. Sie kamen mit einem Motorboot am Hafen San Francisco an und gingen etwa einen Kilometer zu Fuß zum Aufenthaltsort des Cocalero-Führers. Sie lauerten ihm auf wie Raubtiere ihrer Beute, als er sein Versteck verließ, um auf die Toilette an der Rückseite des Hofes zu gehen. Ihr Moment war gekommen. Die Uniformierten stürzten sich all ihrer Kraft und mit all ihren antrainierten Handgriffen auf ihr Opfer, warfen Evo in Sekunden zu Boden und kreuzten seine Hände auf dem Rücken. Er war so überrascht, dass er keine Gelegenheit hatte, sich zu verteidigen oder seinen Bruder

Das Koka-Blatt und der Anführer der Koka-Bauern   85

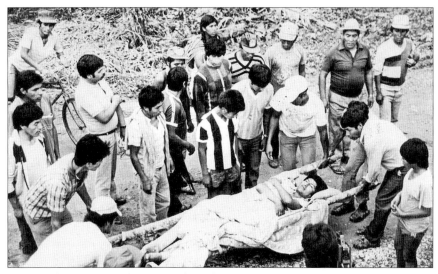

Die Einwohner von Tunari kümmern sich um den
von den *leopardos* misshandelten Morales (Juni 1989)

und seine Nachbarn um Hilfe zu rufen. Nachdem sie ihm lebensgefährliche Tritte versetzt hatten, schleiften sie ihn auf der Straße davon, die am Haus der Morales vorbeigeht und zum Hafen führt. Diese Straße ist eine Schotterpiste mit dichten Büschen und Bäumen an beiden Rändern. Von den Häusern sind es etwa 30 Meter Entfernung zur Straße und sie stehen Hunderte von Metern auseinander.

Hugo bemerkte, dass sein Bruder lange nicht zurückkehrte und hörte sonderbare Geräusche. Also begab er sich auf die Suche nach ihm. Als er den Vorfall bemerkte, alarmierte er augenblicklich die gesamte Nachbarschaft. Die Nachbarn bewaffneten sich mit allem, was ihnen in die Hände fiel, und verfolgten aufgebracht die *leopardos*. Als die Häscher feststellten, dass sie verfolgt wurden und sich in Lebensgefahr befanden, schleiften sie ihr Opfer so schnell sie konnten die Hügel hinauf in den dunklen Wald voller Sträucher und Bäume. Sie schafften es nicht, zu ihrem Boot zurückzukehren. Es ist sehr wahrscheinlich, dass sie in der Eile der Flucht keine Zeit hatten, sich zu vergewissern, ob ihr Opfer tatsächlich tot war. Sie warfen Evo ins Dickicht. Ein Nachbar erzählt, dass Evos Gesicht völlig aufgerissen und blutüberströmt war, was es unmöglich machte, ihn wieder zu erkennen. Sein Körper war voller Blutergüsse. Einer der Anwesenden bemerkte, dass er noch atmete. Zusammen mit den weinenden Nachbarn entschieden sie, ihn auf einer Trage an einen saubereren Ort zu bringen. Die Nachbarn leisteten dem Schwerverletzten, der sich weder bewegen noch sprechen konnte, erste Hilfe.

Sie waren voll unstillbarer Wut und Hass und verbrannten das Motorboot, welches die Militärs im Hafen zurückgelassen hatten. Andere Nachbarn dran-

Hugo besucht Evo im Krankenhaus

gen in das Dickicht der Hügel ein, um die Übeltäter zu suchen. Aber die Verfolgung war umsonst. Es gab keine Spuren der Militärs. Wenig später bemerkten sie den Überflug eines Helikopters, der vermutlich die Rettung der *leopardos* war.

Der im lebensgefährlich verletzte Evo Morales wurde nach Cochabamba überführt. Dort halfen ihm seine Familienangehörigen und er wurde von einem Arzt behandelt. Sein älterer Cousin Marcial erzählt uns: »Ich erinnere mich an diese tragische Situation in Cochabamba. Evo war voller Asche und Schlamm und hatte einen aufgeblähten Bauch. Er dankte mir für den Besuch, den ich ihm in Cerro Verde/Cochabamba abstattete [...] Für mich war er wie mein Sohn. Es tat mir sehr, sehr leid um ihn!«.[98]

Die gewerkschaftliche Macht des Cocalero

September 1989
Nachdem er sich erholt hatte, setzte der Cocalero-Führer seine Gewerkschaftsarbeit fort. Er besuchte als Delegierter verschiedene Konferenzen, Versammlungen und Gewerkschaftskongresse auf nationaler Ebene. Er wusste, dass er
nicht allein war. Er lernte andere Gewerkschaftsführer kennen, die ebenfalls
die Situation der bolivianischen Indígenas ändern wollten. Er wurde auf Felipe
Quispe, auch bekannt unter dem Namen *mallku*, aufmerksam gemacht, der
radikale indianistische Ideen propagierte. Er hörte von den so genannten
Roten Ayllus, deren Vertreter im Ordentlichen Kongress des *Gewerkschaftsdachverbandes der Landarbeiter Boliviens* (CSUTCB), im September 1989 in der Stadt
Tarija offen vorschlugen, einen Weg der Konfrontation und des Aufstandes zu
gehen und bekräftigten, dass die parlamentarischen Verhandlungen und der
gesamte Weg des friedlichen und legalen Kampfes gescheitert seien.[99] Diese
wutentbrannten Indígenas beschuldigten die Regierung mit der Vernichtung
der Koka ihre kulturellen Werte zu zerstören.

Interessant ist, dass Álvaro García Linera, der später Vizepräsident der MAS-
Regierung werden sollte, in der zweiten Hälfte der achtziger Jahre Mitglied der
radikal-indianistischen Guerilla-Gruppe *Tupaj Katari* (EGTK) war. Der Intellektuelle, der auch *qhananchiri*, Genie, genannt wurde, wurde 1992 festgenommen und verbrachte viele Jahre im Gefängnis.

Schon zu dieser Zeit konzentrierte sich Morales mehr auf die Stärkung der
gewerkschaftlichen Instrumente als auf die bewaffnete Bewegung, wie die der
EGTK. Es ist bekannt, dass er im Jahre 1990 die Möglichkeit erwog, eine Arbei-
ter- und Bauernallianz zu schaffen. Aus diesem Grunde konsultierte er die
Führungsebene des *Gewerkschaftsdachverbandes der bolivianischen Arbeiter* (COB),
der größten Organisation der Arbeitnehmer Boliviens. Es scheint aber, dass die
Vorschläge Evos bei den Anführern der Arbeitnehmer keine Resonanz fanden.[100]

Im Jahre 1993 wurde Evo zum Präsidenten des *Koordinationskomitees der Verbände der Tropen von Cochabamba* (CCFTC) gewählt, einer mächtigen Gewerkschaftsorganisation, wie wir später sehen werden. Sie wird auch *Coordinadora*,
Koordinationszentrale der Verbände genannt. Der Indígena hatte die höchste
Machtposition der Koka-Produzenten des Chapare erreicht. Seine Gewerkschaftskarriere schien kein Ende zu nehmen.

Dieser Koka-Bauern-Verband ist ein Teil der CSUTCB und damit des höchsten Organs der bolivianischen Landarbeiter. Im Jahre 1998 schien für Evo der
Moment gekommen zu sein, das oberste Amt dieser Bauernorganisation zu
übernehmen. Zu dieser Zeit fand in der Stadt La Paz der erste *Außerordentliche
Kongress* der CSUTCB statt. Dem Bericht von Dionisio Núñez ist zu entnehmen, dass Evo auf die mehrheitliche Unterstützung zugunsten von Felipe

Versammlungsgebäude der Cocaleros im Chapare

Quispe verzichtete. Dieser indianistische Führer, der gerade aus dem Gefängnis entlassen worden war[101], war zu einem Symbol für die bolivianischen Indigenisten geworden. Eine Tatsache, die Evo Morales nicht leugnen konnte, und der damit von seinen Bestrebungen abließ, dieses Amt zu übernehmen und damit die Führung Quispes akzeptierte.

Höchstwahrscheinlich war Evo zufrieden mit diesem Resultat, nicht nur weil so die wichtigste Organisation der bolivianischen Landarbeiter von einer erfahrenen Person geführt wurde, sondern auch weil ihm diese Situation erlaubte, seinen Schwestern und Brüdern Cocaleros im Chapare nahe zu sein. Der Aufstieg in die Chefposition der CSUTCB hätte bedeutet, weit entfernt von seiner Basis arbeiten zu müssen.

Sein Aktionsraum war immer der Chapare. Hier hatte er das zentrale Kommando. Hier waren seine Kampfgefährten, in die er hundertprozentig vertrauen konnte. Er wusste auch um die großen Vorteile, die die Region im Hinblick auf eine gewerkschaftliche Mobilisierung aufweist.

Durch den tropischen Teil des Chapare führt die asphaltierte Hauptstraße von der Stadt Cochabamba in die Stadt Santa Cruz mit einer ungefähren Länge von 100 Kilometern. Durch diesen Verkehrsweg sind als wichtigste Orte Villa Tunari, Sinahota, Chimoré, Ivirgasama und Bulo Bulo verbunden. Zieht man die unzähligen Abzweigungen von dieser Straße in Betracht, dann hat diese Tropenregion eines der kompaktesten Straßennetze Boliviens. Diese Tatsache erlaubt eine effektive Kommunikation und dementsprechend schnelle Mobilisierung unter den Koka-Bauern. Es genügen Stunden oder vielleicht Minuten, um tausende Koka-Produzenten zu mobilisieren. Bessere Bedingungen als diese gab es nur in den Bergbau-Zentren, wo es ausreichte, eine Sirene heulen zu lassen, um tausende Bergleute zusammenzurufen. Aber dieses Mobilisierungspotential war örtlich begrenzt.

Der Chapare ist nicht nur eine Region mit großen Vorteilen für die Kommunikation und von landschaftlicher Schönheit, sondern er besitzt auch das militante Widerstandspotential tausender Cocaleros, das für Evo von Bedeutung ist.

Ab 1993 entwickelt sich Evo Morales zu einem der mächtigsten Gewerkschaftsführer Boliviens in seiner Funktion als Präsident der *Coordinadora* der Verbände (siehe Grafik S. 91). Zur *Coordinadora* gehören der Verband von Carrasco, der Verband der Vereinigten Gewerkschaftszentralen, der Verband von Chimoré, der Verband der Yungas, der *Spezialverband der Arbeiter der Tropen von Cochabamba* (FETCTC) und der Verband von Mamoré. Die Verbände haben die Besonderheit, die Anfragen aus ihrem eigenen territorial begrenzten Amtsbereichen zu bearbeiten. Zu diesen sechs Verbänden gehören 30 Zentralen. Diese arbeiten territorial begrenzt und das erlaubt schnelle Zusammenkünfte der Gewerkschaftsführer eines bestimmten Gebietes. Die gesamte Gewerkschaftsstruktur der Koka-Bauern gründet sich auf eine Basis von ungefähr 700 Gewerkschaften. Der grundsätzliche Charakter dieser Gewerkschaftsorganisationen beruht auf ihrer regionalen Verbundenheit und ihrer organisatorischen Beweglichkeit aufgrund der Agilität ihrer Mitgliedergemeinschaft.

Laut Evos eigenen Angaben war es zu dieser Zeit möglich, über dieses Netzwerk schätzungsweise 60.000 Koka-Produzenten zu mobilisieren.[102] Diese Gewerkschaftsorganisation war und ist einzigartig in Bolivien. Der ausgelöschte mächtige *Gewerkschaftsverband der Bergarbeiter Boliviens* (FSTMB) hatte circa 30.000 in den Kordilleren und auf dem Altiplano verstreute Mitglieder. Um diese Anzahl an Personen zu mobilisieren, benötigten die Gewerkschaftsführer viel Zeit und finanzielle Mittel.

Also war und ist Evo der Kopf eines sehr mächtigen, kompakten, dynamischen, agilen und effizienten Netzwerkes. Evo folgten und folgen tausende Cocaleros wie Soldaten innerhalb von Stunden. Evo zog folgende Bilanz: »Bei mehr als einer Gelegenheit, besonders als ich im Gefängnis eingesperrt war, erfuhr ich durch die Medien, dass mit voller Aufrichtigkeit und von ganz unten aus dem Volke folgender Satz kam: ›Im Chapare gibt es tausende Evos.‹«[103]

Es war einfach nur eine Frage der Zeit, bis der Cocalero-Führer nationales und internationales Ansehen genießen sollte. In seiner Funktion als Vertreter der Koka-Bauern des Chapare nahm er im März 1991 am ersten Anden-Kongress der Koka-Produzenten in der Stadt La Paz teil.[104] Es beteiligten sich auch Koka-Produzenten aus Peru an diesem Treffen. Evo wurde zu einem der Chefs dieser Organisation gewählt. Zwei Jahre später übernahm er die Präsidentschaft dieser Organisation und blieb in ihrem Beirat bis 1996.

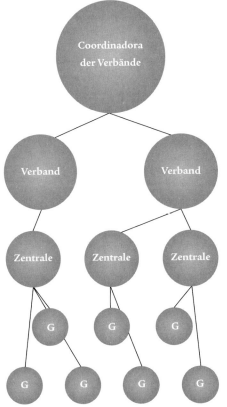

Die Coordinadora ist die oberste Organisation der Cocaleros im tropischen Chapare.

Die sechs Verbände arbeiten territorial gebunden und sind durch die Anzahl ihrer Zentralen begrenzt. Eine bestimmte Menge von Zentralen gehört zu einem Verband.

Es gibt 30 Zentralen. Jede einzelne ist für ein bestimmtes gebiet zuständig und durch die Anzahl ihrer Gewerkschaften begrenzt.

Es gibt etwa 700 Gewerkschaften.

Profil der Organisationsstruktur der Koka-Bauern des tropischen Chapare

Weder *null Koka* noch *null Indígenas*

1992

Wie zu erwarten war, setzten die Regierungen, die Victor Paz Estensoro folgten, die Anwendung des Gesetzes Nr. 1008 fort und erzwangen die Vernichtung der Koka-Plantagen, die als überschüssig eingestuft waren, ohne dass die Bauern irgendein Recht auf Entschädigung hatten oder die Ersetzung dieser Plantagen durch Alternativkulturen.

Im Anbau von Koka sahen die Bauern für sich die einzige Möglichkeit, Einnahmen zu erwirtschaften, die den Unterhalt ihrer Familien sichern konnten. Aus welchem Blickwinkel sie die Situation auch betrachteten, sie fanden keine andere Einnahmequelle, aber genau diese wurde durch das Gesetz über die Koka-Produktion im Chapare abgegraben. Evo erzählt eine Anekdote, die den Willen zur Verteidigung illustriert. Einmal kam die UMOPAR in den Morgenstunden auf eine Plantage im Chapare und riss die Pflanzen vor den Augen ihrer Besitzer aus der Erde. Als sie am Nachmittag zum Grundstück zurückkehrten, waren sie sehr überrascht, dass die Pflanzen wieder an ihrem Platz in der Erde standen. Sie wiederholten die Prozedur des Ausreißens und es ist nicht bekannt, ob dieses wiederholte *Vernichten* noch einmal in ihre Unterlagen einging. Bei einigen Gelegenheiten zeigten die listigen Cocaleros freiwillig die Felder, die vernichtet werden könnten. Das waren dann meist alte Pflanzungen, die ohnehin entfernt werden und durch neue ersetzt werden mussten.

Es war an der Zeit, dass die Gewerkschaftsführer eine solide Strategie zur Verteidigung der Koka-Pflanze entwickelten, parallel zu den kreativen Praktiken der Selbstverteidigungskomitees. Evo Morales befand sich in einem Prozess der Informationssuche. Er wollte die Hintergründe der Anti-Drogenpolitik mit dem Ziel erkennen, neue Horizonte für den Kampf der Koka-Produzenten zu öffnen.

Personen, die ihn zu dieser Zeit kennenlernten, erzählen, dass Evo immer viel las und immer irgendetwas zu Lesen bei sich trug. Er besuchte das bolivianische Informations- und Archivzentrum (CEDIB) und die *Acción Andina* der Stadt Cochabamba. Dort lernte er das Buch *Der falsche Krieg* von Michael Levine kennen.[105] Wahrscheinlich strich er sich nachdenklich mit der für ihn typischen Geste durch die Haare, als er durch dieses Buch die Hintergründe der Drogenpolitik der USA erfuhr. Später sagte er dazu: »Ich bin davon überzeugt, dass es einen falschen Krieg gegen den Drogenhandel gibt, wie es der Ex-Agent Michael Levine der *Drug Enforcement Administration* (DEA) in seinem Buch beschreibt, in dem er den tödlichen Betrug der CIA im Drogenkrieg anklagt. Die Droge ist die dauerhafte Entschuldigung der Vereinigten Staaten, um ihre Armee und ihre Militärbasen zur Kontrolle unserer Länder einzusetzen.«[106]

Es war also kein Zufall, dass Evo in seiner Rhetorik die Termini der Cocaleros mit denen der Indígenas verband. Es gab zwar Koka-Produzenten, die keine

Ein Cocalero zeigt ausgerissene Kokasträucher (San Isidro, Oktober 1998)

Indígenas waren, aber ihre Anzahl hatte gegenüber der überwältigenden Mehrheit der indigenen Koka-Bauern keine Relevanz. Ab diesem Moment bezieht sich der Cocalero-Führer und Indígena Morales immer mehr auf den kulturellen Hintergrund der Koka. In diesem Sinne sollte man folgende Erklärung Evos verstehen: »[...] von *null Koka* zu sprechen [Er bezieht sich hierbei auf die Vernichtung aller Koka-Pflanzungen in Bolivien, M.P.] ist genau wie von *null Quechua, null Aymara* und *null Guarani* zu sprechen.«[107]

Um die Verbindung dieser beiden klar artikulierten Konzepte zu verstehen, muss man auch den historischen Moment für Bolivien und Lateinamerika Mitte der neunziger Jahre in Betracht ziehen. Im Jahre 1992 war der 500. Jahrestag der Kolonialisierung Amerikas. Als sich dieser Tag näherte, wurden von Indígenas Ideen zur Verteidigung ihrer Interessen überdacht. Es gab unzählige Aktionen, die Ablehnung gegenüber diesem historischen Ereignis ausdrückten, welches die indigene Bevölkerung Lateinamerikas ins Elend getrieben hatte. So entschied sich der *Dachverband der Landarbeiter von Cochabamba* (FSUTCC) in der Stadt Cochabamba unter Leitung ihres Anführers Eleuterio Romero, auf die Straße zu gehen und den Platz, der den Namen *Christoph Kolumbus* trägt, zu besetzen. Bei dieser Besetzung entschieden die *q'ichua*- Bauern, diesen Platz in Hommage an die Symbolfigur des indigenen Widerstandes gegen die spanischen Eroberer öffentlich in Tupaj-Katari-Platz umzubenennen. Evo erinnert sich an diese Aktionen und sagt: »[...] die Kampagne für 500 Jahre Widerstand der indigenen Völker die 1988, 1989 begann, war nicht umsonst.«[108]

In diesem Prozess von Aktion und Reflexion über indigene Kultur und ihre Bestandteile wie zum Beispiel die Koka, wurde es vielen Gewerkschaftsführern

Mit der Standarte der Coca-Bauern auf einer Demonstration

und so auch Evo klar, wie wichtig die landesweit arbeiteten Gewerkschaftsorganisationen für sie waren.

Nur in diesem Kontext sind die permanenten Anstrengungen des Indígenas-Führers verständlich, die Organisation der Cocaleros und ähnliche auf ein nationales Niveau zu bringen, wie wir später sehen werden.

Diese Ereignisse in der Mitte der neunziger Jahre hinterließen auch Spuren bei der bisherigen politischen Elite, den so genannten ewig Regierenden. Im August 1993 übernahm Sánchez de Lozada, der ehemalig gewichtigste Minister unter Víctor Paz Estensoro in den Achtzigern und einer der Förderer des Gesetzes Nr. 1008, die Präsidentschaft der Republik Bolivien. Die Indígenas nannten den neuen Präsidenten wegen seines Spanisch mit amerikanischem Akzent, und weil er in den USA aufgewachsen war, *Gringo*.

Die neue Regierung unter Führung des *Gringo* machte einige beachtliche politische Schachzüge. Der *Gringo* ernannte den Indígena Víctor Hugo Cárdenas, einen Pädagogen mit interessanter beruflicher Laufbahn, zum Vizepräsidenten. Der Aymara Cárdenas begann eine Bildungsreform und war außerdem Mitglied in der *Bewegung Tupaj Katari*[109], weshalb er auch Ansehen bei der indigenen Bevölkerung genoss. Der neue Präsident führte ein bis dahin nicht vorhandenes demokratisches Mittel, die *Volksbeteiligung*, ein. Zum ersten Mal in der bolivianischen Geschichte konnte die Land- und Stadtbevölkerung die Stadträte und Bürgermeister ihrer Rathäuser selbst wählen.

Diese politischen Neuerungen von Sánchez de Lozada erfüllten nicht nur die Anforderungen des historischen Moments, sondern sollten ein friedliches politisches Klima schaffen. Dieses sollte es erlauben, dass ohne große Proble-

Evo in fröhlicher Stimmung, 1991

me eines seiner grundlegenden Ziele durchzusetzen, die Privatisierung (Kapitalisierung) der wichtigsten Staatsunternehmen Boliviens. Sánchez de Lozada war davon überzeugt, dass dies die Formel für die ökonomische Entwicklung des Landes wäre.

Alles, einschließlich der Koka-Problematik, schien zu Beginn der Amtsperiode des *Gringo* unter Kontrolle. Er verpflichtete sich gegenüber den Koka-Bauern, Alternativkulturen zu fördern, die Übergriffe der Sicherheitskräfte des Staates zu kontrollieren und nur auf den Drogenhandel zu konzentrieren.

Aber es wurden auch andere Stimmen aus den einflussreichen regierungsnahen Kreisen laut. Im Oktober 1993 war der sogenannte *Antidrogenzar*, Mr. Lee Brown, aus den Vereinigten Staaten, in Bolivien und sprach öffentlich davon, dass der »Kampf gegen den Bienenstock und nicht gegen die Bienen« geführt werden müsse[110], wobei er den Bienenstock mit den Koka-Produzenten, die Bienen mit den kleinen Drogenhändlern auf der Straße verglich. Er sprach von der *Option Null*, das heißt der Vernichtung aller Plantagen im Chapare, die ihm zufolge überschüssig seien.

Es wurde auch bekannt, dass die Regierung bis zum 31. März 1994 etwa 5.000 Hektar Koka-Felder vernichten musste, um dafür im Gegenzug die von den USA versprochenen 20 Millionen Dollar zu erhalten. Somit begann ab Mitte Februar 1994 eine erzwungene Vernichtung der Koka-Felder im Chapare.

Einige Tage nachdem die Vernichtungstruppen der Regierung in Aktion getreten waren, gingen die Indígenas unter Protestrufen auf die Straßen der Stadt Villa Tunari. In seiner Funktion als Generalsekretär des *Spezialverbandes der Landarbeiter der Tropen von Cochabamba* (FETCTC) wies Evo Morales die

Beamte der US-amerikanischen FTC (Federal Trade Commission)
halten das Grundstück des Kokabauern Juan Solis besetzt (Juni 2004)

Basis an, die Selbstverteidigungskomitees und die Schutzpatrouillen zu reaktivieren.[111] Diese Verteidigungsstrukturen der Produzenten waren sehr effizient und bereiteten den Ordnungskräften ernsthafte Schwierigkeiten.

Zeitgleich zu diesen lokalen Aktionen entschieden sich die Koka-Bauern unter Evos Führung, ihre Verbindungen zu den Hauptorganisationen der bolivianischen Arbeiter wie dem COB, dem CSUTCB und dem Gewerkschaftsdachverband der bolivianischen Siedler (CSCB) zu vertiefen. Jetzt zahlten sich die politischen Kontakte aus, die sie seit langem gepflegt hatten.

Die Gewerkschaftsführer diskutierten gemeinschaftlich die politischen Argumente bezüglich der Koka. Die Koka-Bauern vertraten die Ansicht, dass sie nicht für die missbräuchliche Nutzung ihrer Ernten durch die Drogenhändler verantwortlich seien. Das Kokain ist eine chemische Substanz, die den indigenen Völkern der Anden völlig fremd ist.[112] Die Koka-Bauern argumentierten, dass die Koka einen Teil der Andenkultur ausmacht und dort sowohl Nahrungsmittel, Medikament, als auch Bestandteil ritueller Handlungen ist. Deshalb sollte sie nicht ausschließlich von den Produzenten verteidigt werden, vielmehr sollte sich die gesamte Andenbevölkerung Boliviens ihrer Verteidigung verpflichtet fühlen.

Diese Positionen der Cocaleros drückten die mehrheitliche Meinung der Anhänger gewerkschaftlicher Organisationen aus. Kaum jemand wusste es bes-

Exekutivkräfte überwachen die Arbeit von Landarbeitern, die für die
Vernichtung von Kokasträuchern eingestellt wurden (Copacabana, 1997)

ser als Evo, der seit seiner Kindheit gelernt hatte, dass die Koka Teil des Anden-
lebens ist. Über diese Standpunkte waren sich die Gewerkschaftsführer ohne
Probleme einig.

Die Argumente der Cocaleros waren allerdings den Ansichten der Verteidiger
und Vollstrecker des Gesetzes Nr. 1008, welches sich auf die einseitige und fata-
le Grundannahme stützte, dass Koka eine Droge sei, diametral entgegenge-
setzt. Also wären laut der Verfechter dieser Ansicht die Koka-Produzenten verantwortlich für den Tod von tausenden Bürgern in Ländern wie den USA und
aus diesem Grunde müsste der Koka-Strauch verschwinden.[113]

Dieser Zusammenprall von nicht zu vereinbarenden Positionen machte eine
Übereinkunft unmöglich. Die Regierung setzte ihre Vernichtungspolitik gegenüber den überschüssigen Koka-Plantagen fort. Darüber hinaus verschärfte sie
ihre Maßnahmen mit der Operation *Nuevo Amanecer* (Neuer Tagesanbruch),
mit der sie am sie 13. Juli 1994 begann. Daran beteiligten sich die *Spezialeinhei-
ten für den Kampf gegen den Drogenhandel* (FELCN) und das *Mobile Einsatzkommando für Landpatrouillen* (UMOPAR).

Die Anwendung dieses Planes legte die gesamte Brutalität offen, die sich
hinter ihm verbarg. Es wurden hunderte Koka-Bauern, Frauen und Männer,
verhaftet. Jede verdächtige Person wurde nicht mit dem Ziel, ihre Schuld

Eine von Ordnungskräften vollkommen demolierte Wohnung einer Cocalero-Familie

nachzuweisen festgehalten, sondern um der Organisation der Cocaleros zu schaden und diese zu schwächen.

Man versuchte, Erklärungen der Koka-Bauern zu erhalten, die die Verwicklungen von Evo Morales und anderer Gewerkschaftsführer in den Drogenhandel beweisen sollten. Aber dieses Ziel wurde nicht erreicht.

Die UMOPAR war hinter Evo und Personen aus seinem Umfeld her, sagt uns einer der Nachbarn. Auch Ausländer, die in irgendeiner Form Kontakt zu Evo Morales hatten, wurden verdächtigt. Der Information des Nachbarn zufolge arbeitete im Gewerkschaftsgebiet Evos eine Italienerin. Diese wurde unter dem Vorwand, mit Evo zusammengearbeitet zu haben, festgenommen und ohne jegliche gesetzliche Rechtfertigung aus Bolivien ausgewiesen.

Die Antwort der Koka-Bauern in diesen Kriegszeiten war, organisiert zu bleiben und die Kommunikation miteinander aufrecht zu erhalten, erklärte der Cocalero Germán Felipes.[114]

Die Führer versuchten unter der Leitung von Evo, eine Notversammlung der Verbände einzuberufen. Diese wurde von der Regierung aufgelöst und wiederholt hunderte Cocaleros beiderlei Geschlechts festgenommen.

Allerdings bestanden die Cocalero-Führer auf die Durchführung der Versammlung. Am 8. August 1994 gelang es Evo und den Gewerkschaftsführern in Chimoré mehr als 10.000 Koka-Bauern zusammenzubringen. Bei diesem

Trauernde Cocaleros am Sarg von Sabino Toledo (Entre Ríos, Oktober 2002)

bedeutenden Treffen wurde eine Entscheidung von enormer Tragweite gefällt, nämlich einen Marsch bis zum Regierungssitz in La Paz durchzuführen.

Der Gegenangriff auf den von den Regierungskräften geführten Lokalkrieg sollte nationalen Charakter besitzen. Die Koka-Bauern sollten es während dieses Marsches ins ganze Land hinausschreien, dass sie das Koka-Blatt verteidigen würden.

Die Regierungsmitglieder konnten dieser sozialen und politischen Situation im Chapare nicht Herr werden. Am 18. August des Jahres 1994 kam es zu einem Übergriff der zu einem radikalen Wechsel der Position der Cocaleros führen sollte.

Der junge Koka-Bauer Felipe Pérez Ortiz starb in Folge einer der repressiven Operationen. Offiziellen Quellen der Regierung zufolge, war es angeblich zu einem Zusammenstoß zwischen Drogenhändlern und Anti-Drogenkräften gekommen. Diese Version wurde umgehend von Evo Morales dementiert: »Felipe Pérez Ortiz wurde von Kräften der UMOPAR mit Sitz in Chimoré gefangengenommen, gefoltert und ermordet. Die *leopardos* wollten die Tat verschleiern und fingierten einen Zusammenstoß, der nie stattgefunden hat, und brachten die Leiche von Felipe Pérez Ortiz in die Kaserne von Chimoré.«[115]

Das Informationsnetz, auf welches Evo zurückgreifen konnte, sollte sich als besser als die hochentwickelten Kommunikationsmittel der Regierungsorgane erweisen. Er hatte im Chapare tausende Augen und Ohren. Die Struktur seines

Evo leitet eine Straßenblockade in Villa Tunari/Chapare (September 2000)

Netzwerkes, die Verbände, Zentralen und Gewerkschaften erlaubten es während der Weiterleitung, diese Informationen zu filtern und zu überprüfen, bevor sie bei der Führungsspitze ankamen. Er und seine Compañeros Felipe Cáceres, Abdón Herrera, Germán Felipes u. a. verarbeiteten diese Informationen und fällten gemeinsam eine entsprechende Entscheidung.

Der Cocalero-Führer hatte in dieser Angelegenheit nicht gelogen. Viele Tage später bestätigte eine Kommission, dass Felipe Pérez Ortiz wirklich ermordet worden war.

Der Tod von Felipe Pérez Ortiz verstärkte die Notwendigkeit dieses Marsches. Evo und die Gewerkschaftsführer änderten ihre Taktik dahingehend, ihn so schnell wie möglich durchzuführen. Sie hatten bereits die Zustimmung ihrer Basis. Sie wollten nicht das Risiko eingehen, dass die gesamte Organisation im Chapare bleibt. Deshalb entschieden sie, dass eine Gruppe aus einer anderen Provinz des Departamento de Cochabamba, Quillacollo, losgeht. Der Rest der Teilnehmer blieb in der Region Chapare.

Morales brach mit der Gruppe nach Quillacollo auf. Vor Ort wurde die Organisation des Marsches gemeinsam mit dem COB, dem CSUTCB, dem *Dachverband der Indígenas Ostboliviens* (CIDOB) und dem *Nationalverband der Landarbeiterinnen Boliviens – Bartolina Sisa* (FNMCB-BS) besprochen. In einer Versammlung entschieden sie, dass der Marsch als *Marsch für das Leben, für die Koka und für nationale Selbstbestimmung* am 29. August 1994 in Villa Tunari beginnen sollte. Bereits Anfang des Jahres hatten sie es geschafft, ein Bündnis mit diesen Dachverbänden einzugehen und gemeinsam Straßenblockaden vor allem an den Hauptverbindungen des Landes durchzuführen. Damals ging es

Cocaleros beim *akulliku* während einer Demonstration

um generelle Probleme, aber jetzt konzentrierte man sich auf die Problematik der Koka als Teil des Lebens und der nationalen Selbstbestimmung.

Zu der Zeit, als tausende Cocaleros bereit waren, den Marsch über hunderte von Kilometern anzutreten, versuchte Sánchez de Lozada ihn aufzuhalten. Er kam nach Cochabamba und verfasste einen Brief an die Gewerkschaftler, mit dem Ziel, Verhandlungen mit ihnen aufzunehmen. Die Cocaleros lehnten dies mit dem Argument ab, dass sie nicht auf diesen Marsch verzichten würden, solange die Mörder des Koka-Bauern Felipe Pérez Ortiz nicht eingesperrt werden.[116] Die Marschteilnehmer hatten sich entschieden, ihren Plan umzusetzen.

Der Koordinationsplan für den Marsch war fertig und Evo und seine Gruppe mussten nun zur Gewerkschaftsbasis, um sie zu mobilisieren. David Herrada von der Chapare-Gruppe erinnert sich, dass während er aus dem Chapare wegfuhr, um die logistischen Vorbereitungen des Marsches zu unterstützen, Evo in die Tropen reisen musste, um die Reihen tausender Produzenten und Produzentinnen beim Marsch anzuführen. Bei diesem Vorhaben wurde Evo von einem Wachposten in Sacaba festgenommen, ins *Spezialzentrum für Polizeiliche Untersuchungen* (CEIP) gebracht und später der *Justizpolizei* (PTJ) der Stadt Cochabamba übergegeben.

David Herrada wurde in Huancarani, was zwischen Cochabamba und dem Chapare liegt, festgenommen. Beide wurden drei Tage in Isolationshaft festgehalten. Herrada erzählt, dass er nicht wusste, dass sein Compañero am gleichen Ort gefangengehalten wurde. Unabhängig voneinander traten sie in Hungerstreik.

Mit der Gefangennahme der Gewerkschaftsführer wollte die Regierung möglicherweise die Entscheidung behindern und die Koka-Bauern zwingen aufzugeben oder sie einfach ablenken. Die Koka-Bauern begannen ihrerseits unter enormen Druck und polizeilicher Verfolgung, den Marsch ohne ihre obersten Köpfe, deren Verhaftung für sie ein harter Schlag war.

Am 29. August 1994 marschierten 3.000 Koka-Bauern und -Bäuerinnen von Villa Tunari in Richtung der Stadt La Paz los und wurden von den Anti-Drogenkräften mit Pulver, Geschossen, Kugeln und Tränengas angegriffen.

Vier Stunden später wurden die Teilnehmer aufgehalten und gewaltsam auseinander getrieben. Daraufhin flüchteten sie in die Wälder, um nicht den Sicherheitskräften der Regierung in die Hände zu fallen. Später verließen sie die Wälder, um ihren Vormarsch Richtung La Paz fortzusetzen. Niemand konnte dem Willen und der Entscheidung von Tausenden etwas entgegensetzen.

Drei Tage später kamen sie in der Stadt Cochabamba an. Sie besetzten zeitweilig den Hauptplatz der Stadt, um die Freiheit ihrer Anführer zu erwirken und der städtischen Bevölkerung ihren Willen, den Weg nach La Paz fortzusetzen, zu demonstrieren. Die Ordnungskräfte erschwerten den gemeinsamen Marsch der Koka-Bauern enorm. Einige Frauen trugen ihre *wawas*, ihre Babys, in Aguayo-Tüchern bei sich, weil niemand zu Hause geblieben war, der auf sie hätte aufpassen können.

Wegen des polizeilichen Druckes änderten die Teilnehmer ihre Taktik und bewegten sich in kleineren Gruppen auf ihr Ziel zu. Es sollte einer der längsten Märsche der bolivianischen Geschichte werden. Die Koka-Bauern legten 600 Kilometer auf schmalen Pfaden entlang der Anden-Kordilleren zurück, wo sie laut ihrer eigenen Aussage, die Unterstützung der dort ansässigen Indígenas erfuhren.

Am 11. September 1994 erklärte der *Gringo* über die Marschteilnehmer, dass sie »Gespenster sind, weil sie niemand gesehen hat, nicht einmal die Sicherheitskräfte.«[117]

Dieser ironische Ausspruch des Präsidenten spiegelte in der Tat das generalisierte Bild wieder, das ein Großteil der bolivianischen Stadtbevölkerung von den Indígenas hat. Es gibt viele tausende Indígenas, die entlang der Bergketten der Anden leben, und von denen man wenig oder gar nichts weiß. Nur wenige und meist Indígenas wie Evo Morales wissen, dass es sich nicht um Gespenster, sondern um Menschen wie jeder andere auch handelt.

Am Tage nach der Erklärung des *Gringo*, am 12. September 1994, erschienen in der Stadt La Paz plötzlich 4.000 Koka-Bauern. Es waren nicht die aus dem Chapare, sondern sie kamen aus den Yungas im Departamento La Paz. Die Regierung schlug sie mit aller Gewalt unter Einsatz der Armee nieder.

Am 19. September 1994 kamen die 3.000 Cocaleros – Männer, Frauen und Kinder – aus dem Chapare nach La Paz. Die Marschteilnehmer wurden von den Studenten und der restlichen Zivilbevölkerung als Sieger empfangen.[118] Die Regierung entschied sich, mit den Gewerkschaftsführern zu verhandeln. Und wieder wurde ein Abkommen unterzeichnet, obwohl sich beide Seiten bewusst waren, dass es nicht eingehalten wird. Doch in diesem Moment war keine bessere Lösung greifbar.

Evo Morales und David Herrada wurden nach einigen Tagen Haft entlassen. Die Demonstrationen und der soziale Druck der Menschenrechtsorganisationen erreichten beim Obersten Gerichtshof von Cochabamba eine vorläufige Freilassung der Gefangenen. Sobald er auf freiem Fuß war und seine körperlichen Kräfte wiedererlangt hatte, trat Evo in Kontakt mit dem Gewerkschaftsführer Félix Santos und sie begaben sich gemeinsam in das Dorf Ayopaya in der Provinz Independencia, um laut Informationen von Mario Bustamente dort zu ihren Schwestern und Brüdern zu stoßen. Evo Morales wurde euphorisch und überschwänglich von seinen Kampfgefährten empfangen. Er hatte sie sogar vom Gefängnis aus ermutigt: »Wenn die Maßnahmen der Regierung politisch sind, werden wir auch politisch reagieren. Auch wenn es mir gerade körperlich schlecht geht, meine Moral ist ungebrochen und wir werden auch von hier aus weiterkämpfen.«[119]

Der Cocalero-Führer hatte inzwischen diverse Aspekte so in sich vereint, dass er zwangsläufig in die Politik gehen musste. Dies sollte später Gestalt annehmen.

Mit dem Marsch der Produzenten aus dem Chapare hatten sie eines ihrer Ziele erreicht: sie hatten die Öffentlichkeit auf die Problematik der Koka und der Koka-Bauern aufmerksam gemacht. Und darüber hinaus rüttelte der Marsch ihre natürlichen Verbündeten, die Indígenas der Anden-Kordilleren wach und bewegte sie zum Beitritt zur Bewegung. Die Verteidigung der Koka war nicht nur Aufgabe der Produzenten, sondern es bestand auch Relevanz seitens der Konsumenten, für die die Koka Medizin, Nahrungsmittel und kultureller Wert waren.

Evo an der Spitze eines Marsches

Evo war 1994 noch kein politischer Führer, aber ein Gewerkschaftsführer von hohem Ansehen. Er hatte um sich einen Stab von erfahrenen Gewerkschaftlern, Intellektuellen und Politikern wie Román Loaysa, Alejo Véliz, Félix Santos, Alex Contreras, Filemón Escobar und anderen gesammelt.

Anfang 1995 unternahm der Cocalero-Führer eine Rundreise durch Europa auf Einladung von 14 nichtstaatlichen Organisationen (NGO) aus Österreich, Belgien, Dänemark, Deutschland, Luxemburg, den Niederlanden, Großbritannien und Italien.

Der Gründer

einer

indigenen Partei

Auf der Suche nach einem
politischen Instrument für die Indígenas

Januar 1995

Evo Morales und die Koka-Bauern widerstanden allen Anti-Drogenplänen. Sie unterzeichneten dutzende Abkommen mit verschiedenen Regierungen, aber ihre Situation blieb unverändert. Auf die Frage, wann diese Abkommen eingehalten werden würden, war die immer gleiche logische Antwort: Nie. Zumindest solange sich ihr Kampf nur auf die Koka beschränkte und die Produzenten dieser Jahrtausende alten Pflanze ihre einzigen Verteidiger waren.

Nicht nur in der Organisation der Cocaleros, sondern auch in anderen Gewerkschaftsorganisationen reifte die Idee, ihren Kampf mit politischen Mitteln zu führen. Darunter verstanden sie die Bildung politischer Parteien, die Teilnahme an den Wahlen des Landes und den Zugang zu verschiedenen administrativen Instanzen. Der bekannte Gewerkschaftsführer Román Loaysa, der Herkunft nach Quechua, erzählt, dass unter seinen Compañeros ursprünglich die Notwendigkeit zur Diskussion stand, eine bewaffnete Truppe zu bilden, um die Revolution von 1952 zu wiederholen.[120] »In dieser Diskussion kamen wir zu dem Schluss, dass der machbare und notwendige Weg über die Bildung eines politischen Instrumentes führen muss.« Die Initiative kam zum ersten Mal in einer Versammlung des *Gewerkschaftsdachverbandes der Landarbeiter von Cochabamba* (FSUTUC) im Jahre 1994 ins Rollen, als ihn seine Anhänger fragten: Welche Partei sollen wir bei den Regionalwahlen wählen? Und die Antwort war: Es ist an der Zeit, ein eigenes politisches Instrument zu schaffen.[121] Gemeinsam mit anderen führenden Köpfen dieses Verbandes wie Alejo Véliz, brachten sie während des *Ersten Historischen Kongresses für Grund und Boden und ein politisches Instrument* diese Thematik zur Sprache.

Dieser Kongress war ganz sicher ein Meilenstein in der Geschichte der bolivianischen Indígenas-Bewegung. Er wurde in der Stadt Santa Cruz vom 24. bis 27. März 1995 abgehalten. Es nahmen mehr als 3.000 Personen aus La Paz, Oruro, Cochabamba, Santa Cruz, Gran Chaco, Tarija, Sucre, Potosí und Nord-Potosí teil.[122] Die wichtigsten sozialen Organisationen, die die Veranstaltung ermöglichten, waren: der *Gewerkschaftsdachverband der Landarbeiter Boliviens* (CSUTCB), das *Koordinations-Komitee der Verbände der Tropen von Cochabamba* (CCFTC), der *Nationale Gewerkschaftsdachverband der Siedler Boliviens* (CNCB), der *Dachverband der Indígenas Ostboliviens* (CIDOB) und der *Nationalverband der Landarbeiterinnen Boliviens – Bartolina Sisa* (FNMCB-BS).

Die Teilnehmer des Kongresses diskutierten auch die Frage von Grund und Boden, der Koka und ihrer verschiedenen Nutzungen und der landwirtschaftlichen Produktion. Bezüglich des politischen Instrumentes gab es eine Diskussion über die Form, die es besitzen sollte. Einige wollten nur eine Kommission bilden, andere eine auf nationaler Ebene arbeitende politische Organisation. Letztendlich setzte sich der Vorschlag einer Organisation auf nationaler Ebene durch. Es gab keinen Konsens bezüglich des Namens dieses Ereignisses. In einem späterem Treffen entschied man sich für: *Versammlung für die Selbstbestimmung der Völker* (ASP). Die Farben der Fahne waren grün für die Natur und kaffeebraun für die Erde.

Dieses politische Instrument wurde von Alejo Véliz in seiner Funktion als Präsident geführt. Alejo ist gebürtiger *q´ichua*. Guido Tarqui vom Verband von Carrasco Tropical (Chapare), Francisco Quisbert aus Uyuni und andere waren ebenfalls Mitglieder der Parteileitung. Evo Morales wurde kurioserweise auf diesem Kongress nicht gewählt. Es scheint, dass sein Ruf zu dieser Zeit noch auf den Chapare begrenzt war und die anderen Regionen nicht erreichte. Es wird auch berichtet, dass Evo gar nicht auf dem Kongress anwesend war.

Eine indigene Partei zu schaffen, war eigentlich eine alte Idee, die auch in der Vergangenheit schon von einigen bolivianischen Indianisten umgesetzt worden war, man betrachte die *Indigene Bewegung Tupaj Katari* (MITKA) oder die *Revolutionäre Bewegung Tupaj Katari* (MRTK). Dass sich allerdings die indigenen Gewerkschaftsorganisationen in eine Partei umwandeln sollten, war ein neuer Vorschlag.[123] Der gesamte Gewerkschaftsapparat musste in eine politische Organisation umgeformt werden.

Es ist wichtig, zu betonen, dass die ASP und später die MAS eine soziale Organisationsstruktur mit völlig anderen Eigenschaften als die traditionellen Gewerkschaftsverbände aufweisen.

Eine traditionelle Gewerkschaft nimmt ihre Mitglieder unabhängig von Hautfarbe, politischer Ausrichtung, Volkszugehörigkeit, Religion, Weltanschauung, Herkunft und Geschlecht auf. Aber ihre einzige Anforderung besteht im gemeinsamen Interesse, Einfluss auf Einkommen oder Lohn aus abhängiger Tätigkeit nehmen zu wollen. Es versteht sich von selbst, dass die Gewerkschaften keine direkte Einmischung in politische Parteien anstreben.

Die in Santa Cruz versammelten Indígenas sprengten den Rahmen der Anforderungen einer strikt als Gewerkschaft funktionierenden Organisation. Sie begriffen, dass sie in der Mehrheit waren und so auch bessere Bedingungen auf politischer Ebene einfordern konnten. Überraschend ist das zugrunde liegende Wissen, von welchem das Vorgehen der bolivianischen Indígenas seit diesem historischen Event geleitet wurde.

Zum Ersten gab es eine enorme Vielfalt der Teilnehmer bezüglich ihrer Herkunft. Die Organisationen, die am *Ersten Historischen Kongress* teilnahmen, spiegelten die verschiedenen Volksgruppen Boliviens wieder, die von den Indigenisten sogar als Nationen oder Nationalitäten bezeichnet werden: Quechua, Aymara, Guarani, Tupiguarini u. v. a. m.

Zum Zweiten erkannten die Teilnehmer ihre kulturelle Homogenität. Die Problematik der Koka, des Grund und Bodens und der landwirtschaftlichen Produktion durchzog alle Volksgruppen wie ein roter Faden und konnte auch nur auf politischer und nicht auf gewerkschaftlicher Ebene angegangen werden. Trotz ihrer Vielfalt identifizierten sich alle mit dieser Thematik. Deshalb ist diese Identifizierung weder konstruiert noch eine natürliche Bedingung.[124] Sie ist das menschliche Verhältnis zu der Natur und umgekehrt. Die kulturelle Identität der Indígenas ist einer permanenten Veränderung und einem geschichtlichen Wandel unterworfen. Sie entwickelt sich frei in den Gemeinden und latent und versteckt in den Städten.

Zum Dritten waren alle diese Volksgruppen aus dem politischem Leben Boliviens ausgeschlossen. Weder die Vielfalt der Völker noch ihr prozentualer Anteil an der Gesamtbevölkerung werden in den linken oder rechten Parteien repräsentiert und kurioserweise auch nicht in den indigenen Parteien, wo die Aymara vorherrschen.

Die in diesem Kongress zusammengekommen Indígenas wollten in der Tat eine politische Partei bilden, um ihre wirkliche kulturelle Identität, die vom eingeführten westlichen System in Bolivien nicht anerkannt wurde, zu verteidigen.

Der Verdienst dieses Kongresses und Morales war es, keine Volksgruppe höher zu stellen als eine andere und jede Volksgruppe als gleichwertig zu betrachten.[125] Evo hatte auch Teile der Quechua-Kultur angenommen, als er die Sprache im Chapare erlernte. Felipe Quispe sagt: »Ich weiß bloß, dass er nicht gut *Aymara* spricht und dass die *Quechua*-Sprechenden sagen, dass er die Sprache auch nicht gut beherrscht.« Aber genau das belegt die Fähigkeit Evos, andere Kulturen anzunehmen, sie als die seine zu betrachten und bestätigt diese Einheit in der Vielfalt.

Die Anführer der neuen Partei begriffen bald, dass sie hart für dieses politische Instrument kämpfen mussten. Sie mussten der ASP den Status als juristische Person eintragen lassen und benötigten dafür 5.000 Mitglieder. Das wäre nicht schwer, sagten die Gründer anfangs und rechneten mit Millionen von Mitgliedern. Aber sie mussten wieder einmal erkennen, dass die bolivianische Gesellschaft nicht für sie gemacht war. Es hatten sich 5.000 Personen eingeschrieben und die Dokumente wurden beim Nationalen Wahlgerichtshof eingereicht und sofort wegen *bestimmter Fehler* zurückgewiesen. Es wurden fehlende Daten wie der Wohnsitz o. ä. vieler Mitglieder bemängelt, ohne Rücksicht darauf, dass es in den meisten Gemeinden gar keine Straßennamen und Hausnummern gibt. Erinnern wir uns, dass die Indígenas schon einmal als Gespenster bezeichnet worden waren. Die indigenen Führer waren der Meinung, dass es sich nur um Vorwände handelte, wohl wissend, »[...] dass wir Indígenas die Mehrheit bilden«.[126]

Zu dieser Zeit waren Alejo Véliz, Román Loaysa und andere an der Spitze der ASP. Evo widmete sich der Stärkung der Koka-Bauern-Organisation, die wieder in Konfrontation mit der aktuellen Regierung stand.

Im April 1995 wurde der Cocalero-Führer plötzlich verhaftet und an einem Ort im Amazonasgebiet gefangengehalten. Später sollte sich Evo erinnern:

»Gerade als Sánchez Berzain Minister geworden war, holten sie mich aus der Zelle und man beachte den Hochmut, die Arroganz und den Autoritarismus, als er zu mir sagte: ›Wenn du deine Position nicht änderst, hast du drei Möglichkeiten: den Friedhof, das Gefängnis oder die USA und wenn du willst, stecke ich dich jetzt sofort in ein Flugzeug, was dich in die Vereinigten Staaten bringt [...].‹« Evo erzählt nicht, wie seine Antwort ausfiel.[127] 21 Tage später war er wieder auf freiem Fuß.

Die Regierung richtete jetzt ihren gesamten Apparat gegen Evo Morales. Er wurde öffentlich bezichtigt, in den Drogenhandel involviert zu sein und die Verteidigung der Koka nur als Deckmantel zu verwenden. Man sprach plötzlich von *Grundbesitzern* und nicht mehr von Koka-Bauern. Evo wurde von der Regierung als *Privilegierter* und als *Drogenzar* bezeichnet und es kam zu einem regelrechten Medienkrieg. Es wurden Begriffe wie *Narkoterroristen* und *Koka-Bauern-Mafia* benutzt.[128] Der Angegriffene dementierte jede Anklage und ergriff alle notwendigen Maßnahmen, um nicht in eine Falle zu gehen. Er reiste zum Beispiel nur mit Handgepäck und checkte kein Gepäck ein, um sicherzugehen, dass man ihm keine Drogen unterschob.

Für Morales hatte sich das Koka-Blatt definitiv zum politischen Thema entwickelt. Er unterstützte von da an entschieden die Kandidaten im Chapare für die im Dezember 1995 stattfindenden Regionalwahlen. Die politischen Köpfe der ASP machten sich nach der Ablehnung als Partei durch den Staat auf die Suche nach anderen Parteien, unter deren Namen sie antreten könnten. Wie zu erwarten war, fragten sie zuerst bei den indigenen Parteien an. Eje Pachakuti nahm den Vorschlag nicht an, weil er die ASP als eine Totgeburt betrachtete.[129] Die *Vereinte Linke* (IU) war die einzige Partei, die kaum Beanstandungen machte, berichtet Román Loaysa.

Sie stellten sich also zu den Bürgermeisterwahlen und gewannen in zehn Rathäusern mit 49 Abgeordneten. Das war der erste gemäßigte Triumph, den sie verbuchen konnten und mit einer Methodik erreichten, die als Zauberformel für späteren Wahlen zur Regierung beibehalten wurde. Man stellte die Bürgermeisterkandidaten nach einer Abstimmung in den Basisorganisationen auf und nicht durch eine Entscheidung der Parteispitze. Das war das Geheimnis.

Bei der Wahl zur Regierung 1997 ließ sich die ASP noch einmal unter dem Namen der IU aufstellen. Diesmal kandidierte Evo als uninomineller Kandidat, das heißt, seine Kandidatur war an einen bestimmten Wahlkreis gebunden und er erreichte 70 Prozent der Stimmen. Morales sagte dazu triumphierend: »Obwohl es mir schwerfällt dies zu glauben, wurde ich 1997 der Abgeordnete mit den meisten Stimmen in Bolivien. Endlich war ich Abgeordneter! Ein Traum, der nach langer Zeit wahr geworden ist, aber genauso eine soziale und politische Verpflichtung von höchster Verantwortlichkeit ist.«[130] Alejo Véliz trat zur Präsidentschaftswahl an, aber hatte nicht den notwendigen Rückhalt. Auf nationaler Ebene waren die Ergebnisse der IU ohne Relevanz. Sie erreichte nur vier Parlamentssitze: Román Loayza, Felix Sánchez, Evo Morales und Nestor Guzmán.

Allerdings gewannen die Indígenas auf nationaler Ebene an politischer Bedeutung. Und es gab einen zweckmäßigen Nebeneffekt: Ein schon totgeglaubtes Parteienbündnis wurde wieder zum Leben erweckt. Nach dem Fall der Berliner Mauer war auch die Linke in Bolivien am Boden und schien bedeutungslos geworden zu sein. Aber jetzt retteten die Indígenas ihr das Leben, zumindest einer Partei. Als sie sich wieder erholt hatte, wollte die IU von den Untermietern Tribut erzwingen. Sollten die Indígenas vergessen haben, dass auch die Linke der westlichen Kultur entstammt? »Wir mussten sogar auf bestimmte Gelder zugunsten der IU verzichten«, berichtet Loayza. Véliz verteidigte die IU, aber die Mehrheit brach daraufhin mit ihm, was zur Folge hatte, dass die Ergebnisse bei den Wahlen miserabel ausfielen.

Von da an ergriffen Evo Morales, Román Loayza, Felix Santos, Filemón Escobar und andere die Initiative, der ASP eine Zukunft zu geben. Sie änderten die Abkürzung in IPSP (*Politisches Instrument für die Selbstbestimmung der Völke*r). Evo versuchte, den Status der IPSP als juristische Person vor dem Nationalen Wahlgerichtshof anerkennen zu lassen, hatte damit aber keinen Erfolg. Sie waren in der gleichen Situation wie 1995, eine Partei ohne legale Anerkennung. Da sie schon mit der IU gearbeitet hatten, kannten sie auch die einzelnen Parteien dieses Bündnisses, u. a. die *Unzaguistische Bewegung zum Sozialismus* (MAS-U), die sich bereits aus dem Bündnis IU gelöst hatte. Das U in der Abkürzung steht für Unzaga de la Vega.

Der neue Parteichef der MAS-ISPS
und sein parlamentarischer Kampf

Januar 1999
Die MAS-U war eigentlich die Splittergruppe einer Partei mit faschistischer Tendenz, der *Sozialistischen Falange Boliviens* (FSB), die in den dreißiger Jahren von Óscar Unzaga de la Vega, Guillermo Kenning, Gustavo Stumpf und anderen gegründet worden war.[131] Eine Kuriosität der Geschichte ist es, dass aus dieser Partei der bekannte Politiker Marcelo Quiroga Santa Cruz hervorging, der, wie wir uns erinnern, beim Militärputsch von García Meza ums Leben kam. Evo verehrte diesen Politiker sehr, der, wie es wenige Male in der bolivianischen Geschichte geschah, einen parlamentarischen Prozess gegen den Ex-Diktator deutscher Abstammung Banzer angestrengt hatte.[132] Die FSB war aber eine Partei, die sehr viele Militärputsche und Militärdiktaturen unterstützte, so auch die von General Banzer.

Evo Morales auf einem Kongress inmitten von
Delegierten aus Cochabamba und Nord-Potosí

In den neunziger Jahren war der Firmenbesitzer David Añez Pedraza Parteichef und bildete sowohl zur Regionalwahl 1995 als auch zur Regierungswahl
1997 in eine Allianz mit der IU. Der Status als juristische Person der Partei war
am 30. Juli 1987 vom Nationalen Wahlgerichtshof anerkannt worden.[133]

Es gibt keinen Zweifel, dass Evo und seine Parteimitglieder von den verschiedenen Facetten der Vergangenheit der MAS-U erfahren hatten. Allerdings fanden sie keine andere Alternative zu dieser politischen Organisation. Sie berichten, dass Añez Pedraza keinerlei Bedingungen stellte und ihnen praktisch den
juristischen Status seiner Partei zusammen mit der Fahne in den Farben blau,
weiß und schwarz zum Geschenk machte.

Der Erste Nationalkongress der *Bewegung zum Sozialismus – Instrument für
die Selbstbestimmung der Völker* (MAS-IPSP) fand vom 22.-24. Januar 1999 in der
Stadt Cochabamba statt.[134] Bei dieser Veranstaltung wurde die Abkürzung
MAS-U durch MAS-IPSP ersetzt und Evo Morales zum Parteivorsitzenden dieser
neuen Partei gewählt. Unter seinen Gefolgsleute waren: Julia Ramos, Ramón
Loayza, Isaac Avalos, Felix Santos Zambrana, José Blanco u. a. Añez Pedraza
nahm ebenfalls am Kongress teil und wurde symbolisch zum Ehrenpräsiden-
ten auf Lebenszeit gewählt. So entstand eine Partei mit unklarer Vorgeschichte,
aber mit Herz und Gesicht der Indígenas. Sie nahmen Namen und Fahne einer
ihnen völlig fremden Partei an, weil es das bolivianische Wahlsystem nicht
erlaubte, ihre Identität auf andere Art zu wahren.

Höchstwahrscheinlich dachten die Verantwortlichen der neuen Partei nicht
an die desaströsen Folgen, die diese Entscheidung für die Indígena-Bewegung

haben würde. Trotz der kritischen Stimmen der Gewerkschaftsführer gegenüber der MAS verfolgten die Umformer der Partei ihren Weg weiter.

Der Erste, der Evo Morales öffentlich angriff, war der Quechua Alejo Véliz. Er klagte und klagt Evo bis heute an, sich mit dem Feind der Indígenas liiert zu haben. Véliz' Verhalten lässt sich als Reaktion auf den Verlust der politischen Macht, den Morales Entscheidung bedeutete, interpretieren. Genau wie seine Aktionen fanden auch viele kritische Argumente des Quechua-Führers keinen Anklang bei der Mehrheit der bolivianischen Indígenas.

Für die puritanischen Indianisten wie Felipe Quispe, war es ein Skandal, Añez Pedraza mit der *chullo*-Mütze[135] der Indígenas auftreten zu sehen. Auf dieser Veranstaltung kleideten die Parteimitglieder Evos den Spender in alle Würden, die ihm nach indigener Tradition als Danksagung zustehen. Allerdings sollte der indianistische Führer Quispe, der heute noch an der Spitze der CSUTCB steht, nach seiner anfänglichen Zurückhaltung bezüglich der Entscheidungen des Parteivorsitzenden Evo Morales, wenig später seine Position hin zu einer klaren Ablehnung gegenüber der Aktionen der MAS verlagern. Das war der Anfang eines langen Bruderkrieges unter den Indígenas.

Evo und seine Parteifreunde wussten, dass sie nicht ohne die wichtigste Landarbeiterorganisation auskommen konnten. Sie entschieden, sich mit Quispe, Véliz und anderen auseinander zusetzen. Im Umfeld dieser Führer bildete sich eine Gruppe, die Widerstand gegen die Absichten der Anhänger von Evo ausübte. Es wurden Versammlungen und Kongresse einberufen, bei der keine der beiden Seiten ihre Position relativierte. Es kam sogar zu gewalttätigen Besetzungen der Gebäude der Landarbeiterorganisation und entsprechenden Gegenangriffen.

Die *Evistas*, die Anhänger Evo Morales', scheiterten bei der Absicht, die Führung dieser indigenen Organisation zu übernehmen und ihre Einheit zu erhalten. In der Konsequenz kam es aber zu einer Spaltung in zwei Organisationen mit dem gleichen Namen und dem Kürzel CSUTCB. Die eine Seite folgte Quispe und die andere wurde und wird von Parteimitgliedern der MAS unter Führung von Morales geleitet. Dieser interne Kampf zog sich bis zu den Wahlen 2005 hin. Trotz allem behielt Evo Ruhe und Gelassenheit. Er gab zwar den Anhängern Quispes nicht nach, aber war auch nicht unerbittlich bis zum Letzten, weil er wusste, dass es sich um seine Schwestern und Brüder Indígenas handelte. Aber er konnte seine früheren Kampfgefährten so nicht zurückgewinnen.

Die neuen politischen Anführer der MAS-IPSP hatten die Teilnahme an den Regionalwahlen im Dezember 1999 geplant und versuchten, diesen Plan auch in die Tat umzusetzen, erreichten jedoch ob der internen Streitigkeiten der CSUTCB sehr niedrige Resultate von insgesamt nur 3,2 Prozent der Wählerstimmen. Wie zu erwarten war, gaben sie Véliz und Quispe die Schuld am Scheitern, obwohl es wahrscheinlich ist, dass auch die Änderung des Parteinamens hierzu beitrug. Es wurde auch klar, dass der Einfluss Evos und der MAS-IPSP hauptsächlich auf die Koka-Anbau-Regionen beschränkt war.

Während die damalige Regierung das Ende der Ära der Koka im Chapare ankündigt, beginnen die Kokabauern symbolisch neu (Chimoré, 12. Dezember 2000)

Während die Indígenas interne Kämpfe um die politische Führung der indigenen Bewegung austrugen, setzte der neue Präsident Boliviens, General Banzer von der *Nationalen Demokratischen Aktion* (ADN) seinen Regierungsplan um. Der Militär war diesmal durch demokratische Wahlen an die Macht gekommen und wollte sich jetzt nach seiner Vergangenheit als Diktator der Weltöffentlichkeit als wahrhafter Verfechter der Demokratie darstellen. Er bemühte sich, die tadellose Figur eines Demokraten abzugeben, die er sein musste, um seinen Schatten aus der Vergangenheit als Diktator abzuhängen.

Er begann seine Amtszeit als Präsident gegenüber den Cocaleros sehr vorsichtig und bedacht. Es wurde bekannt, dass der Koka-Vernichtungsplan im Verzug war. Ungefähr 3000 Hektar mussten sofort beseitigt werden, um die millionenhohe Hilfe aus den Vereinigten Staaten zu erhalten. Er setzte sich mit den Cocaleros in Verbindung, um mit ihnen den sogenannten *Gentlemenpakt* zu unterschreiben. Die jetzt in Gentlemen verwandelten Cocaleros verpflichteten sich, die 3000 Hektar selbst zu vernichten und die Regierung würde im Gegenzug keine Militärs in den Chapare schicken und, wieder einmal, effektivere alternative Bepflanzung fördern. Er sprach von einem nationalen Dialog und erklärte sich sogar bereit, das Gesetz Nr. 1008 neu zu diskutieren.

Aber diese »Politik der weißen Handschuhe« dauerte nicht lange an. Der Präsident zog den *Plan für die Menschenwürde* aus dem Ärmel, der vier Säulen hatte: alternative Landwirtschaft, Verbot und Vernichtung der Koka sowie Rehabilitation und Prävention. Dieser Plan war letztendlich darauf ausgerichtet, die

Ziele des Gesetzes Nr. 1008 umzusetzen, nämlich die Vernichtung der *überschüssigen* Koka-Plantagen.

Banzer erklärte, dass Bolivien innerhalb von fünf Jahren aus dem Teufelskreis Koka-Kokain ausbrechen würde. Er bekräftigte, dass der Erfolg seines Projekts ebenso durch Privatinvestitionen in der Agroindustrie und in den Tourismus sowie die strenge Anwendung der Gesetze gegen die Drogenhändler abgesichert wäre. Er betonte, dass er die Migration von 5.000 bis 15.000 Cocaleros aus dem tropischen Chapare in andere Gebiete erzwingen wolle. Außerdem gab er bekannt, dass der ganze Plan zirka 952 Millionen Dollar erfordern würde[136], die durch internationale Institutionen und durch Beiträge aus der Staatskasse Boliviens finanziert werden müssten.

Der Präsident zweifelte keinen Moment an seinem Plan. Trotz der Abkommen, die er mit den Koka-Bauern unterzeichnet hatte, schickte er eine Truppe repressiver Kräfte, die *Fuerza de Tarea Conjunta* (Kraft der gemeinsamen Aufgabe) genannt wurde und sich aus Polizei und Militär zusammensetzte. Der Amtsinhaber hatte ausreichend Erfahrung in solchen repressiven Maßnahmen gesammelt. Die Regierung schaffte es bis 1999 etwa 16.000 Hektar zu vernichten.[137] Dieses Ergebnis wurde von einer katastrophalen Bilanz auf der Seite der Koka-Bauern begleitet: Dutzende Menschen wurden ermordet.

Morales hatte parlamentarische Repräsentation und genoss Immunität, daher konnte er bei den Vorfällen im Chapare nicht ruhig bleiben. Er musste etwas tun. Als Abgeordneter entwickelte er viele Aktivitäten im Parlament und an der Gewerkschaftsbasis im Chapare und kombinierte, wie er sagte: »die parlamentarische mit der sozialen Aktion.«[138] In dieser Funktion verurteilte er das Massaker an seinen Compañeros Koka-Bauern und die Militarisierung der Region Chapare. Seine Compañeros erklärten, das Evo ausgesprochen besorgt über die Ereignisse im Chapare war. Er begriff, dass er seine Cocaleros mit aller Kraft verteidigen musste. Er erklärte, dass die Koka-Bauern bei dieser brutalen Vorgehensweise der Regierung das Recht hätten, sich zu verteidigen, auch in militärischer Form.[139] Er drohte, den Chapare *in Brand zu setzen* und die Region in dieser dramatischen Situation seiner Leute in einen Bürgerkrieg zu versetzen.

Viele seiner Erklärungen waren voller Aufrichtigkeit. Er meinte, was er sagte. Für seine politischen Gegner ist er einer, der sein Mundwerk nicht im Zaume hält und keine Umgangsformen hat. Der Indígena hatte und hat aber die Eigenschaft, dass er seine Fehler erkennt und sich für sie entschuldigt. Man sieht auch, dass er ein ruhiger Mensch ist. Ein Lehrer seiner Schule sagte: »Die Tugend Evos ist die Geduld, mit der er seinem Gesprächspartner zuhört und die Ruhe, die er besitzt.«

Die Regierung und die regierungskonformen Parlamentarier mochten diesen *militärischen* Widerstand absolut nicht und ließen ihn in drohendem Tone wissen, dass er mit seiner parlamentarischen Immunität spiele.

Alle Personen, die ihn kennen und die wir interviewt haben, sind der Meinung, dass der Indígenas-Führer keine Angst kennt. Er selbst sagte einmal:

Während einer Straßenblockade wehrt sich eine
Frau gegen einen Soldaten (November 2001)

»Evo Morales hat keine Angst, egal ob ihr mich ins Gefängnis steckt, mir mit Mord droht oder mich auf den Friedhof schafft [...]«[140]

Der Anführer der Koka-Bauern scheute keine Anstrengung, seine Wortartillerie gegen den Ex-Diktator zu richten und sagte, dass er die Verbindungen von Verwandten Banzers zum Drogenhandel kenne. Die Presse verbreitete den Fall des Ehemannes einer der Nichten Banzers, der einen Gerichtsprozess wegen Verdacht auf Geldwäsche und andere Delikte laufen hatte.[141] Es ist auch sehr wahrscheinlich, dass ihm bekannt wurde, dass nicht nur während der Militärdiktatur illegale Drogengeschäfte in großem Maßstab abgewickelt wurden, sondern auch, dass der Bruder des Diktators Willy Banzer Ojopi in Miami von der DEA verhaftet wurde.[142] Der Präsident brach daraufhin die Beziehungen mit Evo und den Cocaleros ab. Die Fronten verschärften sich im parlamentarischen wie im außerparlamentarischen Kampf.

Die Regierung setzte die neoliberale Politik ihrer Vorgängerregierungen fort, den Ausverkauf der natürlichen Rohstoffe Boliviens an private internationale Unternehmen. Anfang des Jahres 2001 hatten sie bereits den Vertrag mit dem Konzern *Aguas Tunari* über die Trinkwasserversorgung der Stadt Cochabamba abgeschlossen. In der Bevölkerung dieser Stadt bildete sich eine Bürgerbewegung aus Verbrauchern und sozialen Organisationen gegen diesen Vertrag. Der Konflikt eskalierte, als dieser Konzern die Trinkwasserpreise erhöhte, ohne vorher seinen Service verbessert zu haben. Die gesamte Bevölkerung der Stadt organisierte sich im aktivem Widerstand und es kam zu dem so genannten *Wasserkrieg*.[143]

Morales leitete diesen Volksaufstand zwar nicht, aber er nahm aktiv teil und half in der *Koordinationszentrale für Wasser und Leben* mit. Zwei Jahre später sagte er zu seiner Teilnahme in einem Interview: »Wir haben die Transnationalen bei der Verteidigung des Wassers besiegt und vermieden, dass es privatisiert wird.«[144] Es war diese *Coordinadora*, geführt vom Fabrikgewerkschaftsführer Oscar Olivera[145], die in letzter Konsequenz die Annullierung des Vertrages mit dem Konzern *Aguas Tunari* bewirkte, dessen Kapital größtenteils in ausländischer Hand liegt.

Banzer wollte den Aufstand mit der gleichen Brutalität wie im Chapare niederschlagen, aber diesmal war er gezwungen, dies sogar öffentlich zurückzunehmen zu müssen. Wie nie zuvor gingen die Bewohner der Stadt Cochabamba auf die Straße und wehrten sich gegen die repressiven Übergriffe der Regierungstruppen. Es gab Tote und Verletzte, aber nichts konnte den Bürgeraufstand stoppen. Dieser Kampf, der Monate andauerte, wurde von Straßenblockaden durch die Indígenas des Altiplano und durch die aktive Teilnahme der Landarbeiter des Departamento Cochabamba, die in der Bewässerung arbeiteten, begleitet.

Mit dem Wasserkrieg begann der politische Fall der Verteidiger des Neoliberalismus in Bolivien. Während der ersten Regierung unter Sánchez de Lozada (1993–1997) wurde die Mehrheit der bolivianischen Staatsunternehmen privatisiert, zumindest aller, die rentabel arbeiteten und die Grundlage der Einkünfte für die Staatskasse bildeten. Die Privatisierung bewirkte die Entlassung der Arbeiter und eine Verarmung nicht nur der jetzt arbeitslosen Arbeitnehmer, sondern auch der Mittelschicht, die im administrativen Bereich dieser Unternehmen gearbeitet hatte. Das erzeugte eine Deflation. Am meisten betroffen waren die Kleinbauern, die jetzt den Preis ihrer landwirtschaftlichen Produkte noch weiter senken mussten. Der Staat hatte weniger Einnahmen als vorher und war gezwungen, Maßnahmen wie Steuererhöhungen und Energiepreiserhöhungen z. B. für Erdgas zu ergreifen. Um Zugang zu ausländischem Kapital und sogenannten *Spenden* zu bekommen, mussten die Regierungen die Bedingungen der internationalen Institutionen und der ausländischen Regierungen erfüllen. Die bolivianische Wirtschaft befand sich nicht nur im Teufelskreis Koka – Kokain, sondern auch in dem von Deflation und Arbeitslosigkeit.

Im August 2001 stand Morales dem neuen Präsidenten Jorge Quiroga gegenüber, der aus der Position des Vizepräsidenten aufgrund des prekären Gesundheitszustandes General Banzers in dieses Amt aufgestiegen war. Quiroga, auch *Tuto* genannt, setzte die unerbittliche Politik seines Vorgängers gegen die Koka fort. Am 27. November 2001 verabschiedete die Regierung den Regierungserlass Nr. 26415, welcher den Verkauf von Koka-Blättern auf einem der Märkte des Chapare, Sacaba, verbot.

Der indigene Führer traf sich mit seinen Compañeros und diskutierte mit ihnen die Probleme, die der Regierungserlass mit sich brachte. Die Gewerkschaftsführer und die Basis waren alarmiert, weil sie jetzt ihr Produkt nicht mehr verkaufen konnten. Diese neue Situation war für sie zu ernst, als dass sie schnelle Entscheidungen treffen konnten und es dauerte länger als einen Monat, bis es zu einer offiziellen Äußerung kam. Am 8. Januar 2002 schickten sie an die *Permanente Menschenrechtskommission Boliviens* (APDHB) und an Vertreter der katholischen Kirche ein Schreiben, welches auch von Morales unterzeichnet war. In diesem Schreiben, welches sich auf den erwähnten Erlass bezieht, verurteilt er, dass dieser das Recht auf ihre Traditionen verletzt. Er bietet an, sich für die für die Eröffnung eines Dialoges einzusetzen, um Konflikte zu vermeiden.[146] Es ist sehr wahrscheinlich, dass diese Institutionen bereits begonnen hatten, von ihrer Seite Vermittlungsaktionen in die Wege zu leiten, wie sie es schon oft getan hatten. Aber es ist auch möglich, dass alles durch eine schnelle Abfolge von späteren Ereignissen gelähmt wurde.

Evo gab bekannt[147], dass die Cocaleros am 14. Januar 2002 beschlossen hatten, einen friedlichen Marsch durchzuführen. Drei Tage später begann tatsächlich eine Demonstration der Koka-Produzenten im Stadtzentrum von Sacaba, das zur Provinz Chapare gehört und 12 Kilometer von der Stadt Cochabamba entfernt liegt. Dieser Straßenprotest endete mit einem Zusammenstoß der Ordnungskräfte mit den Demonstranten. Es kam zum Übergriff, als die Demonstranten versuchten, das Gebäude der *Generaldirektion der Koka* (DIGECO) zu besetzen. Das Ergebnis dieser Konfrontation waren sieben Tote: drei Landarbeiter, drei Soldaten und ein Polizist.[148] Der Tod der Militärs bewirkte wahrscheinlich, dass die Feinde des Indígena mit ihrer *Geduld* am Ende waren. Die bolivianische Legislative und Exekutive setzten nun ihre gesamte Maschinerie in Gang, um ihn damit Tage später in der Abgeordnetenkammer abzusetzen.

Das Parlament versammelte sich am 22. Januar 2002, und laut der Informationen, die bekannt wurden[149], war geplant, Evo Morales als Parlamentarier auszuschließen. Ohne größere Einwände wurde eine Resolution verabschiedet, die von der Mehrheit der im Parlament sitzenden Abgeordneten angenommen wird. Diese forderte ein beschleunigtes Urteil der Ethik-Kommission des Parlaments. Die Kommission legte danach einen Bericht vor, der dem Angeklagten unterstellte, dass er »seine parlamentarische Immunität ausgenutzt hat, um gewalttätige Aktionen zu fördern und anzuführen, die ihrerseits Delikte und Verbrechen auslösten.«[150] Am Donnerstag, dem 24. Januar 2002 um 3.20 Uhr nachts, beschließen die Parlamentarier mit zwei Drittel der Stimmen den Ausschluss des Abgeordneten Morales.[151] Damit konnte er als intellektueller Drahtzieher verklagt, verfolgt und jederzeit eingesperrt werden.

Der Indígena zeigte bei vielen Gelegenheiten Nerven aus Stahl und jetzt war es nicht anders. Er ließ sich nicht unterkriegen und griff seine Verleumder an, berichten Personen, die den Prozess aus nächster Nähe miterlebt hatten.[152] Bevor es zur Abstimmung über seinen Ausschluss kam, attackierte er seine politischen Feinde. Er klagte sie an, die Entscheidung über den Ausschluss

Einrichtungen der DIGECO (Dirección General de la Coca)
in Sacaba/Chapare brennen (Januar 2002)

käme von der US-Botschaft. Er sagte, er habe interne Informationen. Er wiederholte, dass die Mobilisierungen im Rahmen der Erfüllung gewerkschaftlicher Demokratie durchgeführt worden und nicht seinen persönlichen Launen entsprungen waren. Er stellte fulminante Fragen: »Warum verfolgt und bestraft ihr nicht die Verantwortlichen für 50 ermordete Campesinos während dieser Amtszeit? Sollte es sein, dass die 50 ermordeten Campesinos keine richtigen Bolivianer sind, sondern Bürger zweiter Klasse ohne jegliche Rechte?«[153] Er erklärte, dass die »Landarbeiterbewegung nie das bolivianische Volk angelogen oder die internationale Gemeinschaft getäuscht hat. Wir haben gesagt, dass es *null Koka* nicht gibt und auch nicht geben wird, und wenn ihr die gesamte bolivianische Armee in den Chapare schickt.«[154]

Sofort nach seinem Ausschluss trat er für viele Tage im Hungerstreik und wurde von der städtischen Bevölkerung unterstützt. Es wurde vom *parlamentarischen Helden* gesprochen. Im März 2002 legte Evo Morales unter Beratung einer Gruppe von Juristen Widerspruch vor dem Verfassungsgericht gegen die legislative Resolution wegen Verletzung seiner Rechte unter Annahme von Unschuld und parlamentarischer Unverletzbarkeit ein. Später wird seinem Antrag auf Nichtigkeit stattgegeben, weil bei der Abstimmung etwa ein dutzend Stimmenthaltungen als Votum für den Ausschluss gezählt worden waren.[155] Als er von dieser positiven Entscheidung erfuhr, wandte der juristische Gewinner des Prozesses sich an die Parlamentarier, die seinen Ausschluss bewirkt hatten und bezeichnete sie als »Diener und *llunkus* der Botschaft der Vereinigten Staaten.« *llunku* bedeutet im Quechua soviel wie Opportunist oder Käuflicher.[156]

Frauen widersetzen sich der Anwesenheit der Beamten der
US-amerikanischen FTC (Federal Trade Kommission), Mai 2003

Nicht nur stellte die Judikative die Rechte des Cocalero-Parlamentariers
wieder her, die Regierung Quiroga war auch gezwungen, den Erlass, welcher
den Koka-Verkauf in Sacaba verbot, aufzuheben.

Für den Cocalero-Führer hatte die Vernichtungspolitik gegen die Koka einen
hohen Anteil an Auflagen aus den USA. Und er sah von seiner Seite aus die
fatalen Folgen für seine Kultur. In einem Interview erklärte er: »Die Vereinigten
Staaten wollen, dass wir Indios Quechua und Aymara verschwinden, die wir die
Koka unserer Vorfahren anbauen und konsumieren. [...] mit dem *Plan Dignidad*
werden wir zu Drogenhändlern und nach 11. September sind wir Terroris-
ten.«[157] Er brachte sich schon eine Weile in den politischen Kampf ein und wie
es aussah, entwickelte er sich mit viel Erfolg. Der *Plan por la Dignidad*, der *Plan
für die Menschenwürde*, erreichte sein Ziel *null Koka* nicht. Es verblieben 6.000
Hektar[158], aber aus diesem Prozess ging ein gestärkter Cocalero-Politiker hervor.

Die
Auseinander-
setzung
mit den Konkurrenten

Ein Kandidat mit Gewissen für das Präsidentenamt Boliviens

März 2002

Der Führer von tausenden Koka-Bauern im Chapare wurde zum Führer von Millionen Indígenas in Bolivien. Mit seinem Ausschluss aus dem Parlament begann er auch die Sympathie der durch das politische und wirtschaftliche System Boliviens verarmten und verzweifelten Städter auf sich zu ziehen. Seine Nominierung als Präsidentschaftskandidat der MAS-IPSP für die Wahlen am 30. Juni 2002 war für die Anhänger von Morales eine logische Konsequenz.

Bei einer Massenkundgebung am 5. März 2002 in der Stadt La Paz wurde Evo als offizieller Kandidat seiner Partei proklamiert, begleitet von Rufen wie *causachun coca* – Es lebe die Koka! und *wanuchun yanquis* – Yankees sterbt! Bei dieser für die MAS-IPSP historischen Veranstaltung, waren nicht nur Koka-Bauern, sondern auch Bergleute, Arbeiter und hochdotierte Persönlichkeiten Boliviens anwesend: Eusebio Gironda, Oscar Olivera, Antonio Peredo, Leonilda Zurita und der Filmemacher Jorge Sanjinés.[159] Bei dieser Gelegenheit sagte der erste indigene Präsidentschaftskandidat Boliviens unter anderem: »Compañeros, nehmen wir die Herausforderung an, für das zu kämpfen, was uns gehört. Als Bauern sind wir die Herren unserer natürlichen Rohstoffe. Unglücklicherweise haben es sich die Regierungen dieses Landes zur Aufgabe gemacht, diese ans Ausland zu verkaufen. Lasst uns gemeinsam ein neues Vaterland erschaffen, ein *Pachacuti*, eine Vergangenheit, die wiederkehrt. Die heutige Konfrontation ist die des Geldes mit dem Gewissen. Seid euch dessen unbedingt klar: das menschliche Kapital ist wichtiger als das finanzielle.«[160] Hier formuliert er eines seiner Hauptargumente, das er immer wieder benutzen würde: *das Gewissen*. Bei vielen Gelegenheiten wiederholte er, er sei der Kandidat des Gewissens.

Bewusst oder unbewusst richtete er sich mit diesem Konzept an alle bolivianischen Staatsbürger: die Indígenas bat er, damit aufzuhören, jene zu wählen, die sie ausgeschlossen haben und weiterhin ausschließen. Von den Nicht-Indígenas forderte er, für immer ihr rassistisches Verhalten abzulegen und in erster Instanz an ihren menschlichen Charakter zu denken und nicht eine *zu Metall gewordene Geldmentalität* zu leben.

Nach dieser Bekanntgabe reiste er am 22. März 2002 nach Frankreich. Dort traf er den berühmten französischen Globalisierungsgegner José Bové, auch bekannt geworden als der Demolierer von McDonalds, und nahm an einer großen Demonstration teil. Ihm nahestehende Personen bestätigen, dass er mit frischen Kräften nach Bolivien zurückkam, wissend, dass es noch Andere auf der Welt gibt, die gegen das neoliberale Modell und gegen den Hunger kämpfen.[161]

Bei den ersten Umfragen einen Monat vor der Präsidentschaftswahl 2002 waren die Favoriten Sánchez Lozada von der *Nationalen Revolutionären Bewegung* (MNR), und Manfred Reyes Villa von der *Neuen Republikanischen Kraft* (NFR). Die MAS-IPSP erreichte nur 4 Prozent prognostizierte Wählerstimmen.

Passbild von Evo Morales

Laut diesen Umfragen war sie eine politische Partei ohne jegliche Perspektive ins Parlament zu kommen. Morales' Antwort auf die Umfragen war: »Ich glaube, wir können weiter wachsen. Das Volk erwacht langsam [...] und ich glaube nicht an Umfragen. Die sagen immer irgend etwas, aber am Ende werden wir mehr Stimmen als erwartet haben.«[162] Er war eher über den Grad der Akzeptanz seiner Partei in den Gewerkschaftsorganisationen und kommunalen Organisationen besorgt als über die Untersuchungen der Umfrageinstitute. Deshalb fuhr er mit seinem Plan der Annäherung an die soziale Basis fort.

In vielen Interviews nach den Wahlen ließ Morales wissen, dass die Führer seiner Partei mit Unterstützung vieler junger Leute und einigen professionel-

Evo Morales' blaue Chamarra mit dem Slogan der MAS für die Wahl

len Freunden die Wahlpropaganda für ihn ausgearbeitet hatten. Und diese Gruppe von Enthusiasten entwickelte eine sehr gut durchgedachte Kampagne, die viel bildhafter als die seiner Konkurrenten oder irgendeiner Marketingfirma war. In einem Fernsehspot wurde eine Indígena gezeigt, die aufforderte: »Wählt nach Eurem eigenen Gewissen und nicht nach dem, was Euer Chef vorschreibt.« Die Gedankengänge Evos wurden in diesem Slogan mehr als klar und lösten sich vom Klassendenken. Seine Botschaft war an die Moral und das Gewissen aller und jedes einzelnen Wählers gerichtet. Erinnern wir uns, dass Bolivien u. a. die Liste der korruptesten Länder der Welt anführt. Die bolivianische Öffentlichkeit sprach von einer *Hyperkorruption*.163

Der ethnische Aspekt war auch in diesem Fernsehspot enthalten und viele Mestizen und Indígenas bestätigten: »Lasst uns uns selbst wählen. Wir wählen MAS!«. Der offizielle Wahlslogan *Somos Pueblo, Somos MAS* spielt im Spanischen mit dem Doppelsinn des Kürzels der politischen Partei und bedeutet: »Wir sind das Volk, wir sind mehr/MAS!« Der Spot war ausgezeichnet, weil er beim einfachen Volk schnell ankam.

Obwohl Evo darauf besteht, dass alles eine Gemeinschaftsarbeit war, lassen die verfügbaren Informationen erkennen, dass er selbst einen enormen Beitrag zu dieser Medienpräsenz vor der Wahl geleistet hat. Noch vor der Wahl, im Juni, lieferte er ein Dokument ab, welches den Titel *Die Stunde hat geschlagen!* trug. Einige Teile des Inhalts lassen die tiefe Gefühlswelt des indigenen Führers verstehen und drücken seine Erfahrungen aus: »Wir haben eine bittere Erfahrung machen müssen. Es gibt ungefähr 100 Familien, die sich Bolivien angeeignet haben und davon leben, uns auszubeuten. Sie demütigen und mar-

Werbekalender mit dem Slogan *Die Stunde hat geschlagen*
(in spanisch in großen Lettern geschrieben, in Quechua und Aymara kleiner

ginalisieren uns nicht nur, sondern sie foltern, ermorden und massakrieren uns. *Die Stunde hat geschlagen!* dieser Parasiten-Klasse, die vor der Botschaft der Transnationalen zu Kreuze kriecht und gegen uns das *Regime der Gewehrkugeln* führt, zu sagen: Es reicht!«[164] Er nutzte ein schlichte und verständliche Sprache und keine gekünstelten Worte, wie sie von einigen Intellektuellen gebraucht werden, um Labyrinthe von Sätzen zu schaffen, die den Leser verwirren.

Der Titel des Dokumentes, der später zu einer verbalen Botschaft von unglaublichem Effekt wurde, konnte nur von einem Indígena kommen, der sehr viel Gewandtheit vor den Medien besitzt. Kein Wahlwerbungsexperte, woher er auch immer käme, hätte sich das ausdenken können. Es handelt sich bei *Die Stunde hat geschlagen!* um einen Ausspruch, der häufig sowohl im Quechua (*kunanma kunanga*) als auch im Aymara (*jichapi jichaxa*) verwendet wird.

Das politische Programm, das die Morales-Partei ihrer Wählerschaft vorlegte, reflektierte die Interessen ihrer sozialen Basis. Eine *Neue Nation* mit einer Verfassunggebenden Volksversammlung zu gründen, Grund, Boden und Rohstoffe den *Ursprünglichen Nationen* zurückzugeben, die Koka als Leben, Identität, Kultur und Teil des *Nationalerbes* zu betrachten, der *Krieg gegen die Korruption* und weitere Punkte waren die Säulen dieses Parteiprogramms.[165]

Bis zu ihrem definitiven Triumph behielt die MAS-IPSP konstant diese Art und Weise bei, ihre Kandidaten zu nominieren. Die soziale Basis wählte die Kandidaten aus. Diese Zauberformel, die sie seit ihre Teilnahme an den Präsidentschaftswahlen anwandte, hatte sie den Gegnern weit voraus. Der mit diesem System gewählte Kandidat hatte den sicheren Rückhalt seiner sozialen

Evo mit einer Krone aus Koka-Blättern und Blumengirlanden geschmückt

Organisation und ihrer gesamten Infrastruktur. So müssen zum Beispiel der Presse- und Propagandasekretär die Werbung für den Parteikandidaten organisieren und der Schatzmeister die entsprechenden finanziellen Mittel für diesen Zweck bereitstellen und verteilen.

Allerdings brachte diese Herangehensweise auch Probleme bezüglich der Öffnung gegenüber anderen Sektoren und angesehenen Persönlichkeiten in der Zivilgesellschaft mit sich. Effektiv gab es so viele gewichtige soziale Organisationen, die nicht zur indigenen Partei gehörten, genau wie ehrliche und in der Zivilgesellschaft anerkannte Persönlichkeiten, die ihr ebenfalls nicht zugehörig waren. Also war die Intervention des Präsidentschaftskandidaten notwendig, um diese Kandidaturen zu ermöglichen. Morales berichtete, dass er in der Stadt La Paz streng durchgreifen musste, damit die MAS-Führung dieser Stadt nicht in der Form wie die herkömmlichen Parteien die Mehrheit der Kandidaten stellten.[166] Seine Devise: »Der Politik dienen, ohne sich zu bedienen« wurde nicht immer von seinen Parteimitgliedern verstanden.

Eine der verantwortungsvollsten Aufgaben war die Suche eines Sozius für die Kandidatur zum Vizepräsidenten. Es wurde eine Kommission gebildet, die sich dieser Aufgabe widmete. Alle waren sich einig, dass es ein Nicht-Indígena, also ein Weißer sein sollte. Es gab viele Vorschläge, aber niemanden kam es in den Sinn, dass es einer von ihnen sein könnte. Journalisten schlugen Antonio Peredo vor.[167] Ricardo Díaz berichtet in seinem Buch *Evo ... Rebellion der Koka*[168], dass Peredo ursprünglich Mitglied dieser Kommission gewesen war. Einem Vorschlag von außen folgend, entschied Morales sich eine neue Kommission zu bilden, um mit dem zukünftigen Vizepräsidentschaftskandidaten zu sprechen, der später die Kandidatur annehmen sollte. Hier sieht man wieder eine der Praktiken des indigenen Politikers. Die Designierung der Kandidaten darf nicht in der Hand einzelner liegen oder eine individuelle Entscheidung der Parteispitze sein, sondern die Nominierung ist Ergebnis eines kollektiven Prozesses.

Die Wahlkampagne von Morales lief anfangs einen normalen Weg ohne spektakuläre Ereignisse. Die politischen Favoriten würdigten diese *Randpartei* nicht einmal eines Wortes. Der indigene Politiker bestand darauf, mit den favorisierten Kandidaten zu debattieren, die sich nicht einmal dazu herabließen, ihre Ablehnung ihm gegenüber zu erklären. Die Presse war noch viel weniger am »Indio-Kandidaten« interessiert. Es gab aber auch Personen, die übermäßig besorgt waren, nämlich von der Botschaft der Vereinigten Staaten von Amerika. Nach den Wahlen bestätigte der indigene Kandidat in einem Interview, dass die Botschaft der USA Monate vor der Wahl eine Umfrage gemacht hätte, bei der seine Partei an zweiter Stelle stand, was in der Botschaft große Besorgnis verursachte.[169]

Diese Besorgnis bestätigt, dass die nordamerikanischen Diplomaten zumindest vermuteten, dass die MAS möglicherweise den zweiten oder dritten Platz bei den Wahlen belegen würde und dass sie aber auch davon ausgingen, dass keine der favorisierten Parteien die absolute Mehrheit erreichen würde. Entsprechend dem bolivianischen Wahlsystem läge die Entscheidung dann beim Parlament und es wäre notwendig, Bündnisse einzugehen. Bei dieser Verteilung der Kräfteverhältnisse war es also nicht ausgeschlossen, dass Bündnisse mit dem Indígena eingegangen werden und dieser bis in die Regierung aufsteigen könnte.

Also konnte besagte Botschaft nicht passiv abwarten, bis sich dieser Alptraum in Wirklichkeit verwandelte. Sie mussten etwas tun. Am 12. Juni 2002 wies der Verantwortliche für Drogenbekämpfung der Botschaft der Vereinten Staaten darauf hin, dass sein Land das Umfeld des Koka-Bauern-Führer im Parlament nicht mit Wohlwollen sieht.[170] Einige Tage später forderte Evo Morales den Botschafter der Vereinigten Staaten zur Debatte, weil er seiner Meinung nach der war, der Bolivien regierte.[171] Viele schüttelten die Köpfe, viele hielten es für einen Witz. Wenige Politiker nahmen seine Erklärung ernst. Es war klar, dass ein Debatte dieser Art nicht zustande kommen würde, das wusste auch der Cocalero-Führer. Allerdings zeigen die nachfolgenden Ereignisse auf diese Streitigkeiten mit den Vertretern der Botschaft, welche Werbestrategie der Indígena im Kopf hatte, der immer ein sehr kreativer Mensch auf dem Gebiet der Politik und der Medien war.

Aber die *Gringos* insistierten. Drei Tage vor der Wahl reiste der Botschafter der Vereinigten Staaten Manuel Rocha in den tropischen Teil des Chapare und richtete bei einer Veranstaltung, bei der auch der amtierende Präsident Jorge Quiroga anwesend war, eine Erklärung an alle Bolivianer: »Ich möchte Sie daran erinnern, dass Sie falls sie die wählen, die Bolivien wieder zum Kokainexportland machen wollen, die zukünftige Hilfe der Vereinigten Staaten aufs Spiel setzen.«[172] Obwohl Rocha später sagte, man hätte ihn falsch verstanden, mochte niemand auf diesen Einwand hören. Selbst Sánchez de Lozada protestierte. Allen war bekannt, das Manuel Rocha, der auch *der Vizekönig* genannt wurde, sehr viel Einfluss in den politischen Kreisen Boliviens hatte. Der Indígena antwortete mit großer Gelassenheit: »Im Moment haben wir sowieso kein Geld für Werbung in den großen Medien und das bringt uns Publicity, ich werde Rocha also zum Chef unserer Wahlkampagne erklären.«[173]

Rochas Erklärungen, die von der bolivianischen Presse veröffentlicht wurden, bewirkten, dass sich die Reihen der Cocalero-Organisationen schlossen. Darüber hinaus beschworen sie die *Anti-Gringo-Einstellung* vieler Bürger herauf. Dass Sánchez de Lozada Nordamerika den Vorzug gab, war bekannt und von Reyes Villa wusste man, dass er Einfluss in den Vereinigten Staaten hatte. Als einziger Anti-Gringo blieb Morales übrig und die Wähler sollten sich in dieser Annahme nicht irren.

Am 3. Juni 2002 fanden die Wahlen statt und die Ergebnisse waren in der Tat überraschend. Morales erreichte 20,94 Prozent der Stimmen und blieb damit knapp vor dem ursprünglich größten Favoriten Manfred Reyes Villa mit 20,91 Prozent von der NFR. Damit lag er nur 1,5 Prozentpunkte hinter Sánchez de Lozada von der MNR mit 22,45 Prozent, der versuchte, die zweite Amtszeit anzutreten. Paz Zamora von der *Linken Revolutionären Bewegung* (MIR) war Vierter mit 16,3 Prozent und auf dem fünften Platz mit 6,1 Prozent, blieb der andere indigene Kandidat, Felipe Quispe Huanca, Generalsekretär des CSUTCB und Parteichef der *Indigenen Bewegung Pachacuti* (MIP) zurück.

Es schien, dass sich alle auf die eine oder andere Weise bezüglich der generellen und steigenden Unzufriedenheit in der bolivianischen Bevölkerung verschätzt hatten. Der indigene Politiker selbst war äußerst überrascht vom Resultat: »Wir sind sehr ermutigt, aber auch nervös, denn als zweitstärkste Partei können wir auch an die Regierung kommen. Um ehrlich zu sein, erschreckt uns das ein wenig. Wir haben überhaupt nicht damit gerechnet, so weit nach vorn zu kommen. Wir haben mit höchstens 15 Abgeordneten gerechnet und jetzt sind es 25 und es könnten sogar 27 werden, weil die Endauszählung noch nicht vorliegt. Wir stellen jetzt 8 Senatoren. Die Wahlen haben die Einstellung des Volkes gegen das System gezeigt.[174] Die Bolivianer sind Opfer des neoliberalen Modells und haben bewusst unser politisches Projekt unterstützt, welches sich diesem Modell entgegenstellt.«[175] Der Cocalero, der immer sagte, dass er keine Angst kenne, war plötzlich erschrocken. Aus den Interviews hörte man heraus, dass die MAS nicht darauf vorbereitet war, zu regieren und es fehlte noch viel, bis diese Situation eintreten sollte.

Morales stellte sich bei dieser Wahl ebenfalls als Abgeordneten-Kandidat und erreichte in seinem Wahlkreis 81,3 Prozent der Wählerstimmen. Das war ein wichtiger Sieg in seiner politische Karriere. Er kehrte mit 35 Parlamentariern, zusammengesetzt aus Cocaleros und Arbeitern, ins Parlament zurück. Die linken Intellektuellen hatten sich mit der MAS-IPSP und mit den Indígenas-Führern aus dem Altiplano und dem Osten Boliviens liiert. Evo lag weit vor den anderen indigenen Führern. Der Indianist Felipe Quispe mit seinen extremen Positionen schaffte es zwar, ins Parlament zu kommen, aber nur mit sechs Abgeordnetensitzen. Alejo Véliz trat als Kandidat für die Vizepräsidentschaft unter Reyes Villa an, war aber weniger als der Schatten dieses Präsidentschaftskandidaten.

Seit diesen Wahlen konnte die bolivianische Politik Evo Morales und seine Partei nicht mehr ignorieren und er war sich dieser Rolle überaus bewusst.

Zwei Dinge aber blieben unbemerkt. Sie zeigen die Ethik der Politik von Evo Morales. Zum Einen schuldete der Staat ihm Monate seines Parlamentariergehaltes, das ihm zustand, weil sein Ausschluss annulliert worden war und der indigene Politiker verzichte freiwillig auf diese Zahlung. Zum Zweiten zahlte er Gelder zurück, die der Staat ihm für die Wahlkampagne der MAS zur Verfügung gestellt worden waren.[176] Entsprechend der vorliegenden Informationen, kann man sagen, dass er ein Bild der Ehrlichkeit seiner Person, des Indígena mit reinem Gewissen, und seiner Partei schaffen wollte. Ein Bild, das die Öffentlichkeit annehmen würde, weil sie der Korruptionsskandale müde war.

Es entsprach nicht seiner Politik, sich in irgendwelche Machenschaften zu verstricken, um gewählt zu werden. In einem Interview mit der spanischen Tageszeitung *El País* sagte er: »Wir werden keine Geschäfte machen, um regieren zu dürfen. Die Stimmen müssen freiwillig von den anderen Parteien kommen, die unsere Prinzipien teilen.«[177] Der Gewinner Sánchez de Lozada traf Vereinbarungen mit NFR, MIR, MBL (*Bewegung Freies Bolivien*) und anderen kleinen Parteien, um seine zweite Amtszeit antreten zu können. Es war zu erwarten, dass keine dieser Parteien anstrebte, dass Morales an die Spitze kam.

Die Auseinandersetzung mit dem *Gringo*

September 2002

Evo Morales und der neue Präsident Sánchez de Lozada, auch von vielen *Goni* und von den Indígenas *Gringo* genannt, kannten sich aus den neunziger Jahren sehr gut als politische Rivalen. Aber die politischen und wirtschaftlichen Bedingungen hatten sich seitdem geändert. Ab dem 6. August 2002 musste der eine das abgenutzte System mit einem Stab schon zum Überdruss bekannter Politiker verteidigen. Der andere war Parlamentarier und hatte ein Team frischer Mitarbeiter voller Energie, die die zweite politische Kraft Boliviens stellten. Schon vor Amtsantritt des Präsidenten sagte sein politischer Gegenspieler: »Wenn unsere Vorschläge vom Parlament nicht angenommen werden, gehen wir auf die Straße.«[178]

Die Regierung legte ihren aus zwölf Punkten bestehenden *Plan Bolivia* vor, die unter anderem waren: Verfassungsreform durch ein Referendum, Veränderungen bei der Wahl der Wahlkreisabgeordneten und Aufhebung der parlamentarischen Immunität im Falle der Korruption. Außerdem stand der Abschluss eines Vertrages in Millionenhöhe über den Erdgasexport bevor.[179]

Schon einige Tage nachdem der Präsident sein Mandat angenommen hatte, kam es zu Konfrontationen der Ordnungskräfte mit den Koka-Bauern im Chapare. Der Cocalero-Führer Feliciano Mamani erklärte vor der Presse, dass Evo Morales informiert worden war und die Wiederbelebung der Selbstverteidigungskomitees befürwortet hätte.[180]

Der *Gringo* und der *Indígena* bewahrten die Contenance und verschärften den aufgetretenen Konflikt nicht weiter. Die neuen Parlamentarier unter ihrem Führer, hatten vor, nachhaltige Veränderungen zu erreichen und schlugen die Ersetzung des Gesetzes Nr. 1008 durch ein *Koka-Generalgesetz* vor.[181] Die Regierung erklärte ihrerseits die Notwendigkeit des Dialogs und diese Initiative wurde sofort von den Cocaleros angenommen. Somit saßen sich die bekannten Gesichter am 13. September 2002 erneut am Verhandlungstisch gegenüber. Sie trafen sich viele Male. Es ging wieder einmal um die Vernichtung der Koka-Felder, die Militarisierung der Chapare-Region und um die alternative Landwirtschaft.[182]

Den Informationen der bolivianischen Presse kann man entnehmen, dass beide Seiten daran interessiert waren, das Gesetz Nr. 1008 zu ändern.[183] Sánchez de Lozada benutzte ein logisches Argument: es war an der Zeit, das in den achtziger Jahren verabschiedete Gesetz zu aktualisieren. Alles deutete darauf hin, eine *Pause* bei der Koka-Plantagen-Vernichtung einzulegen und möglicherweise Militär aus der Chapare-Region abzuziehen. Der Vorschlag dieser *Pause* durch die Regierung weckte ein außerordentliches Interesse bei den Koka-Bauern.

Während die Interessierten über diese *Pause* verhandelten, wurde der Vernichtungsprozess ohne jegliche *Pause* unter aktiver Teilnahme der Armee fortgesetzt. Und wie es schon so oft vorgekommen war, wurde ein Cocalero getötet.

Mit *Brüdern* seiner Partei vor den Wahlen 2005

Die bolivianische Presse teilte dazu mit: »Dieser Vorfall ereignete sich wenige Stunden nachdem der Präsident Sánchez de Lozada und der Abgeordnete Morales eine Waffenruhe vereinbart hatten, um über die Vernichtung der Koka-Felder zu verhandeln.«[184] Trotz dieser Verschärfung des Konflikts zeigte sich noch einmal der Wille beider Parteien, die Probleme im Dialog zu klären um ihre jeweiligen strategischen Ziele weiter zu verfolgen.

Den Repräsentanten der USA gefiel dieses *Kokettieren* und die öffentlichen Äußerungen der Beteiligten über die eventuelle Abänderung des Gesetzes Nr. 1008 und die Pause bezüglich der Vernichtung der Koka-Plantagen überhaupt nicht. Evo sagte klar, dass die USA alles daran setzen würde, diesen Dialog zu unterbrechen. Stanley Schrager dementierte diese Anschuldigungen.[185] Am 17. Juli 2002 gab der US-Politiker Otto Reich folgende Erklärung ab: »Die Vereinigten Staaten werden zwar Bolivien nicht alle Hilfe streichen, wenn sich die strenge Politik bezüglich der Koka-Vernichtung ändern sollte, aber sie können sie nur aus dem *APTDEA-Fond* unterstützen[186], wenn die Vernichtungspolitik fortgesetzt wird.«[187] Die bolivianische Presse kommentierte es danach folgendermaßen: »Die Botschaft der Vereinigten Staaten hat neulich über einen Pressesprecher mitteilen lassen, dass sie die Pause in der Koka-Vernichtung, die der Koka-Bauern-Führer und Parlamentarier Morales vorgeschlagen hat, nicht mit Wohlwollen aufnimmt.«[188]

Je mehr Zeit verging, um so mehr lichteten sich die Wolken, welche die wirklichen Intentionen der Regierung verhüllt hatten. Es wurde klar, dass die Regierung Zeit für die Vernichtung der Koka-Felder gewinnen wollte. Und letztendlich stellten sie klar, dass solange das Gesetz gültig war, dieses auch angewandt werden würde, unabhängig davon, wie viele Ideen ausgesprochen und diskutiert würden.

Diese Situation wurde für Evo und seine Freunde an der Führungsspitze unerträglich. Sie trafen sich mit den Koka-Produzenten des Chapare des Departamento Cochabamba und der Yungas des Departamento La Paz. Sie diskutierten und wägten verschiedene Methoden des sozialen Druckes ab. Morales trat mit Repräsentanten der sozialen Sektoren in Kontakt, unter anderem mit dem *Gewerkschaftsdachverband der Arbeiter Boliviens* (COB), um sich über deren Absichten zu erkundigen und mögliche Mobilisierungen der städtischen Arbeiter zu koordinieren.

Und dann kam der Tag, an dem der Plan umgesetzt werden sollte. Am 13. Januar 2003 begannen massive Straßenblockaden unter der Führung und Koordination des Indígena. Dieser harten Druckmaßnahme schlossen sich die Organisationen der bolivianischen Lehrer, der landlosen Landarbeiter, der Handwerker, der Siedler und andere lokale Organisationen an.[189] Morales und seine Parteimitglieder waren mobilisiert, organisierten und koordinierten die Straßenblockaden. Die indigenen Landarbeiter, die an den Hauptverbindungsstraßen zwischen den verschiedenen Departamentos und Städten lebten, schleppten große Felsbrocken auf diese Transportwege. Auf diese Art und

Weise wurden Hunderte von Kilometern Straße für den Verkehr unbenutzbar gemacht.

An diesen Tagen der Blockade wurde das *Estado Mayor de Pueblo* (Generalstab des Volkes) ins Leben gerufen. Es handelte sich um eine Koordinationszentrale für die verschiedenen Aktionen des sozialen Drucks auf städtische und ländliche Sektoren. Der Indígena-Führer erklärte zur Überraschung vieler, dass die Koka nicht das Hauptthema wäre, sondern dass es ein landesweites Bewusstsein gäbe, die Interessen Boliviens zu verteidigen. Er forderte, dass kein Erdgas nach Chile exportiert werden dürfe und äußerte sich gegen das Amerikanische Freihandelsabkommen ALCA.[190]

Sánchez de Lozada verurteilte die Aktionen, die zur Lahmlegung des Verkehrs führten, weil sie wirtschaftliche Verluste zur Folge hätten und rief erneut zur Verhandlung. Evo antwortete darauf: »Sánchez de Lozada spricht von wirtschaftlichen Problemen, aber er sieht nicht, dass der Sektor der Arbeiter und Bauern schon seit dem Gesetz Nr. 21060 blockiert ist.«[191], und bezog sich auf dieses neoliberale Gesetz, welches 1985 in Kraft getreten war. Und er sagte, er setze sich nur an den Verhandlungstisch, wenn alle Beteiligten aus dem letzten Konflikt dies auch dürften.

Nach drei Tagen, an denen der Verkehr stillstand, nahmen die Protagonisten, jetzt als Teil des *Generalstabes des Volkes*, den von der Regierung vorgeschlagenen Dialog an. Diesmal wurden viele Verhandlungstische eröffnet. Die Regierung schien bestrebt zu sein, die Organisationen zu beschäftigen. Dieser *Generalstab* sollte mit Kopf und Fuß an den Verhandlungstischen festgebunden werden.

Sánchez de Lozada begann gleichzeitig Gespräche mit dem Indianisten Felipe Quispe in Huajata, einem Dorf im Departamento La Paz. Ebenso verfuhr er mit den Mitgliedern des *Gewerkschaftsdachverbandes der Arbeiter Boliviens* (COB). Der bolivianische Staatschef hatte die offensichtliche Absicht, die sozialen Organisationen Boliviens mit dem größten Störpotential unter Kontrolle zu bekommen. Bis zum 12. Februar wurden die Versammlungen an den Verhandlungstischen fortgesetzt.

Bezüglich der Koka blieben beide Seiten, Regierung und Cocaleros, bei der Pause in der Koka-Vernichtung. Es gab aber einen beträchtlichen Unterschied bei der Interpretation ihres Ausmaßes. Während die Regierung die Pause nur als ein Stopp bezüglich neuer Koka-Felder verstand, sagte Evo, dass die Pause einen Stopp der Vernichtung aller existierenden Koka-Felder bedeutete und nicht nur der neuen Plantagen. Er bekräftigte, dass sie weitere Pflanzungen unterlassen würden, wenn die Regierung die Vernichtung der vorhandenen Plantagen stoppt. Er drohte sogar an, neue Pflanzungen durch das gemeinschaftliche Arbeitstauschsystem *ayni* zu beschleunigen, falls die Regierung der Vernichtung der Koka-Felder keinen Einhalt gebiete.[192]

Nicht nur die Pause sondern auch der Initiativ-Vorschlag der Regierung, eine Marktstudie zum Koka-Konsum anfertigen zu lassen, wurde von den Cocaleros willkommen geheißen.[193] Diese Regierungsvorschläge waren dennoch nur Köder, um sie zu beschäftigen. Der *Gringo* brauchte sozialen Frieden, um seinen nationalen Haushaltsplan für 2003 herauszubringen.

Am 13. Februar 2003 erklärte die Regierung ihr wirtschaftliches Maßnahmenpaket, das unter anderem eine Steuerreform festlegte, die im Endeffekt eine Steuererhöhung bedeutete. Bolivianische Analytiker bestätigten, dass es sich um eine Auflage des Internationalen Währungsfonds (IWF) handelte, um das vorhandene Steuerdefizit zu sanieren. Wie zu erwarten war, gingen die sozialen Organisationen nicht sofort auf die Straße, weil sie an die Verhandlungstische gefesselt waren. Zur Überraschung aller, war es die Polizei, die mit Revolten und Demonstrationen begann, gegen die Steuererhöhung, von der sie ebenso betroffen war, zu protestieren. Daraufhin wurde die Militärpolizei der Streitkräfte eingesetzt, um die Proteste der Polizei zu stoppen. Personen, die bei diesen Ausschreitungen anwesend waren, berichten von Heckenschützen auf den Balkonen der umliegenden Gebäude und von Schiessereien zwischen den demonstrierenden Polizisten und der Militärpolizei auf dem Hauptplatz der Stadt La Paz vor dem Regierungspalast mit einer beträchtlicher Anzahl von Toten und Verletzten kam. Dieses tragische Ereignis sollte später *Febrero Negro*, Schwarzer Februar, genannt werden.

Die Führer der COB riefen einige Tage später zu einer massiven Demonstration auf. Die Cocaleros beteiligten sich in Form von Straßenblockaden. Sánchez de Lozada musste zurückweichen und hob den nationalen Haushaltsplan für 2003 auf.

Morales war von den Übergriffen des Militärs überrascht. Er traf sich zu dieser Zeit gerade mit dem Präsidenten der Privatunternehmer Boliviens, welche sich mit ihm wahrscheinlich über ihre Befürchtungen bezüglich der letzten wirtschaftlichen Maßnahme der Regierung austauschen wollten.[194]

Als sich die aufgebrachten Gemüter nach den Vorfällen im Februar 2002 beruhigt hatten, rief die Regierung die Cocaleros und die sozialen Organisationen erneut an die Verhandlungstische. Die Cocaleros stellten Bedingungen für einen neuen Dialog. Sie forderten, ihnen pro Familie einen halben Hektar Koka-Plantage zuzuerkennen, später änderte sich diese Forderung in einen *cato*, der im Nachhinein auf 1.600 Quadratmeter festgelegt wurde[195]. Die Regierung lehnte diesen Vorschlag ab, indem sie sich auf die internationalen Abkommen berief.[196] So wurde der Dialog der kriegsführenden Parteien abgeschnitten.

Später versuchte die *Permanente Menschenrechtskommission Boliviens* (APDHB) zusammen mit einer Gruppe von Laien der katholischen Kirche eine neue Verhandlungsrunde zwischen den politischen Parteien und der Zivilgesellschaft im Sinne eines »*Nationalen Wiedertreffens*« einzuberufen. Diese Treffen dauerten fast drei Monate und kulminierten im *Ersten Nationalen Sozialgipfel*.[197] Dieser hatte zwar das Wohlwollen der Regierung aber nicht der Oppositionsparteien wie der MAS.

Es ist sicher, dass die Schlussfolgerungen dieses Sozialgipfels viele wirtschaftliche, soziale und politische Probleme Boliviens ansprachen, aber in Wahrheit waren sie weit davon entfernt, die wirklich anzugehenden essenziellen und dringenden Probleme zu erfassen. Eigentlich gab es noch ein anderes Thema von höchster Bedeutung, dass in der Zivilgesellschaft diskutiert werden musste: der Export bolivianischen Erdgases. Dieser war das Hauptprojekt der Regierung unter Sánchez de Lozada.

Mitte September 2003 wurde die Diskussion über die Gaspolitik der Regierung akut. Die bolivianische Öffentlichkeit konzentrierte ihre Aufmerksamkeit darauf, ob das Erdgas über einen chilenischen oder einen peruanischen Hafen exportiert werden würde. Die fällige Entscheidung wurde logischerweise durch die historisch bedingte Feindlichkeit der bolivianischen Mehrheit gegenüber Chile beeinflusst. Bolivien und Chile führten im Jahre 1879 Krieg gegeneinander, in dessen Folge Bolivien seinen Meereszugang zum Pazifischen Ozean verloren hatte und zum Binnenland wurde. Viele Bolivianer konnten sich nicht vorstellen, Gas über Chile exportieren zu lassen, ohne den Jahrhunderte schwelenden Konflikt mit dem Nachbarland geklärt zu haben.

Morales verfolgte alle Neuigkeiten der Ereignisse um den Gasexportvertrag mit größter Aufmerksamkeit. Schon Anfang April 2003 sagte er Gonzalo Sánchez de Lozada in einem Interview gegenüber der chilenischen Presse sein Schicksal voraus: »Wenn die bolivianische Regierung sich einseitig dafür entscheiden sollte, dass das Erdgas über Chile exportiert wird, kann sie sich sicher sein, dass ihre Tage gezählt sind.«[198] Nicht etwa dass er sich in einen *yatiri*, einen Hellseher, verwandelt hätte, aber er stand wie nur wenige in permanentem Kontakt mit Politikern, Militärs, Gewerkschaftsführern und Firmenbesitzern. Diese Kontakte waren seine Proben, an denen er den politischen Puls Boliviens messen konnte.

Die Regierung Sánchez de Lozada versicherte ihm, dass sie noch keine Entscheidung bezügliches des Exportes gefällt hätte und erst das bolivianische Volk befragen würde. Trotzdem waren für viele Politiker die Entscheidungen der Regierung bereits getroffen. Es handelte sich um ein millionenschweres Geschäft unter *guten Partnern*. Es war niemandem ein Geheimnis geblieben, dass der Konzern *Liquid Natural Gas* (LNG), der aus British Petrol (BP) und Repsol/YPF, internationalen Unternehmen, die Gasfelder in Bolivien ausbeuten, gebildet wird, schon Monate vorher bekräftigt hatte, dass sie den Export des Gases über den Hafen Patillos in Chile empfehlen, was streng wirtschaftlichen Gründen im Sinne der Konkurrenzfähigkeit entsprechen würde.[199]

Außer der Entscheidung über welchen Weg das Land seine energetischen Rohstoffe exportiert, wurde auch die Politik von Sánchez de Lozada bezüglich der fossilen Brennstoffe von Morales und vielen realistischen Politikern Boliviens in Frage gestellt.[200] Die bolivianische Öffentlichkeit hatte erfahren, dass das Gasexportprojekt das Jahrhundertgeschäft werden würde, welches den internationalen Unternehmen millionenhohe Gewinne beschert. Es gab ein generelles Unbehagen der Bolivianer, weil andere fabelhafte Gewinne einführen und sie wie immer mit den Krümeln vorlieb nehmen müssten.

Bolivien hat eine bedeutende Stellung in der Erdgasproduktion und doch verwaltete es diesen Rohstoff nie selbst, nicht einmal indirekt. Die Gasfelder und natürlichen Reserven waren komplett privatisiert worden. Die bolivianischen Erdgas- und Erdölreserven wurden auf der Basis von speziell entwickelten Verträgen, die als einzige Verpflichtung beinhalteten, dass die Unternehmen Abgaben an den Staat entrichten, ohne den Gewinn teilen zu müssen, ausländischen Unternehmen übergeben. Die Privatisierungsnormen, die vom *Gringo* in den Neunziger Jahren entwickelt und durch die nachfolgenden Regierungen angewendet wurden, verwandelten Bolivien in ein wahrhaftes *Paradies* für Erdölunternehmen wie British Gas, British Petrol, Chaco, Pluspetrol, Petrobras, Total, Andina, Amoco, Repsol und andere.

Diese Unternehmen, die befugt waren das bolivianische Erdgas auszubeuten, gaben aber praktisch nur 18 Prozent ihrer Einnahmen auf der Basis einer Abgabenregelungen an den bolivianischen Staat ab.[201] Vor den Privatisierungen mussten sie 50 Prozent ihrer Einnahmen dem Staat überlassen.

Bezüglich der Vermarktung der Kohlenwasserstoffe galt die *Spezialsteuer für Kohlenwasserstoffe und Derivate* (IEHD). Diese hat größte Bedeutung bezüglich des Beitrages zur Staatskasse. Da es sich um eine indirekte Steuer handelt, ist es nicht die Firma, die Produktion oder Vertrieb in den Händen hält, sondern der bolivianische Verbraucher, der diese Abgabe zahlt.

Die politische Situation Boliviens war also völlig angespannt. Aus jedwelchem Grunde und in jedem Moment konnte diese Situation relativer Ruhe im Monat September, eskalieren. Evo sah das möglicherweise nicht nur voraus, sondern er war über einige Maßnahmen der Regierung informiert. Deshalb erklärte er am 18. des Monats, dass ein eventueller Erdgasexport über Chile einen Bürgerkrieg entfachen würde und diese Entscheidung das Ende der Regierung unter Sánchez de Lozada herbeiführen würde. Er bestätigte, dass die Regierung um dieses Ziel zu erreichen, sogar einen *autogolpe*, einen Selbstputsch[202], inszenieren wolle. Allerdings konnten weder Morales noch irgendjemand sonst den Moment eines gewaltsamen Aufstandes des bolivianischen Volkes voraussagen.

Und es kam der Moment, der den Anfang einer Reihe von Ereignissen markieren sollte. Die Aymara des Altiplano begannen unter Führung des Generalsekretärs des CSUTCB, Felipe Quispe, einen Hungerstreik in der Stadt La Paz um die Freilassung eines ihrer Compañeros zu erwirken und verurteilten bei dieser Aktion auch den Gasverkauf über Chile. Auf den Fernverkehrsstraßen des Departamento La Paz begannen die Indígenas Straßenblockaden. Diese verstärkten sich von Tag zu Tag. Die unter dem Einfluss Felipe Quispes stehenden Ortschaften Sorata und Warisata verwandelten sich in Aktionszentren. In Sorata wurden hunderte Touristen eingeschlossen, die nicht in Richtung der Stadt La Paz weiterfahren konnten. Der Verteidigungsminister, Sánchez Ber-

Felipe Quispe in seinem Büro in La Paz

zain, entschied sich, sie persönlich zu retten. Er befahl nicht nur den Einmarsch der Streitkräfte, sondern ließ sich auch persönlich in einem Hubschrauber nach Sorata bringen. Er wurde Zeuge von gewalttätigen Ausschreitungen, Steinhagel, Schießereien und Toten. Inmitten dieser Konfrontationen gelang es den Touristen den Ort zu verlassen.

Das Epizentrum der Ereignisse verlagerte sich innerhalb weniger Tage in die Stadt El Alto, in der hauptsächlich Indígenas aus dem Altiplano leben. Es ist eine Art Satellitenstadt und das Tor zur Stadt La Paz. Es kam zu Straßenblockaden und die Anzahl der Toten stieg von Tag zu Tag.

Die wutentbrannten Blockierer forderten den sofortigen Rücktritt von Sánchez de Lozada. Die Regierung antwortete mit militärischer Kontrolle der Stadt und verwandelte sie damit in ein *Kriegsgebiet*. Die Regierung suchte verzweifelt die Unterstützung ihrer Bündnispolitiker, wie des Ex-Präsidenten Jaime Paz Zamora (MIR), von Manfred Reyes Villa (NFR) und von der katholischen Kirche, die auch ihre Unterstützung bekundeten. Aber es war schon zu spät, den Politikern der Opposition und der Bevölkerung Einhalt zu gebieten, die sich bereits auf eine Auseinandersetzung eingestellt hatten.

Am 12. Oktober 2003 wurden Morales und eine Gruppe politischer Führer von der Regierung angeklagt, einen »aufrührerischen und gewaltsamen Prozess mit dem Ziel eines Putsches gegen Staat und bestehende Ordnung«[203] begonnen zu haben. Der Angeklagte antwortete mit einer Erklärung, dass es der Verteidigungsminister, Carlos Sánchez Berzain, wäre, der die Durchführung eines Selbstputsches in Zusammenarbeit mit dem zurückgetretenen Armeegeneral Raúl López Leytón vorbereitet.[204] Bei dieser Gelegenheit äußerte

Evo Morales besucht eine Versammlung als Zuhörer

er sich präzise und auf Grundlage der Informationen, die ihm vorlagen, möglicherweise nicht nur mit dem Ziel, dass seine Erklärungen glaubhaft seien, sondern wahrscheinlich auch mit dem Effekt, den sozialen Druck durch die Straßendemonstrationen aufrecht zu erhalten.

In diesem *Gaskrieg* war es nicht Evo Morales, der die Demonstrationen und Blockaden in La Paz anführte, sondern Felipe Quispe zusammen mit anderen Führern der COB. Es ist sogar bekannt, dass Morales sich zu dieser Zeit nicht in Bolivien aufhielt.[205] Zurück in Bolivien erklärte er: »Wir möchten die Regierung darauf hinweisen, dass wir nicht erlauben werden, dass sie uns so massakriert wie sie es im Altiplano mit den Landarbeitern und Bergleuten tut. Wenn es zu Repressionen kommt, werden wir in organisierter Form antworten.«[206] In der Konsequenz waren die Cocaleros am Gaskrieg nicht beteiligt. Zwischen Evo Morales und Felipe Quispe gab es keine Koordination und sie hatten ernsthafte Differenzen bezüglich der Führung der sozialen Bewegung und der zu erreichenden Ziele. Praktisch war es die soziale Basis, die in organisierter Form auf die Straße ging.

Gonzalo Sánchez de Lozada konnte weder die Straße noch seine eigenen Reihen kontrollieren. Zuerst war es sein Vizepräsident und bald danach ein Minister, die sich öffentlich von ihrem politischen Führer distanzierten. Der Vizepräsident Carlos D. Mesa erklärte bei dieser Gelegenheit: »Ich habe weder die Auffassung, dass ein Staatssystem Tote rechtfertigt, und auch nicht die Sichtweise der radikalen Bewegung, die meint, dass der Moment gekommen wäre, alles zu zerstören, um eine Utopie zu verwirklichen, von der keiner weiß wo sie hinführt und die auch keiner will.«[207]

Schließlich sah Sánchez de Lozada am 17. Oktober 2003 keine andere Alternative als von seinem Amt als bolivianischer Präsident zurückzutreten. Er entschied sich, zusammen mit seinen engsten Mitarbeitern wie Sánchez Berzain in Richtung USA zu fliehen. Die Ironie der Geschichte will, dass nicht Evo außer Landes musste, sondern der Minister, der dem damals in Haft befindlichen Indígena diese Möglichkeit angedroht hatte.

Der anerkannte Journalist und Historiker Carlos Mesa, der bis dahin Vizepräsident gewesen war, stieg damit in das Präsidentenamt auf. Evo Morales hatte schon Tage vorher die Initiative ergriffen, indem er vorschlug, dass Mesa eine Übergangsregierung bilden sollte.[208] Felipe Quispe war gezwungen, die neu entstandene Realität anzunehmen. Seine indianistischen Kräfte waren ausgelaugt und brauchten Erholung.

Evo Morales und seine inoffizielle Koalition
mit der Regierung von Carlos Mesa

Oktober 2003
Carlos Mesa kam mit dem Versprechen, ein *Bindendes Referendum* über den Erdgasverkauf und außerdem Reformen des Gesetzes über fossile Brennstoffe durchzuführen, an die Macht. Er erklärte, dass er es akzeptiere, einen Weg bis zur Konkretisierung einer neuen, politischen Verfassung des bolivianischen Staates über einen Verfassungskonvent zu diskutieren.[209]

Bevor Mesa seine politische Karriere begann, war er ein in der Medienwelt und der bolivianischen Mittelklasse anerkannter kritischer Analytiker. In vielen seiner Analysen zeigte er seine Sympathien gegenüber der liberalen Wirtschaftspolitik, mit der im Land experimentiert wurde. Vielleicht war das der Grund dafür, dass er Sánchez de Lozada als Vizepräsident begleitete.

Mesa war als Historiker und Journalist keiner politischer Partei, auch nicht der MNR, zugehörig. Parteimitglied zu sein und sich an vertikale Entscheidungen aus der Führungsebene zu halten, entsprachen nicht seiner Art. In seiner jetzigen Position als Präsident hatte er keinen anderen Weg als sich mit diesem parteilosen Status zu arrangieren. Eines seiner größten Hindernisse für die Regierbarkeit Boliviens bestand darin, ohne Partei Bündnisse einzugehen. Erinnern wir uns, dass es im bolivianischen Parlament keine Gruppierung mit absoluter Mehrheit gab.

Nach dem erzwungenen Rücktritt von Sánchez de Lozada würden viele Parlamentarier, die Parteimitglieder der MNR waren, die parteilose Einstellung des bis dato Vizepräsidenten nicht verzeihen und als Verrat betrachten. Parlamentarier ebenso von der *Linken Revolutionären Bewegung* (MIR) wie von der *Neuen Revolutionären Kraft* (NFR), deren Parteichefs im letzten Moment versucht hatten, den *Gringo* zu retten, mussten ihr zerstörtes Image vor der Öffentlichkeit wieder zurechtbiegen und waren nicht darauf aus, weitere Fehler zu begehen. In der Konsequenz entschied die Mehrheit der rechten Parlamentarier, sich neutral zu verhalten.

Also blieb Carlos Mesa kein anderer Weg, als seine Hoffnungen auf politische Alternativen zu setzen, die zufällig auftauchten. Auf der einen Seite unterstützte ihn eine Gruppe der parlamentarischen Rechten (MNR und MIR), die sich die *Patriotische Bank* nannten, und auf der anderen Seite waren es die Abgeordneten der MAS.

Morales erklärte in einem seiner Interviews nach den Vorfällen im Oktober 2003 bezüglich der Regierung Mesa: »Obwohl ich seiner Regierung nicht vertraue, bleibt es abzuwarten. Wenn er wirklich den Aufschrei des bolivianischen Volkes vernommen hat und die Versprechen seiner Antrittsrede einhält, wäre es falsch, ein Ultimatum zu stellen. Alles hängt von der sozialen Dynamik und den Fähigkeiten dieser Regierung, die akuten Probleme zu lösen, ab.«[210] Aus dieser Erklärung hörte man nicht nur Misstrauen, sondern auch Hoffnung heraus. Möglicherweise verstand der neue Präsident es so und entschied sich, eine ernsthafte Beziehung zu Evo und seinen Parteimitgliedern zu entwickeln.

Für den Präsidenten hatten die Voreingenommenheit und Erklärungen von Felipe Quispe, der den neuen Amtsinhaber als seinen Feind betrachtete, kein Gewicht. Immerhin war er im Parlament nur mit sechs Abgeordneten vertreten, seine Basis hatte den Gaskrieg nicht komplett gewonnen und war damit beschäftigt, ihre Blessuren zu pflegen. Außerdem kannte Mesa die Unvernunft und die Widersprüche, die der Indianist mit dem Indígena hatte, zur Genüge.

In der folgenden Zeit kam es zu sehr vielen Treffen von Carlos Mesa und Evo Morales, bei denen sie eine gewisse Art einer inoffiziellen *Koalition* besiegelten. Morales nutzte den sozialen Frieden, um seine internationalen Kontakte zu intensivieren. In den internationalen Nachrichten wurde mehr von ihm als vom bolivianischen Außenminister gesprochen, während er innerhalb Boliviens seine Kontakte zu verschiedenen Gewerkschaften und Organisationen ausbaute. Es gab nur wenige Störungen durch Konflikte im Chapare. Er unterstützte Mesas Innenpolitik, vor allem im Zusammenhang mit dem geplanten Referendum zum Erdgasexport.

Hinsichtlich der Forderungen der Cocaleros erreichte der indigene Parlamentarier mit Mesa einen noch nie gesehenen Durchbruch. Die versprochene Pause bei der Vernichtung der Pflanzungen, die ihm der *Gringo* verweigert hatte, wurde ihm nun vom neuen Präsidenten zugesagt. Weiterhin erzielte er die Entmilitarisierung der Zonen der Koka-Produktion und die Einbeziehung der Cocaleros in die alternativen Entwicklungsprogramme. Und vielleicht konnte er es nicht glauben, aber Carlos Mesa akzeptierte einen *cato* (1.600 Quadratmeter Koka-Pflanzung) für jeden Koka-Bauern. Im Gegenzug verpflichteten sich die Produzenten freiwillig, die Pflanzungen im Chapare bis auf 3.200 Hektar zu vernichten. Beide Seiten beschlossen in einer am 3. Oktober 2004 unterzeichneten Vereinbarung die Durchführung einer Marktstudie um den tatsächlichen Koka-Bedarf in Bolivien zu ermitteln.[211]

Filemón Escobar, der damals einer seiner Berater und engsten Mitarbeiter war, ließ später wissen: »Das eine Jahr und die vier Monate, die wir mit Carlos Mesa verbrachten, waren wie eine Zweckehe. Ich sagte zu Evo: ›Du musst den Präsidenten unterstützen, damit er sein Mandat im August 2007 beendet und du wirst durchs offene Tor in den Regierungspalast eintreten.‹ Als sie mich aus der MAS ausgeschlossen hatten, kam der Bruch mit Mesa.«[212]

Die ersten Differenzen zwischen Mesa und Morales entstanden, als die Regierung einen Erlass über Kraftstoffpreiserhöhungen verabschiedete, der eine Welle von Protesten seitens der Gewerkschaften auslöste. Es gab auch schwere Widersprüche zwischen der Steuerpolitik und dem Gesetz für fossile Brennstoffe in Bolivien. Während Mesa argumentierte, dass dieses Gesetz 18 Prozent Abgaben und 32 Prozent direkte, nicht absetzbare Steuern berücksichtigen sollte, schlug Morales eine Erhöhung der Steuern auf 50 Prozent vor.

Jedes Mal, wenn das Thema Abgaben und steuerliche Aspekte von ihnen diskutiert wurde, hatten sie entgegengesetzte Positionen bezüglich der Selbstbestimmung Boliviens und der Gesetze zur Privatisierung. Mesa wiederholte permanent, dass er die Meinung der internationalen Gemeinschaft in Betracht ziehen müsse, das heißt des Internationalen Währungsfonds, der Weltbank, der brasilianischen, spanischen und anderen Regierungen, die ihm gegenüber geäußert hatten, dass »Bolivien ein machbares und akzeptables Gesetz verabschieden solle«.[213] Jedes Mal, wenn Morales Mesa zuhörte, erschien es ihm, als ob dieser nicht die bolivianischen Interessen verteidigte und, möglicherweise zur Überraschung seines Zweckpartners, dauerte es nicht lange bis er öffentlich erklärte, dass »Carlos Mesa der Erzfeind Boliviens« sei.[214] Und er bemerkte am Rande auf seine ihm eigene aufrichtige und spontane Art[215], dass es besser wäre, die Wahlen zu beschleunigen.

Filemón Escobar war völlig opportunistisch geworden und wollte Mesa mit allen Mitteln an der Regierung halten. Escobar verteidigte Mesa und begann Evo, der bis dato sein Kampfgefährte – viele sagen sogar sein Zögling – war, öffentlich anzugreifen. Der Indígena hatte augenscheinlich keine Skrupel, sich von diesem ehemaligen Bergbaugewerkschaftsführer, der zu dieser Zeit der zweite Mann der MAS war, zu verabschieden. In einer der Parteiversammlungen wurde Filemón Escobar ausgeschlossen.

Das Gesetz über die fossilen Brennstoffe war noch nicht vor dem bolivianischen Parlament verhandelt worden und Präsident Mesa bestand darauf, dass das Parlament seine Vorschläge bezüglich der Abgaben, Steuern und anderer Aspekte in Betracht ziehen solle. Auf den Verfassungskonvent nahm er kaum Bezug. Für Morales waren ausreichende Motive vorhanden, sich den Protesten der Basisorganisationen anzuschließen, die zunehmend stärker wurden. Er rief zu einer Straßenblockade im Chapare auf. Das geschah im März 2005, in jenem Moment als Carlos Mesa sich entschied, mit Morales zu brechen und seiner angestauten Wut freien Lauf zu lassen. Dass der Indígena Erklärungen gegen ihn abgäbe, könnte er als Journalist, der daran gewöhnt war, zu kritisieren und kritisiert zu werden, vertragen. Aber dass er von den Worten zur Tat schreite, wäre nicht tolerierbar. Mesa war entschlossen, die politische Figur des Indígena Evo Morales öffentlich zu verbrennen.

Der bolivianische Präsident hatte Jahre als Kommentator bei wichtigen bolivianischen Fernsehkanälen gearbeitet. Er beherrscht sein Handwerk als Rhetoriker perfekt, ist Spezialist im Umgang mit den Medien und hat Ehrung und Anerkennung für seine Erfahrungen erhalten. Alles in allem ist er ein Experte im Aufbau und Zerstören verbaler Bilder, besonders im Fernsehen, wo er durch seine ernste Erscheinung mit Bart und Brille beeindruckt.

In einer über 45 Minuten dauernden Fernsehsendung führte er seine gesamte künstliche Artillerie gegen Morales ins Feld. Er nannte ihn unumwunden 24 mal beim Namen und brachte in achtmal mit dem Begriff *Straßenblockade* in Verbindung. Er schweifte in die Vergangenheit ab und warf ihm die Straßenblockaden zu Zeiten der Amtsperiode von Sánchez de Lozada vor. Er klagte Evo an, Quispe, Mamani und Condori, also seine eigenen Leute, zu *blockieren*. Und er führte es bis zum unzulässigen Extrem, indem er das Wort *zivilisiert* gebrauchte.[216] Die Verwendung des Begriffs ist deshalb problematisch, weil er für die indigene Bevölkerung eng mit der so genannten »Zivilisierung« durch die Kolonisatoren zusammenhängt. Am Ende seines Diskurses sagte er, wie einer, der sehr große Erleichterung verspürt, dass er dem Parlament hiermit sein Ersuch auf Rücktritt aus dem Amt übergebe. Im Klartext wollte er sagen, dass der unerträgliche indigene Straßenblockierer ihn nicht regieren lasse und dass er deshalb abtrete.

Fast einhellig begannen die bolivianischen Mittelklasse-Intellektuellen aus dem Umfeld von Carlos Mesa sich verbal und schriftlich zu äußern und sagten, sie sähen Evo *mit dem Rücken an der Wand*.[217] Sie benutzten für Evo den Begriff *malaleche*, der im Spanischen die verschiedensten negativen Bedeutungen hat, aber hier im Sinne der *Unreinheit* seiner indigenen Herkunft verwendet wurde.[218] Bei den Demonstrationen der städtischen Mittelklasse, die augenblicklich auf die Straße ging, sah man Transparente mit Sprüchen wie *Indios sterbt!* und *Indios raus!* Die Geschichte, geprägt von der indiofeindlichen *Tradition* dieser städtischen Mittelschicht, wiederholte sich mit unglaublicher Kraft. Es war, als hätte Mesa die Bestien aus dem Käfig befreit. Das Bild des *Indio* sollte zerstört werden. Morales berichtet, dass es erzürnte Demonstranten gab, die seine Vierteilung so wie bei Tupaj Katari forderten.

Der bis dahin als Politikanalytiker tätige Álvaro Linera schrieb damals treffsicher: »Evo Morales hat sich der städtischen Mittelschicht über Carlos Mesa angenähert und sobald der Präsident mit dem Massenführer in Konflikt gerät, bricht diese Annäherung weg.«[219]

Evos Parteifreunde berichten, dass er mit ihnen in permanentem Kontakt stand, eine bewundernswerte Gelassenheit an den Tag legte und trotz des sichtbaren Druckes durch die bolivianische Presse und die Demonstranten in keinem Moment Schwäche zeigte. Das Verhalten Mesas und der Mittelschicht waren nur ein Beweis für sein eingänglich geäußertes Misstrauen gegenüber der Regierung Mesa. Für den Cocalero und seine Parteileute war der Rücktritt Mesas nichts weiter als ein Erpressungsakt[220] und ein politischer Schachzug, um die Städter zu mobilisieren und Evos Ansehen zu schmälern. Er sagte, Mesa suche die Konfrontation noch stärker als die vorherigen Präsidenten Gonzalo Sánchez de Lozada, Jorge Quiroga und Hugo Banzer und forderte, dass sich Mesa für seinen Fernsehauftritt vom 6. März entschuldige. Mesa stimmte dem mit vollem Respekt zu. Morales bestätigte die Verstärkung der Blockaden und betonte, dass sie sich gegen das Parlament richteten, welches das Gesetz über die fossilen Brennstoffe nicht verabschiede.

Das Rücktrittsschreiben des Präsidenten war tatsächlich nur ein Schachzug, der keinen Erfolg hatte. Das Ersuch wurde vom Parlament zurückgewiesen. Im Gegenzug forderte er in einer Nationalen Übereinkunft, dass alle im Parlament vertretenen politischen Parteien ihm folgen müssten. Die Mehrheit der Parteien folgte diesem Aufruf, während jedoch die Parteien von Evo Morales und Felipe Quispe dagegen stimmten.

Das Gesetz über die fossilen Brennstoffe wurde vom Parlament am 17. Mai 2005 verabschiedet. Carlos Mesa war weder Autor noch Mitautor dieses Gesetzes, sondern nur die Parlamentarier der Legislative. Aus diesem Grund bestätigte er an diesem Tag, dass er es nicht verabschieden, aber auch kein Veto einlegen werde. Morales seinerseits organisierte einem Marsch der Landarbeiter von Oruro nach La Paz, bei dem 50 Prozent Steuer auf die Erdgasausbeutung durch die internationalen Konzerne und die Einberufung der Constituyente gefordert wurden. Auf vielen Gewerkschaftsdemonstrationen wurde die Verstaatlichung der fossilen Brennstoffe verlangt.

Ab Mitte des Jahres 2005 begannen die Autonomiebefürworter im Osten Boliviens beharrlich ein Autonomie-Referendum zu erzwingen. Diese Bewegung wurde mit dem zunehmenden Verlust der politischen Macht der Neoliberalen unter Sánchez de Lozada intensiver. Diese bolivianische Elite konzentrierte ihre Kräfte unter der Fahne von mehr Eigengesetzlichkeit auf die Departamentos Santa Cruz, Tarija, Pando und Beni, die auch die größten Reserven an fossilen Brennstoffen beherbergen.

Damit wurde die weiße Elite mit ihren Autonomieforderungen zum Gegenspieler der Indígenas-Bewegung, die den Verfassungskonvent forderte. Sie drohten, dass falls das Parlament kein Referendum einberufe, sie es selbst einberufen würden. Morales seinerseits schlug vor, dass die Abstimmungen zu Verfassungskonvent und Autonomie-Referendum zur gleichen Zeit stattfinden sollten. Um dieses Ziel zu erreichen, hielt er seine Basis in der Stadt La Paz mobilisiert.

Der amtierende Präsident verabschiedete Ende Mai 2005 einen Regierungserlass über die gleichzeitige Durchführung dieser Abstimmungen, um eine

Blockade der Hauptstraße des Chapare (Villa Tunari, September 2000)

Spaltung des Landes zu vermeiden. Für den Indígena war das eine Entscheidung, die lediglich den sozialen Druck abschwächen sollte. Er bekräftigte, dass der einzige Weg zur Einberufung des Verfassungskonventes der Erlass eines Gesetz und damit alleinige Befugnis des Parlamentes sei. Die Autonomisten waren der Meinung, dass die Entscheidung des Präsidenten eine Falle sei.

Der politische Spürsinn des Cocalero und anderer Gewerkschaftsführer hatte das Vorgehen der Autonomisten schon eine Weile wahrgenommen. Sie waren umfassend darüber informiert, dass der Senatspräsident Vaca Diez und seine Gefolgsleute das Referendum einem Verfassungskonvent vorzogen. Fazit war, dass sie mit diesem Parlament nicht rechnen konnten. Die Lösung lag auf der Hand: Neuwahlen.

Angesichts einer Generalmobilisierung der Gewerkschaftsorganisationen trafen sich die drei stärksten Parteien und die katholische Kirche, um einen Ausweg zu finden. Es ist bekannt, dass sie die Möglichkeit des Rücktritts Mesas erwogen und in dessen Folge hätte der Präsident des Obersten Gerichts Eduardo Rodríguez Veltzé das Amt des bolivianischen Präsidenten übernehmen und in Erfüllung seiner Pflicht Neuwahlen ausrufen müssen.

Die Komplexität politischer Reaktionen bezüglich der Gesetzgebung, die Evo durch den Druck seiner militanten Leute auf der Straße provoziert hatte, war sehr überraschend. Jetzt mussten verschiedene Schritte der Rangfolge abgearbeitet werden, bis es einen neuen Präsidenten für Bolivien gäbe.

Vielleicht kann ein Dominospieler die Logik der Abfolge von Ereignissen verstehen. Zuerst musste der gültige Präsident Carlos Mesa fallen. Der nächste in der Reihe war der Senatspräsident Hormando Vaca Diez, der von seinem Recht, bolivianischer Präsident zu werden, Abstand nehmen müsste. Danach würde der Präsident der Abgeordnetenkammer Mario Cossio ins Präsidentenamt aufsteigen und müsste den gleichen Weg wie sein Vorgänger wählen. Und letztendlich würde die Präsidentschaft in die Hände des Präsidenten des Obersten Gerichtshofes fallen. Aber auch hier wäre diese konstitutionelle Rangfolge noch nicht zu Ende. Außerdem musste alles in einem Zeitraum von höchstens sieben Monaten geschehen. Und obwohl es schwer fällt zu glauben: so sollte sich die Geschichte des Indígena, der irgendwann entschieden hatte, Präsident zu werden, zutragen.

Anfang Juni 2005 war Bolivien fast völlig durch die Straßenblockaden lahmgelegt. Der Präsident legte endlich am 7. Juni 2005 seinen unwiderruflichen Rücktritt vor, weil er sah, dass es der einzige Ausweg war, den die Verfassung ihm einräumte. Morales lobte die Entbindung Mesas aus dem Amt und bekräftigte nachdrücklich: »Wir werden keine Parteien wie die MIR oder MNR an die Macht lassen, die es gewohnt sind, die Rohstoffe des bolivianischen Staates zu stehlen.«[221]

Gleich nachdem der Rücktritt vollzogen war, würde das Präsidentenamt an den Senatspräsidenten Vaca Diez übergehen. Informationen der bolivianischen Presse konnte man entnehmen, dass Vaca Diez das Amt, koste es was es wolle, annehmen wollte. Der politische Verteidiger der Autonomisten hatte keine Furcht vor Evo und seiner Anhängerschaft. Es fehlte nur noch, dass sich das Parlament versammelte, das Rücktrittsgesuch von Mesa annähme und Vaca Diez würde von seinen Gefolgsleuten, die eine dahingehende Entscheidung bereits angekündigt hatten, zum Präsidenten gewählt werden. Es ging das Gerücht um, dass sich auch die Militärs Vaca Diez anschließen wollten.

Die von Evo mobilisierten Demonstranten wussten darum und schafften es das Parlament zu belagern. Diesmal stand Morales an der Spitze der sozialen Bewegung der Stadt La Paz. Das Parlamentsgelände der Stadt konnte von den Parlamentariern nicht benutzt werden. Es gelang zwar dem einen oder anderen Abgeordneten das Parlamentsgebäude zu betreten, aber das war nur die Minderheit. Durch die Straßenblockaden konnten viele Parlamentarier die Stadt gar nicht erreichen. Somit hatte das Parlament keine Beschlussfähigkeit.

Vaca Diez und seine parlamentarischen Unterstützer entschieden sich daraufhin, in die Stadt Sucre auszuweichen, die sich im Süden Boliviens befindet und die amtliche Hauptstadt des Landes ist. Hier sollte sich der Kongress für die Annahme des Rücktrittsgesuchs von Präsident Mesa versammeln. Nicht nur die Parlamentarier der MAS, sondern auch die Demonstranten, vor allem die Bergleute, folgten nach Sucre und wieder einmal standen sich die gegnerischen Parteien in dieser Stadt gegenüber.

Diesmal belagerten die Demonstranten die Hotels, in denen die dem Senatspräsidenten treuen Parlamentarier untergebracht waren. Die Parlamentarier der MAS versuchten unter der Leitung ihres Führers mit allen Mitteln zu vermeiden, dass eine parlamentarische Versammlung zustande käme. Evo forderte, dass sowohl Senatspräsident als auch der Präsident der Abgeordnetenkammer auf ihre Rechte verzichten. Vaca Diez antwortete, ein Verzicht auf Rechte in der konstitutionellen Rangfolge sei seine persönliche Entscheidung und er hätte keinen Grund diesen Forderungen zu folgen.[222]

Bei diesem Kräftemessen schlug die Nachricht, dass ein Bergarbeiter beim Betreten der Stadt von Polizeikräften getötet wurde, wie eine Bombe ein. Die wutentbrannten und gewaltbereiten Bergarbeiter, die auch *koyas locos*, die Verrückten aus der Mine, genannt wurden, reisten über Tage aus den Bergbauzentren an und waren entschlossen, mit aller Kraft ein Ende herbei zu führen. Sie kamen so massiv in Sucre an, dass sie zahlenmäßig den Ordnungskräften überlegen waren. Vaca Diez und Cossio blieb keine andere Wahl als auf das Präsidentenamt zu verzichten. Der Rechtsanwalt Eduardo Rodríguez Veltzé wurde vom Parlament gewählt und nahm das oberste Amt Boliviens an. Er verpflichtete sich, drei Monate nach seinem Amtsantritt im August, also für Dezember 2005, Neuwahlen einzuberufen.

Die *Zehn Gebote* der MAS für die Wahl 2005

Juli 2005

Es ist sicher, dass der indigene Politiker und seine Parteifreunde in den Gewerkschaftsverbänden, die sie repräsentierten, gestärkt aus den Ereignissen vom Juni 2005 hervorgegangen waren. Es ist aber auch eine Tatsache, dass sich das politische Image der Partei in bestimmten Bevölkerungsgruppen wie der bolivianischen Mittelklasse nicht verbessert hatte. Der Stempel des Straßenblockierers, den Carlos Mesa seinem Gegner Evo Morales aufgedrückt hatte, blieb bestehen.

Laut den repräsentativen Meinungsforschungsinstituten Boliviens waren Evo Morales und Jorge Quiroga die Favoriten unter den Kandidaten für die Präsidentschaftswahl 2005.

Jorge Quiroga, *Tuto*, gründete, nachdem er sich von der ADN getrennt hatte, eine Partei namens *Podemos*, was gleichzeitig *Sozialdemokratische Macht* und *Wir können!* bedeutet. Die Hauptabsicht dieser Namensschöpfung war es, das Gefühl zu vermitteln, dass sie in der Lage war, die Probleme des Landes zu lösen. Der politische Führer dieser neuen Partei hat fast dasselbe Alter wie sein

Mit Blumengirlanden geschmückt bei einer Unterhaltung mit seinen Parteifreunden

indigener Gegenspieler und einen beruflichen Werdegang wie nur wenige Bolivianer. Er hatte an der St. Edwards's University in Austin/USA den Master of Business Administration erworben und in den Vereinigten Staaten unter anderem bei IBM gearbeitet.

Bei den Umfragen lag Evo Morales mit 31 Prozent nur knapp vor Jorge Quiroga mit 27 Prozent.[223] Auf dem dritten Platz rangierte der Unternehmer Doria Medina mit 11 Prozent. Diese Prognose sollte sich auch bis zu den Wahlen am 18. Dezember 2005 nicht grundlegend ändern.

Die bolivianischen Medien und die Politanalytiker bezogen sich nur auf diese verzerrten Umfragedaten und machten Evo und seiner Partei keinerlei Hoffnung, eine absolute Mehrheit zu erreichen. Folglich gaben sie nahezu katastrophale Einschätzungen für die zukünftige Regierung ab. Die Kommentatoren benutzten Ausdrücke wie »Bolivien wird eine schwache Regierung haben«[224], »wird

Evo bei der Wahlkampagne

kaum regierbar sein«[225] und »es wird eine Szenerie mit politischer und sozialer Instabilität statt Sicherheit geschaffen werden«[226]. Und noch interessanter waren ihre Schlussfolgerungen. Die Mehrheit der Analytiker empfahl, programmatische Positionen aufzugeben und an ein höheres Interesse namens *Bolivien* zu denken.[227] Die Minderheit schlug dem Wähler vor, sich der Partei anzuschließen, die das Rennen machen würden. Sie waren äußerst zurückhaltend mit diesen Empfehlungen, denn sie wussten, dass sie damit eventuell auch zu einer Entscheidung zu Gunsten des Indígena aufriefen.

Den indigenen Kandidaten beunruhigten diese Umfragen und tendenziösen Kommentare wie immer überhaupt nicht. Er nahm seit 1997 an Wahlen teil und vertraute seiner Intuition und seiner Erfahrung. Sein Hauptziel war es 50+1 Prozent zu erreichen. Einer seiner Medienberater, Walter Chávez, berichtete, dass sie nie an die Umfragen geglaubt und damit auch einen schweren Fehler begangen hätten.[228] Der Berater erwähnte ebenfalls, dass Morales selbst, zusammen mit seinen Mitarbeitern, beim Entwurf seiner Wahlkampagne mitgearbeitet hätte.

Aus den vorhandenen Informationen können wir ableiten, dass die Strategie der MAS folgende Hauptkomponenten hatte. *Erstens:* strategische Bündnisse eingehen, *zweitens:* in der Anfangsphase auch die letzte Ecke Boliviens erreichen und *drittens:* ein Regierungsprogramm aufstellen, welches *Zehn Gebote* genannt wurde.

Zu erstens: Bei den Bündnissen war die Wahl eines Vizepräsidentschaftskandidaten entscheidend. Das erste Angebot kam von der *Breiten Patriotischen Front*, die von den Bürgermeistern der Städte La Paz, Oruro, Sucre, Potosí, Cochabamba und Cobija gebildet wurde. Diese *Front* wurde vom Bürgermeister der Stadt La Paz Juan del Granado, dem Parteichef der *Bewegung ohne Angst* (MSM) angeführt. Diese Herren Stadträte hatten René Joaquino, den Bürgermeister von Potosí, als Galionsfigur. Evo hatte von Anfang an Probleme mit diesen Bürgermeistern wegen ihrer unklaren und streckenweise neoliberalen Politik. Diese Annäherung fruchtete nicht. Im Nachhinein wurde bekannt, dass die Bürgermeister die politische Mitte gegen die radikalen Positionen der Linken und Rechten stärken wollten.

Evo hatte gegenüber der bolivianischen Mittelklasse eine klar definierte Politik. Álvaro Linera, Ana María Romero und andere standen von Anfang an auf seiner Kandidatenliste für die Vizepräsidentschaft, aber die endgültige Entscheidung sollte die Führungsspitze der MAS gemeinschaftlich treffen. Er achtete bei Entscheidungen immer auf diesen kollektiven Aspekt.

Linera entsprach als politische Figur dieser Position am besten. Er war kein Indígena, hatte sich aber mit aller Kraft für diese eingesetzt. Er hatte sich zu einem Politanalytiker mit sehr viel Ansehen in der Mittelklasse entwickelt und besaß eine akademische Ausbildung. Die Nominierung Lineras als zweiten Mann der MAS wurde von den sozialen Organisationen der Stadt El Alto, des Gewerkschaftsdachverbandes und der *Koordinationszentrale für Wasser und Gas* Cochabamba unterstützt. Diese Entscheidung für den Intellektuellen war überfällig und das politische Umfeld der MAS stimmte mit ihr überein. Der Indígena wurde somit von einem Kandidaten begleitet, der eine repräsentative Unterstützung in den sozialen Organisationen genoss.

Die Devise von Evo Morales war, Bündnisse mit mehr sozialen Organisationen auszubauen. Er übernahm die Aufgabe, mit dem Verband der Bergbaukooperativen, dem Dachverband der Klein- und Kleinstunternehmen und anderen Verbänden Kontakte zu knüpfen. Diese Bündnisse waren fundamental, um die Wahlen in den verarmten Stadtteilen zu gewinnen. Laut der bolivianischen Presse gelang es der MAS bis zu den Wahlen am 18. Dezember 2005, ungefähr 100 Bündnisse einzugehen, 20 davon mit Organisationen auf nationaler Ebene.[229]

Um unmittelbare Ziele zu erreichen, wie zum Beispiel die Wahl, war die direkte Partizipation der sozialen Organisationen eine wirkliche Neuigkeit. Aus diesen Tatsachen theoretische Schlussfolgerungen zu ziehen und vom *Evismus*[230] zu sprechen, wäre allerdings voreilig und substanzlos. Es reicht, sich die Einzigartigkeit dieses Phänomens im Zusammenhang mit Bolivien vor Augen zu halten, wo die Mehrheit der Bevölkerung indigener Herkunft ist. Die Dauerhaftigkeit eines solchen Projektes ist auch noch nicht erwiesen, da die innere Stimmigkeit der politischen Konzepte und die Entscheidungsfindung über die nationalen Interessen viel zu wünschen übrig lässt. Bei Aufgaben wie der Nationalisierung der Vorkommen an fossilen Brennstoffen scheinen sich alle einig zu sein, aber schon bei der Festlegung von Kriterien für die Verteilung der Überschüsse entstehen Konflikte. Fakt ist ebenfalls, dass die MAS, sollte sie ihren Prinzipien treu bleiben, eigentlich keine Einzelpersonen als Parteimitglieder aufnehmen sollte, sondern nur soziale Organisationen. Das ist aber nicht der Fall, denn im Umfeld der MAS haben sich Personengruppen gebildet, die sogenannten Berufskader. Das sind politische Kader, Einzelpersonen, welche die Aktivitäten der MAS planen und organisieren. Ohne sie wäre das Funktionieren der Aktionen unvorstellbar[231], also ist diese Herangehensweise völlig legitim. In der Praxis hat sich eine gemischte Partei aus intellektuellen und sozialen Organisationen gebildet, wobei die Letzteren mehr Gewicht haben und die Garantie für den Veränderungsprozess sind.

Zu zweitens: Evo Morales hatte die Absicht, mit seiner Wahlkampagne auch die letzte Gemeinde in den Anden und im Amazonasgebiet zu erreichen. Dabei durfte er die indigenen Gemeinden in Achacachi und Umgebung, die Basis von Felipe Quispe waren, nicht vernachlässigen. Der indianistische Führer hatte sich auch zur Wahl aufstellen lassen, allerdings ohne große Perspektive zu gewinnen. Linera und Morales versuchten eine Front mit diesem radikalen Aymara zu bilden, aber Quispe blieb stur, berichten der MAS nahestehende Personen. Quispe seinerseits bot Linera ebenfalls die Vizeposition in seiner Partei an. Aber Linera entschied sich für den Indigenisten Morales. Bei seinen Auftritten im Vorherrschaftsgebiet Quispes bat Morales dessen Anhänger, auf eine Mehrheit im Parlament und den Rathäusern zu setzen. Im Unterschied zu den anderen Oppositionskandidaten führte er seinen Wahlkampf in den Gemeinden in Quechua und Aymara. Er kam auch an Orte, die keinen Fernsehempfang hatten und nutzte dort häufig die kleinen ländlichen Radiostationen, die ihre Programme in den Sprachen der Ureinwohner senden.

Genauso wie geplant, konzentrierten sie sich in den letzten zwanzig Tagen der Wahlkampagne auf die Städte, berichtet sein Medienberater Walter Chávez. »Unsere Strategie ging von einer sehr einfachen Feststellung aus. Die neoliberale Rechte ist verantwortlich für die Krise, die Bolivien durchleben muss. In ihrem Eifer, die Macht zu erhalten, werden diese Gruppen sich zusammentun, um eine intensive Kampagne aus Fernsehspots und visueller Überflutung in den Städten ins Leben zu rufen. Diese wird sich natürlich schnell abnutzen, weil das bolivianische Volk hochgradig politisiert ist.«[232]

Als Reaktion auf die Kampagne, die zum Ziel hatte, Evos Ansehen zu schaden, war dessen Teilnahme an öffentlichen Ereignissen wichtig. Sein Medienberater, der von Beruf Philosoph ist und als Journalist arbeitet, sagte, dass Morales »ein Führer mit außergewöhnlicher politischer Intelligenz ist«.[233] Seine Gegner, wie Jorge Quiroga, behaupteten, dass die MAS die Absicht hätte, die bolivianische Fahne (in rot, gelb und grün) gegen die vielfarbige indigene Flagge *Wiphala* zu ersetzen. Evo erwiderte darauf: »Wir haben immer die Staatsflagge verteidigt und die, die über Fahnen reden, sollten erst mal in die Kaserne gehen. Diese Personen kennen unsere Wiphala nicht. Sie ist Symbol des Kriegs, des Widerstands, und ich erwarte Respekt für diese Symbole.«[234] Möglicherweise wusste er, dass Quiroga seinen Wehrdienst nicht abgeleistet und somit keinen Fahneneid geschworen hatte.

Grillnachmittag im Kreis der Familie

Das meist diskutierte Verhalten Evos war, dass er sich weigerte an Fernsehdebatten teilzunehmen. Quiroga und die Mehrheit der bolivianischen Presse verlangten von ihm, bei diesen Gelegenheiten aufzutreten und sich mit seinen Hauptgegnern zu messen. Hier sei daran erinnert, dass ihm drei Jahre zuvor diese Möglichkeit verweigert wurde, aber jetzt bestanden Presse und Politiker darauf. Morales rechtfertigte seine Weigerung damit, dass er nicht im selben Raum mit Jorge Quiroga, den er der Lüge bezichtigte, aufhalten wolle. Er hatte Erfahrung in Diskussionsrunden und Foren, aber diesmal war seine Ablehnung kategorisch. Es kann auch sein, dass er aus Berechnung riskante Aktionen vermied.

Die Wahlkampagne bestand nicht nur aus Reden, Gesprächen und Diskussionen. Größere Veranstaltungen wurden auch von den Auftritten der Folkloregruppen begleitet, die ihnen den Charakter von kulturellen Massenveranstaltungen gaben und die Gefühlswelt der bolivianischen Wähler berührten. Zum Abschluss der Wahlkampagne traten die Gruppen *Semilla* und *Arawi* und sogar der argentinische Liedermacher Piero auf.

Zu drittens: Die *Zehn Gebote*[235] waren die zehn Punkte des Regierungsprogramms, aber praktisch auch wie zehn Gebote im religiösen Sinne gedacht. Die bolivianische Mehrheit, einschließlich der Indígenas, ist auf ihre eigene Art katholisch. Deshalb griff diese politische Botschaft schnell bei der Bevölkerung.

Es lag auf der Hand, dass die Frage der Nationalisierung der fossilen Brennstoffe und der Industrialisierung des Landes einer der Hauptprogrammpunkte der zukünftigen Regierung werden würde. Das war das *Erste Gebot*.

Die Nationalisierung war und ist untrennbar mit der wirtschaftlichen Rolle des Staates verbunden. Der Wirtschaftswissenschaftler Carlos Villegas war der

Berater Evos, der sich um diese Thematik kümmerte. Er betonte mit Nachdruck, dass sie einen kapitalistischen Staat, der von den Bolivianern gestaltet werden würde, entwarfen und, dass es sich nicht um einen sozialistischen Staat handle. Ihm zufolge müsse der Staat die Kontrolle und Herrschaft über seine natürlichen Rohstoffe zurückgewinnen. Die ausländischen Unternehmen müssten sich den Interessen der Staatsmacht unterordnen. Villegas wies darauf hin, dass im Unterschied zum neoliberalen Konzept »wir nicht nur für Bildung, Gesundheitswesen und Wohnraum sorgen, sondern wir wollen einen Staat mit einer ganzheitlichen Vision des Landes, der in den produktiven und strategischen Bereichen eingreift und dabei an erster Stelle aktiv die Kontrolle über die fossilen Brennstoffe in die Hand nimmt [...] Wir wollen die Armut definitiv beseitigen.«[236] Die Berater von Jorge Quiroga hatten ihrerseits vorgeschlagen, die Rolle des Staates zu erweitern. In Krisenzeiten sei der Staat wichtiger als der Markt. Es wäre egal, ob ein Unternehmen privat, staatlich oder halbstaatlich ist, dort läge nicht das Problem, solange die Bevölkerung Wasser, Licht, Gas und finanzielle Unterstützung hätte.[237]

Die Vorschläge Villegas machen den Eindruck, Konzepte zu wiederholen, die schon einmal durchgenommen wurden, aber sie hatten zum Ergebnis, dass die Armut genau in den Bevölkerungsschichten nicht verringert wurde, zu denen auch die indigenen Gemeinden gehören. Mehr finanzielle Mittel und natürliche Rohstoffe in die Hand des Staates zu legen, ist ein korrekter Anfang. Darüber hinaus ist es wichtig, die zentrale Macht des Staates in Hinsicht auf den Schutz der Interessen der bolivianischen Bevölkerung zu stärken. Die Absicht, die Armut nur in dieser Form von oben nach unten beseitigen zu wollen, funktioniert allerdings nur bedingt. Über ausreichend Mittel und Rohstoffe zu verfügen, diese aber nicht in die strategischen Zweige eines gemischten Wirtschaftsmodell aus privaten und staatlichen Unternehmen umzuleiten, welches von unten nach oben funktioniert und darüber hinaus eine Nachhaltigkeit von deutlich mehr als 50 Jahren anstrebt, wäre die Fortsetzung des Betruges der bolivianischen Politiker an der Bevölkerung unter dem Deckmantel der Armutsbekämpfung. Dieses Modell muss einer wirtschaftlichen Strategie folgen, die sich nicht nur mit der Schaffung von Arbeitsplätzen befasst, sondern auch mit streng definierten Parametern wie in Bildung, Aus- und Weiterbildung und Spezialisierung der verarmten Bevölkerungsschichten investiert wird.[238] Die Notwendigkeit, Mittel für Ausbildungseinrichtungen (Schulen, Berufsschulen und Fachhochschulen) in den indigenen Gemeinden bereit zu stellen, wurde bisher definitiv noch nicht angesprochen, auch nicht von Evo Morales und seinen Beratern.

Ein anderer wichtiger Bestandteil des Regierungsprogramms, der durch den indigenen Führer mit großem Nachdruck betont wurde, war die Einberufung des Verfassungskonvents (Constituyente). Er wies wiederholt darauf hin, dass ein neuer Staat, in dem die Indígenas nicht ausgeschlossen sind und an dem sie wirklich teilhaben können, nur durch eine neue politische Verfassung dieses Staates möglich sein wird. Die Ausarbeitung der neuen Verfassung ist nur über die Constituyente und deren Mitglieder möglich. Vorher müsste aber der erste Schritt gegangen werden, über ein Sondergesetz die Grundlage zur Einberufung derselben zu schaffen. Diese Aufgabe wollte der Indígena angehen, wenn er ins Präsidentenamt gewählt wird.

Die Thematik der Koka war ebenfalls Bestandteil der Wahlstrategie der MAS. Als oberster Vertreter der Cocabauern forderte Morales als Teil seines Regierungsplanes die Entkriminalisierung des Anbaus, des Konsums und der Vermarktung sowie die Rationalisierung der Cocaproduktion. Er wiederholte häufig, dass er nicht versteht dass »die Koka in ihrem Herkunftsgebiet *eingesperrt* ist«[239] und wie es im internationalen Maßstab möglich sei, dass »Koka für die Coca-Cola-Company legal, für die Andenbewohner jedoch illegal ist«[240]. Er erwähnte in diesem Kontext auch einen Bericht der Weltgesundheitsorganisation (WHO), in dem festgestellt wird, dass die »Koka keinen Schaden am menschlichen Organismus anrichtet.«[241]

Es kam der 18. Dezember 2005, der Tag der bolivianischen Präsidentschaftswahl. Die indigenen Wähler standen im Morgengrauen auf und waren sich bewusst, dass der Tag der Entscheidung gekommen war. Diejenigen, die weit entfernt wohnten, begannen ihren Marsch über Flüsse, die Pampa und die Hügel des Altiplano. Der Mann trug seine *quepi*, sein Bündel aus Aguayo-Stoff, in dem sich etwas Koka befand, die Personalausweise von ihm und seiner Frau und manchmal auch die in Nylon gewickelten Geburtsurkunden. Die Frau trug auf dem Rücken ihr *wawa* und eine Mahlzeit aus schwarzen Bohnen mit Lamadörrfleisch, Kartoffeln mit gebratenem Fleisch, Chuño und *aji*, gemahlenem Chili, die direkt ins Tuch gewickelt wird. Beim Wahllokal angekommen, genossen sie das *aptapi*, das gemeinschaftliche Essen mit den Nachbarn. Dabei legt jeder seine Marschverpflegung auf den Tisch und alle verspeisen das vorhandene Essen gemeinsam mit den Händen oder einem Löffel.

Die Stadtbewohner, speziell die aus den Randbezirken, liefen durch die Straßen und fragten in einer Art kollektiver Kontrolle ihre Nachbarn, ob sie schon gewählt hätten. Es wird erzählt, dass ein alter Mann aus El Alto/La Paz trotz seiner schweren Krankheit zur Wahlurne ging, weil es sein letzter Wunsch war, sein Votum für die MAS abzulegen. Danach verstarb er.[242]

Die ersten Hochrechnungen, die von den Medien nach 18 Uhr verbreitet wurden, waren ein *wahrhafter Tsunami*, äußerte ein bekannter rechter Politiker. Gemäß bolivianischer Nachrichtenagenturen hatten die Stimmen für Evo Morales bereits 50 Prozent überschritten und in den folgenden Stunden stiegen die Prozentpunkte weiter. Die politischen Gegner von Morales waren bestürzt und wollten nicht glauben, was sie im Fernsehen sahen oder im Radio hörten. Für sie stürzte eine Welt zusammen. Gemeinsam mit Evo schrieen und weinten viele Bolivianer im In- und Ausland vor Freude und wussten nicht wie sie dieses Triumphgefühl in Worte fassen sollten. Die Angehörigen Evos erzählten, dass er es nicht glauben konnte, mehr als die Hälfte der bolivianischen

Stimmen gewonnen zu haben. Nach 474 Jahren und 33 Tagen gewann die Indígenas auf dem südamerikanischen Kontinent in einem Teil der Anden ihre Macht zurück.[243]

Der indigene Cocabauer gewann nach 23 Jahren Arbeit als Gewerkschaftler und Politiker die Präsidentschaftswahlen im Dezember 2005 mit etwa 54 Prozent der Stimmen. Damit war die MAS mit 72 Sitzen in der Abgeordnetenkammer vertreten, Podemos mit 43 Sitzen, UN (*Front der Nationalen Einheit*) mit 8 Sitzen und MNR mit 7 Sitzen. In der Senatorenkammer hatte die MAS 12 Vertreter, Podemos 13, die UN und die MNR jeweils einen. Das war ein durchschlagender Erfolg, den bis dahin kein Indígena erreicht hatte. So konnte sich das indigene Phänomen des reinen Gewissens auf nationale und internationale Ebene katapultieren.

Nachdem er seinen Triumph verarbeitet hatte, reiste der designierte Präsident zuerst in seine Heimat, nach Orinoca. Dort hatte seine Partei 98 Prozent erlangt. Dieses Phänomen gab es bis dato nur bei den Wahlen in sozialistischen Ländern. Sein Volk hatte ihm den Häuptlingsstab in die Hand gegeben. Danach begann er eine internationale Rundreise in Venezuela und Kuba. Er besuchte Europa, China und traf viele lateinamerikanische Präsidenten.

Die
kulturelle
Revolution
des indigenen Präsidenten

22.01.2006

Ein bolivianisches Sprichwort besagt, »nach der Freude kommt der Schreck« und drückt damit ein gemischtes Gefühl aus Freude und Leid aus. Etwas Ähnliches erlebte Evo Morales, nachdem er sein Ziel, die politische Macht in Bolivien, erreicht hatte. Er war zwar zufrieden, aber hatte eine Reihe äußerst schwieriger Aufgaben vor sich.

Zum Einen waren es die protokollarischen Formalitäten, denen er als Staatspräsident unterlag. Jetzt war *Evo* plötzlich der *Señor Presidente*. Und dieses Señor mochte er gar nicht. Er zieht es vor als *Bruder* oder *Compañero Presidente* oder schlicht als *Evo* angesprochen zu werden. Er konnte sich mit jedem weiterhin so unterhalten wie er es gewohnt war, musste sich jetzt aber an bestimmte Regeln halten, die ihm eigentlich zuwider waren.

Während die bolivianische Presse noch über seine Kleiderordnung beim Festakt seiner Amtseinführung spekulierte, hatte er bereits seine Wahl getroffen. Er wollte nicht wie jene auftreten, die bis dato Bolivien regiert hatten und verzichtete daher auf Anzug und Krawatte.

Er wollte aber auch nicht radikal erscheinen und sich in *calzuna* (Hose der Indígenas), *punchu* (Poncho), *chullu* (die Chullomütze), *yapisa* (Stoffgürtel) und *buphanta* (breite Schärpe mit Fransen) kleiden. Bei den Karnevalsfesten und anderen traditionellen Feiern trug er diese Kleidungsstücke aus bunten Stoffen, aber normalerweise benutzte er die Tracht seiner Vorfahren nicht. Für einen anderen Festakt in Tiahuanaku am 21. Januar 2006 war sie perfekt und er trug sie mit Überzeugung. Dort war er unter Indígenas, die alle ihre bunte Kleidung trugen, um das *Pachacuti*-Fest, die Rückkehr der Vergangenheit, zu feiern.

Für viele Städter, die keine Toleranz gegenüber der Kultur der Ureinwohner aufbringen, war der Festakt in Tiahuanaku ein Zirkus, aber für Evo und sein Volk war es die wichtigste Feierlichkeit. Einen Tag vor diesem Ereignis erklärten die eingeladenen Ureinwohner des amerikanischen Kontinents Evo Morales zum *Präsidenten der indigenen Völker Amerikas*. Für die bolivianischen Indígenas hatte er die Position des *Apumallku*, des obersten Häuptlings, eingenommen. An diesem heiligen Ort sagte der frisch gekrönte Häuptling, dass für alle Ureinwohnervölker der Welt eine neue Ära beginne.

Aber was sollte er zum Hauptakt am 22. Januar tragen? Er wollte sich nicht so kleiden, wie er es für gewöhnlich tat. Er hatte illustre Gäste eingeladen, die mit Sicherheit in Abendkleidung erscheinen würden. Also entschied er sich für eine Kleidung mit Applikationen aus dem traditionellen Aguayo-Stoff. Auf jeden Fall sollte das Design von einem seiner Landsleute entworfen werden.[244] Er trug ein schwarzes Jackett ohne Taschen, Knöpfe, das er mit schwarzen Hosen und weißem Hemd kombinierte. Statt einem Revers waren Stoffstreifen in Naturfarben aufgesetzt.

Die protokollarischen Regeln konnte er ohne große Schwierigkeiten hinnehmen. Aber die gigantischen Aufgaben, die er in Angriff nehmen musste, waren nicht leicht zu meistern. Die Indígenas aus Lateinamerika und der gan-

Einer der MAS-Führer mit Poncho und *chuspi* (Coca-Beutel)

zen Welt hatten ihre Augen und Ohren weit geöffnet, um die nächsten Schritte des indigenen Präsidenten zu erfahren. Diesbezüglich äußerte jemand, dass Morales zwar Erfahrung in der Opposition und als Straßenblockierer hätte, aber nicht im Entwerfen von Gesetzen. Viele lateinamerikanische und europäische Journalisten besuchten Orinoca und die Oberschule in Oruro, an der er seinen Abschluss gemacht hatte. Sie wollten die Bildung dieses Mannes *einfacher Herkunft*, um nicht zu sagen *Indio*, nachprüfen, die für sie in Zweifel stand.

Morales kannte seine Grenzen, aber er wusste auch um seine unschlagbaren Stärken: die Arbeit im Team und die Art des *gehorchenden Befehlens* bei Anweisungen an seine soziale Basis. Er berief eine Versammlung ein, um die Zusammensetzung seines Ministerkabinetts zu diskutieren. Dabei wurde der Grundstein für die Nominierung der neuen Regierungsmitarbeiter gelegt. Später wurde bekannt, dass eine Kommission aus sechs Personen unter Leitung von Evo Morales und Álvaro Linera gebildet wurde, welche die zukünftigen bolivianischen Minister auswählte.

Die Zusammenstellung des Ministerstabs musste mit der Politik während der Wahlkampagne in Einklang stehen.[245] Die Minister sollten aus den Gewerkschaften kommen oder Berufskader sein und die entsprechenden intellektuellen Fähigkeiten sowie soziales Bewusstsein mitbringen. Das Geheimnis der

Bekanntgabe seines Mitarbeiterstabs behielt Morales bis zum 23. Januar 2006 für sich, dem Tag der Amtseinführung der neuen Minister, um Druck seitens der bolivianischen Presse zu vermeiden.

Für die bolivianische Mittelklasse war es ein unglaublicher Schock, dass eine ehemalige Hausangestellte das Justizministerium übernahm. Die Vereinigung der Rechtsanwälte schrie auf. Genauso reagierte die Bergbau-Elite, die aus den Geschäftspartnern des Unternehmers Sánchez de Lozada bestand, als sie erfuhr, dass ein ehemaliger Bergarbeiter und Chef des Nationalverbandes der Bergbaukooperativen zum Minister für Bergbau ernannt worden war. Celinda Sosa, Koka-Produzenten-Führerin aus dem Chapare, wurde als eine der Personen ohne Ausbildung als Ministerin für Wirtschaftliche Entwicklung nominiert. Der Posten des Außenministers war bisher immer Domäne der weißen Elite Boliviens gewesen und jetzt ernannte Morales für diese Position einen Aymara, den Autodidakten David Choquehuanca. Allein nur seinen Familiennamen zu hören, irritierte die Ohren der Potentaten und Herren Boliviens.

Es gibt Krankheiten, die sich nur mit Elektroschocks heilen lassen, wird Evo Morales sich möglicherweise gesagt haben. Er zweifelte keinen Moment daran, harte Maßnahmen anzuwenden, um Gerechtigkeit walten zu lassen und die Interessen derjenigen durchzusetzen, die von der bolivianischen Gesellschaft ausgeschlossen waren. Ungefähr zwanzig Militärgeneräle[246], die höchstwahrscheinlich in die heimliche Auslieferung der chinesischen Cruise Missiles aus dem Besitz Boliviens an die USA verwickelt waren, wurden durch jüngere ersetzt und aus der Führung der Streitkräfte entfernt.

Die Zusammenstellung des Ministerkabinetts ergab nicht das Bild eines Haufens Dummer, was viele von ihm zeichnen wollten. Mehr als die Hälfte des Stabs bestand aus Berufskadern mit anerkannter Laufbahn. Die Mehrheit der Personen mit akademischer Laufbahn waren Mestizen oder Weiße, aber es gab auch den einen oder anderen Indígena, wie die Ministerin Alicia Muñoz. Die Rechtsanwälte und Ökonomen hoben sich hervor. Die vielleicht wichtigsten und einflussreichsten unter ihnen waren der Minister für fossile Brennstoffe, Andrés Soliz Rada, von Beruf Journalist und Rechtsanwalt, und der Minister für Planung und Entwicklung, Carlos Villegas Quiroga, Ökonom. Am Tag des Ministereides forderte Evo von ihnen *null Korruption*.

Intellektuelle Aymaristen identifizieren sich nicht mit dieser Regierung. Sie sagen, es wäre keine indigene Regierung, denn das bedeute etwas anderes, als nur einen Aymara als Präsidenten zu haben. Sie glauben, dass das Umfeld Evos begonnen hat, ihn »verbiegen, und dass er nur in seiner Aufgabe zu leben und vor allem völlig von außen kontrolliert zu sein scheint«. Diese intellektuellen Berufskader aus der indianistischen Bewegung hielten es nicht für notwendig, von ihrer Seite eine Alternative für eine kohärente Politik zu unterbreiten. Mehr noch, sie misstrauen einem Mann aus ihrem Volke und der Bewegung, die Evo Morales selbst ins Leben gerufen hat. Sie äußerten, dass sie ein Ungleichgewicht der exekutiven Macht sehen, im Konglomerat aus Indígenas und Mittelklasse-intellektuellen. Sie drückten ihre Befürchtungen aus, dass die letzteren eine unzureichende Überzeugung hätten, Bolivien zu entkolonisieren.[247]

Der Arbeitsplan für das Ministerkabinett stand bereits fest. Er bestand aus den Zehn Geboten, dem Versprechen der MAS gegenüber ihren Wählern. Allerdings mussten sie erst in Gesetzesform gebracht werden. Damit hatten die Indígenas, Intellektuellen und Menschen mit sozialem Bewusstsein, diese Männer und Frauen unter Führung des Präsidenten, eine schwere Aufgabe zu bewältigen. Es folgten die Arbeitsbesprechungen für Minister, die sich nach dem Rhythmus des Präsidenten richteten, der seine Arbeit manchmal um vier oder fünf Uhr morgens beginnt und oft erst spät in der Nacht beendet. Einige Male versammelte er sich mit seinen Ministern, um ihre Pläne bis ins Detail zu erfahren, dabei war er sehr anspruchsvoll. Es wurde bekannt, dass es Krankheitsfälle gab, zum Beispiel musste der offizielle Regierungssprecher ins Krankenhaus. Es wurden schon die verschiedensten Vermutungen über die körperliche Widerstandskraft des Präsidenten angestellt. Viele meinen, dass sie auf die Ernährung aus Naturprodukten ohne chemische Zusätze und den Sport, den er konsequent treibt, zurückzuführen sei.

Morales war sich im Voraus bewusst, dass es nicht leicht sein würde, die bestehenden Gesetze zu ändern. Er besprach sich mit seinen juristischen Beratern, die ihm Richtlinien für sein Vorgehen gaben. Nur eine Verfassunggebende Versammlung konnte auf einen Schlag die neoliberalen Gesetze ändern. In einem unerwarteten Moment, am 21. Januar 2006, legte er seine strategische Position fest. Das war in Tihuanaku. In dieser alten Aymara-Stadt forderte er von seinen neuen Parlamentariern, das Einberufungsgesetz für den Verfassungskonvent im März zu verabschieden, denn im Juni beginne die Auswahl der Teilnehmer und einen Monat später würden sie in Sucre mit der Arbeit beginnen.[248] Er verkündete tatsächlich einen Zeitplan für die Parlamentarier. Fast niemand nahm das ernst. Die Opposition sagte *Mit uns nicht* und dass die MAS dafür eine Zwei-Drittel-Mehrheit im Parlament benötige, um das Einberufungsgesetz verabschieden zu können. Andere sagten, dass bis Juli in einem so instabilen Land wie Bolivien alles passieren könne.

Der Präsident folgte seinem Weg, so wie er es gewohnt war. Um Mitternacht rief er den Senatspräsidenten Santos Ramirez zu sich. Gustavo Torrico, bis dato Präsident der MAS-Fraktion im Parlament, musste im Morgengrauen in seinem Arbeitszimmer erscheinen. Mit Linera stand er täglich in Kontakt. Das verfolgte den Zweck, genau über den Prozess der Verabschiedung des Einberufungsgesetzes zum Verfassungskonvent informiert zu bleiben. Evo hatte seine Priorität festgelegt.

Das Gesetz wurde letztendlich wie geplant im Parlament verabschiedet. Um die Zwei-Drittel-Mehrheit zu erreichen, musste die MAS den Positionen der Elite aus dem Osten Boliviens nachgeben. Die elitetreuen Abgeordneten forderten, dass die Abstimmung über die Mitglieder des Verfassungskonvents am

2. Juli 2006 ebenfalls mit der über ein bindendes Autonomie-Referendum kombiniert sein müsse, das im Falle seiner Befürwortung umsetzbar wäre. Die Wähler hätten dabei die Möglichkeit mit Ja für die Autonomie oder mit *Nein* dagegen zu stimmen.

Dieser Kompromiss entsprach den Absichten der Führungsebene der MAS, insbesondere Álvaro Linera vertrat diese Position.

Kurz vor den Wahlen starteten die Befürworter der Autonomie eine aggressive und suspekte Wahlkampagne. Die Botschaften der Autonomisten aus den Departamentos Santa Cruz, Tarija, Pando und Beni waren mehr von Separatismusabsichten und dem Willen nach extremer regionaler Abkapselung geprägt, als von tatsächlicher Autonomie. Ihr Triumph verstand sich in den besagten Departamentos von selbst. Es bestand sogar die Möglichkeit, dass das Referendum in ganz Bolivien angenommen werden könnte.

Bis Mitte Juni blieb die Position der Regierung zweideutig.[249] Man hörte nicht nur große Zweifel aus den Erklärungen des Präsidenten heraus, sondern auch in den indigenen Organisationen begannen einige Stimmen Alarm zu schlagen. Das war möglicherweise der Moment, in dem sich Evo Morales, Haare raufend und gegen den Tisch tretend, entschied, seine Unterstützung für die Autonomisten zurückzuziehen. Und er begriff gerade noch rechtzeitig, dass er sich in seinen Verleumdern getäuscht hatte. Evo appellierte an alle Bolivianer, gegen die Autonomie zu stimmen, und bei Massenkundgebungen in Sucre und Cochabamba rief er dazu auf, die Kandidaten der MAS zu wählen. Er unterstrich, dass es die Aufgabe des Verfassungskonventes ist, über die Autonomie zu entscheiden. Diese Aktion in letzter Minute rettete die Regierung vor einem Desaster. Die Intuition des Indígena war zurückgekehrt.

Laut den Daten des Wahlgerichtshofes gewann das *Nein* mit 57,5 Prozent und das Ja verlor mit 42,2 Prozent. Im sogenannten *Halbmond* – so wird die Gesamtheit der Departamentos Santa Cruz, Beni, Pando und Tarija bezeichnet – hatte die Mehrheit allerdings für die Autonomie gestimmt.[250]

Aber damit waren die Abstimmungen vom 2. Juli noch nicht abgeschlossen. Der Wahlkampf wurde hauptsächlich geführt, um die VolksvertreterInnen der Constituyente zu wählen.

Die Oppositionsparteien – Podemos, UN, MNR, MIR und ADN – setzten sich aus denselben Autonomisten zusammen und erhofften eine große Mehrheit im Verfassungskonvent zu stellen, um die Absichten des Präsidenten zu vereiteln. Sie versprachen sich ein Echo in der bolivianischen Bevölkerung, indem sie Hugo Chávez (Venezuela) und Fidel Castro (Kuba) Einmischung in die inneren Angelegenheiten Boliviens unterstellten.

Morales mobilisierte in erster Instanz seine Parteimitglieder. Er berief viele Versammlungen ein, zum Beispiel jene in der Stadt Cochabamba, die in der Einführung dieses Buches beschrieben wird.

Bei diesen Treffen wurden kollektiv die nächsten Schritte festgelegt. Die MAS setzte sich zum Ziel, 80 Prozent der Verfassunggebenden Versammlung zu stellen. Der Präsident schlug bei diesem Treffen in Cochabamba vor, die alte Taktik der *geborgten* Parteinamen wieder zu benutzen, um unter diesen Kandidaten aufzustellen und mehr Mitglieder seiner Partei in den Verfassungskonvent zu entsenden.

Laut dem bolivianischen Wahlgesetz werden in einem Wahlkreis drei Plätze vergeben, zwei für die Sieger-Partei und einer für die zweitstärkste Partei. Dazu sagte der Präsident einmal: »Warum sollte ich einen Platz dem Feind überlassen?«[251] Wenn die absolute Mehrheit eines Wahlkreises seine Partei unterstützt, konnte es nicht sein, dass diejenigen, die gegen die Interessen der dortigen Bevölkerung standen, ebenfalls vertreten waren. Und er übernahm es persönlich, den Wählern seine Strategie zu erklären. Dieses Konzept wurde im Chapare besser angenommen, als in anderen Regionen. Die rechten Parteien benutzten das gleiche Rezept. Die MNR teilte sich zum Beispiel in drei Parteien.

Im Ergebnis der Wahlen zum Verfassungskonvent stellte die MAS 137 der 255 Delegierten und damit 53 Prozent. Rechnet man die unter geborgten Parteinamen erreichten Stimmen dazu, sind es sogar 59 Prozent. Podemos stellte 72 Delegierte, das entspricht 28 Prozent der Gesamtanzahl.

Die politischen Gegner von Evo Morales bezeichneten das Ergebnis verglichen mit dessen Ziel von 80 Prozent als komplettes Scheitern. Sie behaupteten Bolivien stecke in einer Krise. Allerdings gab es in ihren Erklärungen nicht einmal die Spur einer Stellungnahme zu ihren eigenen Ergebnissen. Die Autonomiebefürworter scheiterten sang- und klanglos, indem sie ihr Hauptaugenmerk auf das Referendum gelegt hatten, um ihre Ausschlusspolitik gegenüber den Indígenas fortzusetzen. Diese entzieht sich dem rationalen Verständnis und bedeutet, einer Mehrheit die Interessen der Minderheit aufzuzwingen. Ein Analytiker sagte einmal in seiner Fachsprache, dass der Verbraucher, der Wähler in diesem Falle, ein Angebot nur dann ausschlägt, wenn man ihm ein Besseres offeriert. Aber diese rationalen Stimmen fielen unter den Tisch.

Evo selbst verteidigte das Ergebnis als dreifachen Sieg. Erstens, weil das Autonomie-Referendum mit 55 Prozent der Stimmen abgewählt worden war.[252] Zweitens, weil die Akzeptanz für seine Partei von 54 Prozent bei den Präsidentschaftswahlen im Dezember 2005 auf 60 Prozent bei der Abstimmung über die Delegierten des Verfassungskonvents gestiegen war. Und drittens, weil die Regierungspartei damit die absolute Mehrheit in der Constituyente stellte.[253]

Die Wahl am 2. Juli 2006 hatte zudem noch die besondere Bedeutung, dass die MAS zum ersten Mal in den Departamentos Santa Cruz und Tarija gewann, die sonst immer von der bolivianischen Rechten dominiert waren. Mit diesen Siegen relativierten sich auch die positiven Ergebnisse für das Autonomie-Referendum in diesen Departamentos. Es sind also die Mitglieder des Verfassungskonvents, die mit ihrem Votum über den Autonomiestatus der neun Departamentos Boliviens entscheiden müssen.

Wenn man an der Regierung der MAS etwas als revolutionär bezeichnen kann, ist es genau diese Einberufung der Constituyente. Am 6. August 2006 begann die Arbeit des Verfassungskonvents unter Leitung der Quechua Silvia Lazarte. Evo Morales sagte bei dieser Gelegenheit: »Die Verfassungsgeber sollten Instrumente der friedlichen, demokratischen und kulturellen Revolution sein.«[254] Seine Politik ist nicht nur darauf ausgerichtet, den ewig Ausgeschlossenen ihre Rechte zurück zu geben, sondern steht auch unter dem Zeichen der geschlechtlichen Gleichberechtigung. Die guatemaltekische Friedensnobelpreisträgerin Rigoberta Menchú Tum, der Herkunft nach Quiché/Maya, sagte zutreffend, dass diese Constituyente eine *Goldmine* sei.

Morales versprach vor seinem Aufstieg ins Präsidentenamt, die Vorkommen fossiler Brennstoffe zu nationalisieren. Seine Absicht war bekannt, aber an der Umsetzung des Versprechens wurde gezweifelt. Viele dachten, er würde den bis dahin in Bolivien üblichen Weg verfolgen, im Vorab mit allen Beteiligten zu verhandeln und danach die Interessen der internationalen Unternehmen zu akzeptieren. So war es aber nicht. Der Ministerstab verfügte zuerst die Nationalisierung, um danach mit den Beteiligten zu verhandeln.

Am 1. Mai 2006 erfüllte Evo sein Versprechen, indem er einen Regierungserlass über die Nationalisierung der natürlichen Vorkommen an Kohlenwasserstoffen in Bolivien verabschiedete.[255] Im Unterschied zu den vorherigen Regierungen tragen seine Erlasse keine Nummern, sondern Namen, die ihrem Inhalt entsprechen. So wurde dieser Regierungserlass mit Bezug auf den Chaco-Krieg[256] zwischen Bolivien und Paraguay in den dreißiger Jahren *Helden von Chaco* genannt.

Der Schriftsatz beginnt mit folgender Präambel: »Der Staat holt sich den Besitz und die absolute Kontrolle über seine Rohstoffe zurück.«

In Wahrheit handelt es sich nicht um eine Verstaatlichung der Rohstoffe im klassischen Sinne, also eine Enteignung der internationalen Unternehmen. Der Regierungserlass ordnet an, dass die ausländischen Konzerne ihre gesamte Produktion der *Staatlichen Erdöl- und Ergasgesellschaft* (YPFB) zur Vermarktung überlässt. Um dies zu ermöglichen, erklärt der Staat so viele Aktien der Unternehmen wie notwendig für konfisziert, um die Aktienmehrheit von 50+1 Prozent zu erlangen. Die Konzerne produzieren mit der Auflage, dass nur die YPFB die Kohlenwasserstoffe vermarktet. Im Verlauf der Verhandlungen – der Erlass räumt eine Frist von 180 Tagen für die Aushandlung von Verträgen ein – werden den betreffenden Unternehmen diese Aktien abgekauft oder sie enthalten eine Entschädigung. Um den tatsächlichen Wert der Firmenanteile zu ermitteln, führt die Regierung eine Anhörung durch.

Auf der anderen Seite sind von diesem Dekret nicht alle internationalen Unternehmen, die Erdgas in Bolivien ausbeuten, betroffen. Nur Firmen, die im Jahr 2005 einen Tagesdurchschnitt von mehr als 100 Millionen Kubikfuss Produktion hatten, müssen 82 Prozent des Produktionswertes an den Staat abgeben.[257] In Wirklichkeit betrifft es damit nur drei Konzerne: die brasilianische Petrobras, die argentinisch-spanische Repsol und die französische Total-Fina-Elf.

Der Verdienst dieser Regierungsmaßnahmen ist es, dass seit der Gültigkeit des Erlasses die YPFB den Verkaufspreis der Rohstoffe auf nationaler und internationaler Ebene bestimmen kann. Während sie im internationalen Maßstab die Erdgaspreise auf das Doppelte oder Dreifache vom bisherigen bolivianischen Verkaufspreis verhandelt, kann Bolivien in dieser neuen Situation seine Einnahmen über die Preisnivellierung auf internationalen Standard erhöhen.

Für die internationale Presse war diese Nationalisierung mehr als ein Skandal. Sie forderte *juristische Sicherheit*. Sie ignorierte dabei, dass die alten Verträge der internationalen Unternehmen mit Bolivien diese juristische Sicherheit niemals hatten. Sie waren nicht vom bolivianischen Parlament ratifiziert worden und daher nichtig.

Aber da Bolivien eine *Bananenrepublik* gewesen war, wurden den Gesetzen seiner politischen Verfassung keine Bedeutung beigemessen. Der Wirtschaftsnobelpreisträger Stieglitz schreibt dazu treffend: »Eine große Anzahl von Verträgen wurden von den vorhergehenden Regierungen im Geheimen, und wie es scheint, ohne Zustimmung des Kongresses, unterzeichnet. Allerdings verlangt die bolivianische Verfassung eine Zustimmung des Kongresses für diese Art Verkauf. Daher ist klar, dass Morales nichts nationalisiert. Die Rohstoffe wurden nie in korrekter Form verkauft. Wenn einem Land ein Kunstschatz geraubt wird, nennen wir es auch nicht *Re-Nationalisierung*, wenn dieser zurückgegeben wird, weil er die ganze Zeit Eigentum des Landes war.«[258]

Neben diesen spektakulären Anordnungen der Regierung Morales waren es auch kleine Schritte, die Evo als einen Politiker, der getreu seinen Prinzipien und seiner Kultur handelte, ausweisen.

Im März 2006 legte er mit kubanischer Hilfe ein Alphabetisierungsprogramm auf. Der Indígena hatte sich vorgenommen, den Analphabetismus, der 13 Prozent der Bevölkerung des Landes betrifft, innerhalb von 25 Monaten zu überwinden. Nach sechs Monaten Regierungszeit wurde bekannt, dass etwa 10.000 Personen an diesem Programm teilnahmen.

Bolivien ist ein Land mit sehr niedrigem Lohnniveau. Offizielle Quellen sprechen von einem monatlichem Grundeinkommen von umgerechnet ungefähr 50 Euro pro Lohnempfänger. Aber es ist bekannt, dass die ländliche Bevölkerung häufig praktisch nur ein jährliches Einkommen von 100 Euro pro Familie hat.

Und deshalb sollen auch die Politiker nicht in Überfluss leben. Wenige Tage nach seinem Amtsantritt verkündete Morales persönlich seine Entscheidung, sein Gehalt um 58 Prozent von 34.900 Boliviano (3.400 EUR) auf 15.000 Boliviano (1.460 EUR) zu senken. Man sagt, die deutsche Bundeskanzlerin würde 17.000 Euro pro Monat verdienen und einige deutsche Manager erhalten 125.000 Euro monatliches Grundgehalt, ohne dass irgendein Extrabonus eingerechnet wäre.[259]

Auch sein Vizepräsident und seine Minister waren von diesen Gehaltskürzungen betroffen, da das bolivianische Gesetz nicht gestattet, dass Angestellte im öffentlichen Dienst mehr als der Präsident verdienen. Der Indígena forderte von seinen Mitarbeitern, sich für das Land anzustrengen und erreichte ihre Herzen, als er darauf hinwies, dass diese Ersparnisse für die Lohnzahlungen im Bildungsbereich genutzt werden.

Im Fazit hat er bis jetzt das getan, was jeder gute Unternehmer auch getan hätte. Ausgaben reduzieren und Einnahmen erhöhen, indem die zahlen müssen, die bisher nichts oder wenig gezahlt haben. Er hat erreicht, dass Argentinien mehr für den Erdgasexport bezahlt. Mit Brasilien steht er immer noch in Verhandlung.

Diejenigen, die denken, dass die Morales-Regierung sozialistisch ist, haben sich geirrt. Davon gibt es keine Spur. Im sogenannten *Manifest von Orinoca* kann man lesen: »Es ist eine linke, indigene und nationale Volksbewegung. Eine Bewegung des Gewissens und nicht des Absahnens [...]«.[260] Einer seiner Berater, Prof. Stieglitz, ist sogar ehemaliger Mitarbeiter der Weltbank und Wirtschaftsnobelpreisträger. Ein Indígena und ein US-Amerikaner arbeiten daran, Bolivien aus der Armut zu führen.

Die Nachricht, dass ein Koka-Bauer an die Regierung gekommen ist, ließ der westlichen Welt die Haare zu Berge stehen und versetzte sie in Alarmbereitschaft. Alles konnte man erwarten, aber nicht, dass er das Gesetz Nr. 1008 aufrecht erhielt. Der Cocalero-Führer, der er immer noch ist, äußerte, er wolle nichts verschieben und drückte seinen Anspruch aus, seine Aufgaben gut zu meistern. Also suchte er sich ein Dutzend Spezialisten, die einen gut durchdachten Plan mit dem Ziel, die Koka-Produktion neu zu bewerten und zu rationalisieren, ausarbeiten sollten. Die Neubewertung bezieht sich darauf, ihren ursprünglichen Wert nicht nur in Bolivien, sondern in der ganzen Welt wiederherzustellen. Die Rationalisierung meint, dem Missbrauch der Jahrtausende alten Pflanze vorzubeugen. Das heißt *null Drogenhandel*. Er machte verständlich, dass die Rationalisierung sich auch auf die industrielle Verarbeitung bezieht und meint damit, die verschiedenen Anwendungsbereiche dieser traditionellen Pflanze auszuschöpfen. Neben dem Verfassungskonvent ist die Koka-Thematik eine der schwierigsten Aufgaben, die Evo Morales angehen muss.

Ohne den Anspruch, eine vollständige Analyse zu erheben, hat die Regierung unter Führung des Indígena einzigartige Taten vollbracht, die man als wahrhaft revolutionär charakterisieren kann.

Zum Ersten mal spielt Moral eine Rolle in der Politik, eine Neuheit, die Morales ins politische Leben Boliviens und der globalisierten Welt eingebracht hat. Das, was er Gewissen nennt, ist in Wahrheit mehr als politische Aufrichtigkeit und Ehrlichkeit. Er dürfte wissen, dass genau diese Charaktereigenschaften die Zivilisation seiner Vorfahren ins Grab gebracht haben. Aber Evo beharrt auf diesen historischen Eigenschaften und das ist sein Verdienst. Er sollte sich dessen bewusst sein, dass auch die moralischen Werte Grenzen haben. Es würde von Weltfremdheit und Naivität zeugen, mit alten, korrupten Strukturen etwas Neues aufbauen zu wollen. Diejenigen, die unter dem Vorwand des Beamtentums auf hohen Posten verbleiben, ohne jemals eine Veränderung gewollt zu haben, wollen diese auch jetzt nicht und sind Zeitbomben für die Vorhaben von Morales. Es ist ebenso naiv und würde in einem Desaster enden, nur mit dem Gewissen verändern zu wollen, ohne den Tatsachen ins Auge zu schauen. Die Cocaleros wissen nur zu gut, dass man nicht einfach ohne Kenntnisse mit der Ernte beginnen kann. Das Regieren erfordert spezielles Wissen.

Und andererseits ist da der Beginn einer multikulturellen Politik in einem staatlich geschaffenen Raum: der Constituyente. Das erste Mal in der Geschichte Boliviens sind ethnische Minderheiten und Mehrheiten in dieser beratenden Instanz vertreten. Das ist der Beginn einer möglichen Integration der verschiedenen Kulturen. Niemand muss mehr seine Herkunft verleugnen, um an der Entwicklung teilhaben zu dürfen. Für die bolivianischen Indígenas wird ein Ziel greifbar, welches andere Kulturen der Welt bis jetzt kaum oder gar nicht erreicht haben.

Viele andere wirtschaftliche, politische, soziale und bildungspolitische Maßnahmen weisen zwar äußerlich spektakuläre Züge auf, aber sie erreichen qualitativ nicht eine Ebene, auf der man sie als revolutionär einstufen könnte, sind allerdings auch nicht bloße Reformen. Wenn es eine Lücke in der Politik der neuen Regierung gibt, ist es das Fehlen eines stimmigen Konzeptes, welches, so wie versprochen, ein besseres Leben in den indigenen Kommunen schafft. Es reicht nicht aus, die Überschüsse aus dem Energiesektor gerecht zu verteilen. Das ist nur der Anfang von Projekten mit Spannweite. Der biologische Anbau nicht traditioneller, landwirtschaftlicher Kulturen ist nur eine Möglichkeit, die der Reichtum der indigenen Kultur bereit hält.

Die besonderen

Gewohnheiten

von Evo Morales

Die bisherige Beschreibung des politischen und gewerkschaftlichen Lebens des Indígena-Führers hinterlässt vielleicht den Eindruck, dass er sich zum *globalisierten Indio* entwickelt hat, so wie er schon oft eingeordnet worden ist. Natürlich gehören Kommunikationsmittel wie das Internet zu seinem Arbeitsbereich. Es ist schwer zu überschauen, wohin ihn all seine Reisen führten. In dieser Hinsicht ähnelt er eher einem Coca-Cola-Manager als einem Verteidiger der Koka-Produktion. Er hat auch die Welt bereist wie kaum ein anderer Bolivianer und sein Pass ist abgenutzter als der jedes anderen bolivianischen Diplomaten.

Trotzdem fühlt sich Evo als Globalisierungsgegner und Indigenist.[261] Man weiß, dass er seine Armbanduhr auf dem Wochenmarkt in Cancha de Cochabamba gekauft hat. Sie hat auch eine Weckfunktion, die allerdings überflüssig ist, weil er von seinem Vater gelernt hat, ohne Wecker aufzustehen. Warum also Rohstoffe verschwenden, wo es nicht nötig ist? Warum Kriege um Rohstoffe führen, wenn wir nur unsere natürlichen Instinkte verfeinern müssten? Warum immer mehr konsumieren, um Wirtschaftswachstum und Wohlstand zu erzeugen, aber dabei die Natur zu zerstören? Und wie absurd ist Luxus überhaupt, wenn andere nichts zu Essen und nichts zum Anziehen haben? Sehr wahrscheinlich sind das Fragen und Gedankengänge von Evo Morales, die wir zwar nicht lesen, aber aus seinem Verhalten ableiten können.

Seiner Logik nach wechselt man die Schuhe, wenn sie so abgenutzt sind, dass sie ihren Zweck nicht mehr erfüllen, aber nicht weil sie schön, interessant oder modisch sind. Das wäre, als ob man dieses Paar Schuhe als wertlos betrachtet. Sein Lieblingsschuhmodell einer bekannten Marke in blau mit weißen Streifen, begleitet ihn seit 20 Jahren. Ein anderes Modell dieser Marke zu kaufen, bloß weil der Hersteller behauptet, das neue Modell wäre besser als das alte, hätte für ihn keine Logik.

Die ihm Nahestehenden wissen, dass er sich immer gleich kleidet. Seine blaue Chamarra-Jacke trägt er nicht nur aus Verbundenheit mit seinem Volk, sondern auch, weil sie ihm schon viel Glück gebracht hat. Sein Chompa-Pullover, ein typisches Kleidungsstück der Andenbewohner mit roten Streifen, hat ihn auf all seinen Weltreisen begleitet, was die internationalen Journalisten sehr beschäftigt hat. Auch von ihm trennt er sich nicht, gemäß seiner Devise: liebe deine Sachen und sie werden dir Glück bringen.

Aber er verliebt sich nicht nur leicht in Gegenstände, sondern auch in Frauen. Er weiß, dass die ledigen Frauen in seiner Kultur normalerweise die Initiative ergreifen. Er muss nicht lange warten und wird dafür von den Städtern beneidet. Er kennt den Unterschied zwischen Aymara- und Quechua-Frauen sehr gut und es scheint, dass er die *cochalas*, die Quechua aus Cochabamba, bevorzugt, weil sie nicht so schüchtern sind. Einige mutmaßliche Kandidatinnen sind eine 25-jährige Cocalero-Führerin aus Villa Tunari und ein wunderschönes Mädchen aus Tarija. Nebenbei bemerkt, mag er auch *Gringas*. Solange Evo dies nicht dementiert, sei jede Vermutung erlaubt.

Obwohl Evo sich weigert, über sein Privatleben zu sprechen, was für einen Aymara normal ist, gelang es einem Journalisten ihn auf westliche Art in einem öffentlichen Interview an die Wand zu spielen und ihm intime Geheimnisse zu entlocken. Er gab öffentlich zu, dass er zwei Kinder, einen Sohn von 14 Jahren und eine Tochter von sechs Jahren, hat.[262] Von den Müttern der Kinder ist nichts bekannt, aber mit Sicherheit wird man von den Kindern noch hören und vielleicht verstehen sie auch, dass ihr Vater keine Zeit für die Familie haben kann. Es gibt keine Spur davon, dass Evo ein Macho wäre. Er verteidigte seine Mutter immer bei den sporadischen Streitigkeiten mit dem Vater. Und alle Bolivianer können sehen, dass er eine Frau, Silvia Lazarte, an die Spitze der Constituyente gestellt hat.

Wenn er mit Carlos Mesa am Verhandlungstisch saß und dieser respektierliche Intellektuelle vom IWF, der Weltbank und den USA mit soviel Beredsamkeit und Leidenschaft sprach, sah Evo wahrscheinlich die Ähnlichkeit seines Verhaltens trotz entgegengesetzter Interessen. Egal wie viele Verhandlungen und Unterredungen die beiden Politiker hatten, Evo dachte und sprach immer zuerst von seiner Basis und seinen Interessen. Dass an erster Stelle die Gemeinschaft steht, hatte er schon als Kind gelernt. Daher war es für ihn schwierig zu verstehen, was Mesa meinte, wenn er von der internationalen Gemeinschaft sprach und den Eindruck vermittelte, dass die indigenen Gemeinden nicht Teil dieser seien. Er konnte nicht glauben, dass Menschen sich in ihren Gedanken und Handlungen so voneinander unterscheiden. Daher erklärt sich Evos Interesse daran, mit allen persönlich zu sprechen.

Morales hatte und hat die gleichen Probleme wie jeder andere Mensch. Einige Male äußerte er in Interviews, dass es Situationen gibt, nach denen er nachts zu seinen Eltern betet und ihre Hilfe erbittet. Am Tage seiner Amtseinführung als Präsident Boliviens dankte er als erstes seinen Eltern »[...] sie mögen in Frieden ruhen, und ich bin überzeugt davon, dass sie mir weiterhin beistehen«. Für ihn sind seine Eltern nicht tot, sondern leben weiter. Bestimmt weiß er, dass die Inkas ihre toten Angehörigen mumifizierten und mit Gold geschmückt in den Höhlen nahe Cuzco, der Hauptstadt ihres Imperiums, aufbewahrten und sie bei den Prozessionen anlässlich der *Raimi*-Feste, der Sonnenwende, durch die Straßen trugen. Vielleicht wird er auch diesen Brauch wiederbeleben.

Die westliche Welt versteht oft nicht die Logik seiner Entwicklungspolitik. Für den Indígena ist die Vergangenheit nicht vorbei und vergessen. Die Vergangenheit ist die Gegenwart und bestimmt die Zukunft. Daher ist die Logik nicht: zerstören um danach aufzubauen, sondern: mit der Vergangenheit zu leben und auf ihrer Grundlage etwas zu konstruieren. Alles was kommen wird, die Zukunft, trägt etwas aus der Vergangenheit in sich. Aus diesem Grund benutzt die Sprache der Quechua die Präposition *quepapi*, die *hinten* bedeutet, als Substantiv für das *Folgende*, also die Zukunft. Und das Quechua-Wort *ñaupapi*, welches als Präposition *vorwärts* oder *nach vorn* bedeutet, wird als Substantiv verwendet, um etwas *Geschehenes* zu beschreiben. Es sind zwei Teile einer Einheit, die sich

Karneval in Orinoca 2006

einander bedingen. Sie entsprechen nicht dem Kampf der Gegensätze wie in der Philosophie von Hegel oder Marx.

Diese indigene Vision kann man auch für den Umgang mit dem Menschen als Ganzes anwenden, sowohl als Individuum, wie auch als Teil der Gemeinschaft. Der gemeinschaftliche, soziale Aspekt steht über der Individualität, trotzdem wird diese gemäß ihrer Gewichtung in der Gesellschaft besonders berücksichtigt. Es gibt Privatbesitz und Privatertrag. Es kommt zu Ungleichheiten dieses Ertrages aufgrund von Unterschieden, die sich aus der Natur und individuellen Fähigkeiten ergeben. Die Gemeinschaft versucht diesen sozialen Verschiebungen mit Tributen und Gebräuchen zu begegnen. In Bolivien, einem Land, das sowohl die westliche als auch die indigene Kultur beherbergt, kann nur eine integrierende Vision der Indígenas eine Entwicklung in dieser Gesamtheit bewirken. Die westliche Vision, die ihren Schwerpunkt in extremer Form auf Individualismus und Neoliberalismus legt, hat es nicht geschafft und wird es nicht schaffen, die bolivianische Gesellschaft für alle weiter zu entwickeln.

Für die *Gringos* ist es einfacher, die sozialistischen Ideen von Karl Marx zu widerlegen als die Logik der Andenbewohner zu verstehen. Deshalb ziehen sie es vor, Morales als *Sozialisten* zu betiteln und weil sie sich als Perfektionisten ausgeben und Irrtümer vermeiden möchten, betiteln sie ihn als *indio*, also der *sozialistische Indio*. Diesbezüglich fragte jemand Evo: »Was verstehen sie unter Sozialismus?« Und er antwortete: »Gleichheit und Rückverteilung des Reichtums«. Vielleicht bezieht er sich hier auch auf die Gleichheit an Möglichkeiten und Rückverteilung der Reichtümer, wie sie jede Gesellschaft vornehmen könnte. Er

Die Brüder Morales nach einigen Flaschen Bier

sprach weder von Volkseigentum noch von der Diktatur des Proletariats.

Wenn der Indígena sich in den Tälern von Cochabamba aufhält, erfrischt er seinen Geist mit ein paar *tutumas de chicha*, einem aus Mais bereiteten alkoholischen Getränk, welches in einer Kalabasse gereicht wird und seinen Ursprung in der Inkazeit hat. In Isallawi und Oruro fehlt es nicht an Bier der Marke *Huari*, das unweit seines Heimatortes hergestellt und von den Orureños kistenweise konsumiert wird. Vielleicht begründet sich seine Vorliebe für dieses Getränk auch in seinem Namen, der im Aymara Vikunja bedeutet. Das Vikunja ist ein in den Anden lebendes Kameltier, der wilde Vorfahre der Alpakas und Lamas. Man sagt, sein Lieblingsgericht sei die *lahua de jank´aquipa*, ein Brei aus geröstetem Maismehl. Seine kulinarischen Vorlieben gelten den Gerichten aus seiner Heimat, zum Beispiel dem Hammelkopf, der heute auf der Speisekarte der Präsidentenresidenz San Jorge steht. Es ist bekannt, dass er die Küche von Cochabamba mag. Ein anderes seiner Leibgerichte, *cojo pollo*, wurde schon von der Ehefrau seines älteren Cousins Marcial zubereitet.

Obwohl er zuerst in den Chapare und dann nach La Paz übersiedelte, reiste er immer zu den großen Festlichkeiten in seiner geliebten *llajta*, seiner Heimat. Das sind die Momente, in denen er seinen Gefühlen und Erinnerungen freien Lauf lassen kann. Er saugt die Musik, die Natur, die Verwandten und die ganze Umgebung so stark in sich auf, dass es ihm schwer fällt, die Tränen zurück zu halten. In Orinoca hatte er zusammen mit seinem jüngeren Bruder das Tanzen gelernt. Er mag die *kaluyus*, Musik der Indígenas, traditionelle Blasmusik und die Lieder von Alberto Terán, der die Charango-Guitarre beherrscht.

Möglicherweise wissen viele nicht, dass der bolivianische Präsident in

Grundzügen die traditionellen Standards seiner Kultur erlernt hat, was ihm die soziale Akzeptanz der Indígenas sichert: er spielt eine Reihe von Instrumenten indigenen Ursprungs, er kann Tiere schlachten, beherrscht die Rituale, hat das architektonische Wissen des traditionellen Hausbaus und kennt sich in Ackerbau und Viehzucht aus.

Wie die Mehrheit der Indígenas orientiert sich Evo Morales an seinen Träumen. Vor den Präsidentschaftswahlen 2005 erzählte er einem Journalisten, dass er davon geträumt hätte, ein großes Baby in seinen Armen getragen zu haben.[263] Er erklärte seinem Gesprächspartner, dies sei ein Symbol für Geld. Möglicherweise sah er in seinem Traum mehr Einnahmen für sein Land unter seiner Präsidentschaft. Der Journalist interpretierte den Traum als *Die Zeit der fetten Kühe*. In der Traumsymbolwelt der Andenbewohner stehen Kuh und Esel für Rückschritt, wahrscheinlich, weil sie von den Spaniern mitgebracht worden waren. Viele bolivianische Intellektuelle verstehen die Logik ihres indigenen Präsidenten nicht.

Mit der Zeit beginnt die bolivianische Öffentlichkeit die indigenen Bräuche wahrzunehmen. Wenn Evo Morales nach Isallawi reist, steigt er oft auf den Hügel *Kuchi Kuchi*. Hier vollzieht er sein *wilancha*-Ritual, die Opferung eines Lamas, so wie er es von seinem Vater erlernt hat. Er meditiert und spricht mit seinen Göttern und seinen Eltern, auf dass sie ihm die Kraft gäben, die Schwierigkeiten beim Regieren Boliviens zu bewältigen.

Evo, der lebendige *Katari*, hat nicht nur seine Götter aufgeweckt, sondern auch Millionen Indígenas, die die Veränderung ihrer Realität in ihre eigenen Hände genommen haben. Sie wollen ihre Lebensumstände verbessern, sich in diese Welt integrieren, ohne ihre Eigenart zu verleugnen. Sie wollen ihre eigene Identität entwickeln, um mit ihr die menschliche Kultur zu bereichern. Sie wollen friedlich mit anderen Kulturen zusammenleben. Sie wollen einen Raum in Bolivien für das Zusammenleben der vielfältigen Kulturen schaffen. Die Menschheit sollte ihnen diese Möglichkeit geben. Die Geschichte hat uns gezeigt, dass man die sozialen Probleme der Welt nicht durch Kriege oder den Bau von Mauern und Grenzen löst. Es gilt die Freiheit zu schaffen, die es den *Anderen* erlaubt, am Reichtum der Menschheit teilzuhaben.

Evo (zweiter von rechts) mit seinem Vater (zweiter von links) und
seiner Mutter (dritte von rechts) auf dem Hügel Kuchi Kuchi (ca. 1976)

Evo (hinten, Mitte) mit Verwandten und Freunden

Evo Morales in seiner Wohnung in Chochabamba

Indigene *Palliris* (Frauen, die Mineralien auslösen) und
Mineros (Bergarbeiter) in Cerro Rico (Potosi)

Río Grande

Die Verteilung der Mahlzeiten aus einer Volksküche

Cocalero mit Zwille (Steinschleuder)

links: Papayabäume (oben) und ein Bananenbaum (unten) im Chapare
oben: Huayna Potosí, einer der höchsten Berge der bolivianischen Anden

X

links oben: *Valle* in Cochabamba
links unten: Im *Altiplano* von Oruro, wo die Lamas zu Hause sind
oben: Vicuñas an der Grenze zwischen Bolivien und Chile

Typische Flußlandschaft im Chapare

Hängebrücke im Dschungel des Chapare

Cocalero mit Koka im Mund

Kokablätter aus Chapare sehen etwas heller aus

oben: Ein *Mallku* (Dorfoberhaupt) in La Paz
links oben: Indígena-Kinder in Santa Cruz
links unten: Lebendige Farben der traditionellen Tracht der
Frauen aus Nord-Potosí und Rakaipampa

Cerro Rico (Potosi): Hier wird seit der Kolonialisierung Silber und Gold abgebaut

Das Zentrum der Stadt La Paz, dem Regierungssitz Boliviens

XX

links: Enge Straßen in La Paz
oben: Straßenkinder als Schuhputzer in La Paz

Wahlwerbung der MAS mit Evo Morales' Porträt auf einem Wandbild im Chapare

Evo als Fußballer und Stürmer in einer *Communidad*

XXIV

links: Tanz mit einer Quechua-Frau
oben: Evo tanzt mit Aymara-Frauen aus dem Altiplano

links: Evo mit seinen blauen Lieblingsschuhen
oben: Evo und seine Schwester Esther bei einem Umzug in Oruro

Evo als Abgeordneter im Parlament

Das Parlamentsgebäude auf der *Plaza Murillo*

Evo Morales und der venezolanische Präsident Hugo Chavez mit Ponchos im Chapare (2006)

Evo als Präsident mit seiner Leibgarde in der *Casa Campestre* in Cochabamba

Evo mit lateinamerikanischen, europäischen und internationalen
Staatsfrauen- und männern beim EU-Lateinamerikagipfel in Wien (Mai 2006)

Anhang

Anmerkungen

1   Der Autor das Buches hatte die Ehre, an dieser Versammlung teilnehmen zu dürfen. Die Versammlung fand am 8. und 9. April 2006 statt.

2   Siehe Seite 200 im Anhang.

3   Um diejenigen zu beschreiben, die von den prähispanischen Kulturen abstammen und die respektvoll und tolerant mit anderen Kulturen umgehen, nutzt der Autor den Terminus *Indígena*. Der Begriff *Indio* wird in Lateinamerika eher von Rassisten als von den so genannten Indianisten verwendet.

4   Eine weitere Bedeutung des Wortes *k´ara* ist *besitzlos*, aus dem geschichtlichen Hintergrund verständlich, dass die spanischen Eroberer außer Schwertern, Schusswaffen und ihren Schiffen nichts besaßen, was die Indígenas als einen Wert anerkannt hätten, wie Grund und Boden, Häuser etc.

5   Die *Constituyent*e (*Verfassunggebende Versammlung* oder *Verfassungskonvent* bezeichnet die Versammlung der VolksvertreterInnen, die über einen Volksentscheid gewählt werden. Die Wahlen zur Constituyente fanden am 2. Juni 2006 statt. Die MAS erreichte 137 von insgesamt 255 Sitzen in der Versammlung, davon waren 119 auf Wahlbezirks-Ebene und 18 auf Departamento-Ebene gewählt worden. Diese Versammlung in Sucre wird die neue politische Verfassung des bolivianischen Staates diskutieren und verfassen.

6   Zweifelsohne ist Evo Morales der erste indigene Präsident Boliviens, aber nicht der erste Lateinamerikas. Um genau zu sein, hatte er zwei Vorgänger: Der erste indigene Präsident Lateinamerikas war der Zapoteke Benito Juárez, geboren 1806, dessen Verdienste weltweit Anerkennung erhielten. Er war mexikanischer Präsident von 1861 bis 1872. Der Zweite war der umstrittene peruanische Präsident Alejandro Toledo, geboren 1946, der Peru von 2001 bis 2006 regierte und bei den lateinamerikanischen Indígenas auf starken Widerstand stieß. Jedoch bekannte sich keiner von ihnen so vehement in der Öffentlichkeit zu seiner indigenen Herkunft wie Evo Morales.

7   Koka bezeichnet die Pflanzen *Erythroxylon coca* (Lamarck, 1786) und *Erythroxylon novogranatense* (Morris, 1889). Umgangssprachlich werden auch die getrockneten und für den Konsum vorbereiteten Blätter dieser Pflanzen als Koka bezeichnet. Die Koka-Pflanze wächst hauptsächlich in Bolivien, Peru, Ecuador und Kolumbien. In den Andenkordilleren wird die Pflanze seit Jahrtausenden als heilig betrachtet.

8   Der Begriff *Kauen* ist nicht korrekt, weil die Koka-Blätter nicht mit den Zähnen zerkleinert werden, sondern solange im Mund bewegt werden, bis sie ihren Geschmack vollständig verloren haben. Man benutzt auch die Begriffe *coqueo* und *pijchu* für das *akulliku*.

9   Ein Großteil der bolivianischen Presse hat die Herangehensweise der neuen Regierung kritisiert, Gewerkschaftsführer Politikern mit Berufsausbildung vorzuziehen. Allerdings gibt es dazu nicht viele Alternativen. Zum einen stellte es sich als schwierig heraus, ehrliche und aufrichtige Berufspolitiker ohne Rassenvorurteile zu finden. Ein großer Teil der indigenen Intellektuellen verhält sich noch abwartend oder wird schlichtweg von der Regierung ignoriert. Zum anderen gibt es unter den Gewerkschaftsführern ein starkes Streben nach politischer Macht. Obwohl es auch unter ihnen schwarze Schafe gibt, kann man doch davon ausgehen, dass sie ihre Errungenschaften bis zum Letzten verteidigen werden. Eine realistische Alternative wäre die gemeinschaftliche Arbeit von Gewerkschaftsführern und Berufspolitikern.

10   Die beste Erklärung für dieses Wort ist Dornenstrauch.

11   Der Poopó-See ist nach dem Titikaka-See der zweitwichtigste See Boliviens.

12   Es gibt verschiedenste Erklärungen bezüglich des Namens von Orinoca, hier sind zwei davon: 1. *Q´ori* (Gold), *Orko* (Hügel), also der *Goldene Hügel*; 2. *Huari* (Vikunja, eine Kamelart) und *Noko* (Quelle), also Wasserstelle für Vikunjas.

13   Die Aymara benutzen bis heute die Bezeichnung *Marka*. Ihrer administrativen Bedeutung nach rangierte die Marka zwischen dem *Ayllu* und dem *Suyu*, das heißt, *Marka* bezeichnete nicht nur ein urbanes Zentrum, sondern auch einen Verwaltungsbezirk.

14   Es ist bekannt, dass es in der Gegend von Potosí und Cuzco aller sechs Meilen *tambos*, Herbergen, gab. Die bekanntesten waren: Quillacas, Aullagas, Orinoca, Anda Marca und Corque.

15   Für die Anfertigung der Grafik wurden u. a. auch Informationen aus den folgenden Werken verarbeitet: Roberto Choque Canqui: Bases socioeconomicas y politicas del Tawantinsuyu, Centro Marka/Bolivien, 1988; Roman Morales: Reciprocismo Poder Paritario, Impreso en Mac Impresores, Oruto 1992.

16   Siehe: Alex Contreras Baspineiro: Evo una historia de dignidad, Equipo de Comunicación y Organización Social (ECOS), Editora JV, Cochabamba/Bolivien, 2005, S. 3.

17   Die Quinoa und der Amaranth gehören zur Familie der Scheingetreide. Diese werden so genannt, weil sie aus botanischer Sicht keine Getreide sind, aber wie solche verzehrt werden.

18   Der vollständige Text des Zitates lautet: »seine verschlagene Bescheidenheit ›meine Herren, es erschreckt mich ein wenig, mich von so vielen Journalisten umringt zu sehen, bitte verzeihen Sie mir‹, seine studierten und weisen Mehrdeutigkeiten ›der europäische Kapitalismus ist gut, aber der amerikanische Kapitalismus ist schlecht‹, zeigen uns, dass Don Evo das Sinnbild des lateinamerikanischen Kreolen ist.« Mario Vargas Llosa: »Razas botas y nacionalismo«, *La Razón* vom 22.01.2006.

19   Die Regierung des Indígena Morales hat sich 2006 mit der Registrierung tausender Indígenas befasst.

20   Das offizielle Alphabet der Aymara besteht aus 26 Konsonanten und drei Vokalen (a, i und u). Siehe: *http://www.aymara.org/arusa/qillqa.php* (Zugriff vom 11.09.2006). Siehe auch: Hugo Faustino Mamani Aruquipa: »Compendio de la Gramática Quechua«, Promotora Cultural Oriom, Juliaca/Peru, September 2005.

21   Das Aymara-Wort *ayma* hat scheinbar bei den chilenischen Aymara eine andere Bedeutung als bei den bolivianischen.

22   Privates, nicht veröffentlichtes Dokument von Román Morales Zenteno: »Testimonio de Árbol Genealógico en la Memoria Histórica de los Qala Katari«, Oruro/Bolivien, 24.08.2004.

23   Laut Fernando González-Doria hat der Familienname Morales seine Herkunft in der Merindad de Trasmiera/Kantabrien und verbreitete sich über die Jahrhunderte auch in anderen Gebieten der iberischen Halbinsel und auch in einigen Ländern Lateinamerikas. Siehe: *http://www.surnames.org/apellidos/morales.htm* (Zugriff vom 31.05.2006).

24   Siehe: Namensforschung. Ein internationales Handbuch zur Onomastik. Herausgegeben von Hugo Steger, Herbert Ernst Wiegand, , de Gruyter, Berlin/New York 1995, 1.Teilband, S. 973.

25   Siehe: Alex Contreras Baspineiro: Evo, op., cit., S. 16.

26   Siehe: Interview von Marielle Cauthin: *http://www.bolivia.com* (Zugriff vom 31.05.2006).

27   Die Mehrzahl der Veröffentlichungen über das Leben Evos beschreibt seine Heimatgemeinde als arm. Die Bindung dieses Begriffs an das Fehlen von materiellen Gütern erzeugt nur ein einseitiges Bild des Gemeindelebens. Trotz materieller Armut bewahren die Gemeindebewohner wertvolle Kenntnisse über ihre Umwelt. Daher darf ein Entwicklungskonzept für die Indígenas auch nicht nur materielle Güter, sondern sollte ebenfalls eine Aufwertung ihrer Kenntnisse, zum Ziel haben.

28   Siehe: Juan Polo de Ondegardo, *http://cultura.pueblos-espana.org/Juan+Polo+de+Ondegard* (Zugriff vom 17.07.2006).

29   Siehe: Roberto Choque Canqui: op. cit.

30   Siehe: Román Morales Zenteno, op. cit.

31   Auszug aus dem Artikel von Wilson García Mérida: Bolivia: noticias del Pachacuti, el Ceremonial y la Profecía, 23.01.2006, *http://www.voltairenet.org/article134212.html* (Zugriff vom 15.06.2006).

32   Siehe: Crista Mcs. Weise Vargas: Educación Superior y Poblaciones Indígenas en Bolivia, Cochabamba/Bolivien, November 2004, *http://www.iesalc.unesco.org.ve* (Zugriff vom 03.06.2006).

33   Die Gebiete, in denen die beschriebene Bevölkerung ansässig ist, befinden sich in einer Höhe von etwa 3700 m über dem Meeresspiegel und

sind von Viehzucht (Kameltiere und Schafe) und Landwirtschaft (Knollenfrüchte wie Kartoffel und Getreide wie Quinoa) geprägt. Diese Gebiete werden permanent von Dürren und Frosteinbrüchen heimgesucht. Die Bauern aus dem Altiplano leben mit diesem Risiko jedes Jahr von Neuem. Aus diesem Grund haben die Indígenas der Anden ein System entwickelt, das zur Nahrungssicherung auch andere Vegetationszonen nutzt, zum Beispiel die Valles, in denen Mais angebaut wird, und die Yungas für die Koka-Produktion.

34 Chuño wird aus Kartoffeln hergestellt, die bei -10 °C Nachtfrost eingefroren und im Laufe des nächsten Tages aufgetaut werden. Nach dem Schälen werden die Kartoffeln in der Sonne getrocknet. Chuño kann jahrelang gelagert werden.

35 Siehe: *http://www.evomorales.net/paginasCas/perfil_Cas_infan.aspx* (Zugriff vom 07.07.2006).

36 Interessante Untersuchungsergebnisse auf diesem Gebiet finden sich in der Monographie von William E. Carter: Ensayos científicos sobre la coca, Librería Editorial Juventud, La Paz 1996, S. 71 ff. Carter veröffentlichte unter anderem überzeugende Erklärungen von Roderick Burchard, der die Ansicht vertritt, dass das *akulliku* unter Berücksichtigung folgender Erkenntnis betrachtet werden muss: »das Kokain ist nicht das Haupt-Alkaloid beim Koka-Kauen, sondern das Alkaloid Ecgonin, welches 80mal weniger giftig ist als Kokain.« (Ebd.: S. 165) Burchard schlussfolgert, dass das *akulliku* ein wichtiger kultureller Mechanismus ist, der auch für den Glukosehaushalt des Körpers nützlich ist, da Koka oft nach dem Verzehr von kohlenhydratreichen Mahlzeiten gekaut wird. (Ebd.: S. 170) Es ist daher überaus verdächtig, dass die Ergebnisse der WHO-Studie des Projektes Kokain WHO/UNICRI bis heute nicht veröffentlicht wurden. Seriöse Veröffentlichungen informieren, dass dieser Bericht zeigt, dass der Koka-Konsum »keine nachweisbaren physischen oder psychischen Gesundheitsschäden verursacht«. Vgl. Drogas y Conflicto, Nr. 13, »¿Coca si, Cocaína no? Opciones legales para la hoja de coca«, TNI Briefing Series Nr. 2006/2, S. 8.

37 Der peruanische Arzt Carlos Monge wies in den vierziger Jahren die metabolische Wirkung der Koka nach, die dem menschlichen Organismus hilft, den Sauerstoffmangel in Höhenlagen auszugleichen. Siehe: Silvia Ribera C.: Las Fronteras de la Coca. Epistemologías Coloniales y Circuitos Alternativos de la Hoja de coca, IDIS-UMSA/Ediciones Aruwiyiri, La Paz 2002, S. 14.

38 Es gibt auch das gemeinschaftliche Arbeitssystem *minka*, bei dem die Arbeit in Naturalien vergütet wird. Die *mita* ist der Beitrag der Bewohner an die Gemeinde zur gemeinschaftlichen Nutzung, zum Beispiel wird ein Beitrag zum Bewässerungssystem der Gemeinde geleistet, der zur Nutzung desselben auf den eigenen Ackerflächen berechtigt.

39   Confital liegt zwischen Cochabamba und Oruro auf einer Höhe von etwa 3.800 m.

40   In Bolivien werden die Fernbusse, die zwischen den Departamentos verkehren, *flotas* genannt.

41   Siehe: Interview mit Evo Morales in der Tageszeitung *Opinión* vom 15.04.2001.

42   Die Tatsache, dass die Koka aus dem Chapare heute vor allem in der Drogenproduktion Anwendung findet, bedeutet nicht, dass sie nicht mehr für das *akulliku* genutzt wird. Die Verwendung der Koka-Arten hat historische Wurzeln. Die verschiedenen Arten der Koka entsprechen, wie auch bei anderen Kulturen, zum Beispiel dem Kaffee, verschiedenen Geschmacksrichtungen. Deswegen ist die Behauptung, dass der gesamte legale Bedarf an Koka nur mit der Produktion aus den Yungas abgedeckt werden könne, absolut unstimmig. Diese Unstimmigkeiten werden allerdings einer Politik zugrunde gelegt, welche die Vernichtung der Koka-Pflanzungen im Chapare anstrebt. Siehe Roberto Laserna: 20 (mis)conceptions on coca and cocaine, Clave consultores s.r.l., La Paz 1997, S. 59.

43   Die Chroniken von de la Vega und Poma de Ayala sind in mehreren modernen Ausgaben erschienen, z. B. Garcilaso de la Vega: Wahrhaftige Kommentare zum Reich der Inka. Dt. von Wilhelm Plackmeyer, Rütten & Loening, 2. Aufl., Berlin 1986; Felipe Guamán Poma de Ayala: Die neue Chronik und gute Regierung. Faksimileausgabe und Übersetzung auf CD-ROM. Erstmals auf Deutsch. Hrsg. von Ursula Thiemer-Sachse. Übersetzung von Ulrich Kunzmann, Worm, Berlin 2004.

44   Siehe: *http://www.evomorales.net/paginasCas/perfil_Cas_infan.aspx* (Zugriff vom 07.07.2006).

45   Die *incunya* ist ein Zeremonietuch aus *aguayo*-Stoff von 40x40 cm Größe.

46   Der *mallku* oder *jilakata* (in Quechua: *quraka*) wird einmal im Jahr von einem Ältestenrat gewählt. Für diesen Posten müssen eine Reihe von Bedingungen erfüllt werden, zum Beispiel muss der Anwärter verheiratet sein und Verantwortungsbewusstsein bei der Arbeit und in seinem sozialen Verhalten gezeigt haben. Alles in allem muss er eine Person von hohem Ansehen sein. Nur so können der Respekt und das Gehorsam aller Bewohner des Ayllus garantiert werden. Diese höchste Autorität ist für die Lösung von Grenzstreitigkeiten zwischen verschiedenen Ayllus, aber auch für die Vermittlung bei internen Familienproblemen in seinem Ayllu verantwortlich. Kriminelle Handlungen und Diebstahl werden vor der Gemeindeversammlung verhandelt, in die auch der *mallku* eingreifen kann. Jedes Gemeindemitglied hat Mitsprache- und Stimmrecht und darüber hinaus die Verpflichtung, es einzusetzen. Bei einer Versammlung muss jeder Teilnehmer etwas zum Thema sagen und sei es nur ein Wort oder die Wiederholung etwas bereits Gesagtem. Aus die-

sem Grund dauern die Versammlungen sehr lang und oft bis tief in die Nacht hinein. Es wird ein Konsens angestrebt und alle Teilnehmer sollen sich nur für eine Alternative entscheiden, denn bei der Umsetzung der beschlossenen Maßnahmen müssen alle anwesend sein. Die Diskrepanz zwischen Minderheiten und Mehrheiten wird in diesem Prozess ausgeräumt.

47 Siehe: William Prescott: Die Eroberung Perus, Dieterichsch'sche Verlagsbuchhandlung Leipzig 1975, S. 186.

48 Ebd. S. 182.

49 Siehe: Silvia Rivera Cusicanqui: Oprimidos pero no vendidos no vencidos, luchas del campesinado aymara y quechua 1900-1980, Arawiyiri-Editorial del Taller de Historia Oral Antido (THOA), La Paz 2003, S. 70. Siehe auch: Ari Marina, *http://www.aymara.org/biblio/marina2.php* (Zugriff vom 30.07.2006).

50 Diese Lügengeschichten zur Täuschung Unwissender werden im Spanischen auch Onkelgeschichten, cuentos del tío, genannt.

51 Ein Trick ist zum Beispiel, dass ein Städter einen ortsfremden Indígena bittet, Geld von der Straße aufzuheben, welches er selbst dort hingelegt hat. An der nächsten Ecke, wo sie angeblich diesen Betrag teilen werden, nimmt der Städter dem Indígena alles, was er bei sich trägt, ab.

52 Siehe: *Opinión* vom 15.04.2001.

53 Siehe: Interview von Pablo Estefanoni am 18.04.2006, *http://www.rebelion.org* (Zugriff vom 20.07.2006).

54 Siehe: Interview in der Tageszeitung *Opinión* vom 15.04.2001.

55 Version von Teófilo Chaparro, einem Mitschüler von Evo Morales an der Oberschule Beltrán Ávila, der heute in der Stadt Oruro lebt und als Taxifahrer arbeitet. Er bittet Evo, sich niemals zu ändern und sein Versprechen, Bolivien zu verändern, wahrzumachen.

56 Charakteristisch für die immigrierenden Indigenas ist, dass sie anderen Kulturen tolerant und offen gegenüber stehen. Dennoch zeigen viele Mestizen und Kreolen, die sich hauptsächlich in den Städten konzentrieren, ein abschätziges Verhalten ihnen gegenüber und wünschen den Ausschluss der Indígenas aus der Gesellschaft. Wenn Indígenaskinder schon das Glück haben, die privaten Oberschulen besuchen zu können, treffen sie dort auf eine psychologische Tortur seitens der Mestizen und Kreolen. Infolgedessen sehen sie sich gezwungen, ihre Herkunft und selbst ihren derzeitigen Wohnort, normalerweise ein Stadtteil mit indigener Bevölkerung, zu leugnen. Es kommt manchmal soweit, dass sie sogar ihren Namen anders angeben oder umformen, zum Beispiel: Mamani in Maisman, Quispe in Quisbert und Condori in Condarco. Ihre Muttersprache sprechen sie nicht einmal aus Spaß. In der Konsequenz schämen sie sich für ihre Eltern. Es gab nicht wenige Fälle, wo die Kinder ihren Freunden die Eltern nicht als solche, sondern als Hausangestellte oder

Gärtner der Familie vorstellten. Lediglich ihre Hautfarbe und ihr Aussehen können sie nicht leugnen und zeigen ihre wahre Herkunft.

57 Siehe: Interview mit Marcial Morales Aima im Anhang, S. 215-19.

58 Federico Escobar Zapata war der oberste Gewerkschaftsführer der Bergleute in der Mine *Siglo XX* in den sechziger Jahren. Er war Generalsekretär des *Gewerkschaftsdachverbandes der Bergarbeiter Boliviens* (FSTMB) und Vorstandsmitglied des *Dachverbandes der Arbeiter Boliviens* (COB). Außerdem hatte er hohe Ämter in der Führungsebene einer der kommunistischen Parteien Boliviens inne. Er war einer der ersten und wenigen Politiker Boliviens, die gegen die Korruption auf allen Ebenen kämpften. Die Ursachen des Autounfalls, der zu seinem Todes führte, sind bis heute nicht geklärt.

59 Siehe: *http://www.evomorales.net/paginasCas/perfil_Cas_juven.aspx* (Zugriff vom 02.07.2006).

60 Siehe: Bericht über das Treffen der Präsidenten von Bolivien, Venezuela und Brasilien, *http://www.opinion.com.bo/PortalNota.html?CodNot=111767* (Zugriff vom 06.05.2006).

61 Siehe: Washington Estellano: El MAS nace de los movimientos sociales, *Punto Final, http://www.puntofinal.cl/525/bolivia.htm* (Zugriff vom 28.08.2006).

62 Siehe: Después de Octubre: Conversando con Evo Morales, *http://www.nadir.org/nadir/initiativ/agp/free/imf/bolivia/txt/2003/ 1117conversando_morales.htm* (Zugriff vom 15.07.2006).

63 Siehe: Presidente venezolano Hugo Chávez ofreció ayuda a líder cocalero de Bolivia, *http://www.cajpe.org.pe*, 12.08.2002 (Zugriff vom 12.08. 2006).

64 Siehe: Interview in der Tageszeitung *Opinión* vom 15.04.2001.

65 Ebd.

66 Siehe: Fausto Reinaga: La Revolución India, Ediciones PIB (Partido Indio de Bolivia)/ Cooperativa de Artes Gráficas, La Paz 1969.

67 Ebd., S. 140.

68 Siehe: *http://www.faustoreinaga.org.bo* (Zugriff vom 12.08.2006).

69 Ebd.

70 Siehe: Fausto Reinaga: Amerika India und das Abendland, Trikont Dianas, München 1980, S. 77.

71 Ebd. S. 156 ff. und S. 184.

72 Siehe: *http://www.evomorales.net/paginasCas/perfil_Cas_juven.aspx* (Zugriff vom 02.06.2006).

73 Siehe: Jens Glüsing/Hans Hoyng: Fidel hilft uns sehr, *Der Spiegel* Nr. 35 vom 28.08.2006, S. 113.

74 Siehe: *http://www.evomorales.net/paginasCas/perfil_Cas_juven.aspx* (Zugriff vom 02.07.2006).

75 Siehe: La Razón, 22.01.2006.

76 In den letzten Jahren rechnet man in den Tropen von Cochabamba mit

einer Bevölkerung von 368.500 Einwohnern. Siehe: Bettina Schorr: Die Drogenpolitik in Bolivien und der amerikanische Krieg gegen Drogen, *http://www.uni-koeln.de/phil-fak/aspla/download/arbeitspapiere/schorr.pdf* (Zugriff vom 15.08.2006).

77 Unter den Yungas, was *heißes Land* bedeutet, versteht man ein ökologisches System, mit tropischer Gebirgsurwaldvegetation. Die Region bildet die Höhengrenze der Feuchtwälder der Zentral- und Ostanden und zeichnet sich durch eine große Biodiversität aus. Die Yungas verteilen sich auf zwei Provinzen des Departamentos La Paz, die Provinz Nord-Yungas mit 40.000 Einwohnern und der Hauptstadt Coroico sowie die Provinz Süd-Yungas mit etwa 47.000 Einwohnern und der Hauptstadt Chulumani. Zusammen haben sich eine Fläche von 10.890 Quadratkilometer.
Die Yungas besitzen hervorragende Bedingungen für den Koka-Anbau. Die durchschnittliche jährliche Niederschlagsmenge beträgt zwischen 1300 und 1500 mm bei einer Durchschnittstemperatur von 20 °C. Flora und Fauna sind üppig und außer Koka werden auch Kaffee, Kakao, Mais, Maniok, Bananen und Zitrusfrüchte angebaut. Die Anbaumethoden in den Yungas unterscheiden sich deutlich von denen im Chapare. In den Yungas wird die Koka in terrassenartigen Furchen gesät, die auch als *huachos* bezeichnet werden. Diese stufenartigen Terrassen bestehen aus Steinreihen, die mit Erde, organischer Masse und Asche bedeckt und unter Einsatz von verschiedenen Gerätschaften festgedrückt werden. Diese den Yungas eigene Anbaumethode erfüllt mehrere Funktionen gleichzeitig. Sie wirkt der Abtragung des Terrains entgegen, die Furchen halten Regenwasser zurück, die Pflanzungen bleiben damit dauerhaft feucht und das Wachsen von Unkraut wird verhindert. – Geschichtlich gesehen sind die Yungas das wichtigste Koka-Produktionsgebiet Boliviens und laut dem Gesetz Nr.1008 – Regelung über Koka und kontrollierte Substanzen – welches 1988 unter Zwang in Kraft getreten ist, sollen sie den nationalen Bedarf an Koka decken. Laut diesem berühmten Gesetz sind die Yungas das einzige Gebiet, in dem Koka, bei einer Begrenzung der Anbaufläche auf 12.000 Hektar, legal angebaut werden darf.

78 Siehe: *http://www.evomorales.net/paginasCas/perfil_Cas_juven.aspx* (Zugriff vom 02.07.2006).

79 Ebd.

80 Siehe: Marielle Cauthin: Evo: lejos de Orinoca cerca del poder, *http://www.bolivia.com* (Zugriff vom 15.05.2006).

81 Siehe: *http://www.evomorales.net/paginasCas/perfil_Cas_cocal.aspx* (Zugriff vom 02.07.2006).

82 Ein treffender Ausdruck des bolivianischen Schriftstellers Nestor Taboada Terán. Siehe: Nestor Taboada Terán: Tierra Mártir Del socialismo de David Toro al socialismo de Evo Morales, La Paz 2006, S. 86 ff.

83   Siehe: José Antonio Alurralde Anaya: Coca acullico y sus beneficios, La Paz 2002, S. 78 ff.

84   Siehe: Drogas y Conflicto, Documento de debate, Mai 2006, Nr.13, ¿Coca si, cocaína no?«, Transnational Institute, De Wittenstraat 25, 1052 AK Amsterdam, S. 4.

85   Siehe: Alex Contreras Baspineiro: Biografía de Evo Morales una historia de dignidad, U.P.S. Editorial s.r.l. La Paz 2005, S. 10 ff.

86   Siehe: Tageszeitung *Opinión* vom 15.04.2001.

87   Die Entdollarisierung bestand in einer Umwandlung de jure der in Dollar abgeschlossenen Verträge und der Verträge mit Dollarklauseln in Verträge in bolivianischen Pesos bei einem offiziellen Wechselkurs, der 10 Prozent unter dem des Parallelmarktes lag. Zur gleichen Zeit wurden Zahlungen und Geschäfte unter der Bevölkerung in allen anderen Währungen außer dem Peso verboten.

88   Siehe: Anival Aguilar Gómez (Ehemaliger Staatssekretär für alternative Entwicklung), *http://www.nssd.net* (Zugriff vom 14.06.2006).

89   Siehe: Tageszeitung *Opinión*, 15.04.2001.

90   Anival Aguilar Gómez, Ehemaliger Staatssekretär für alternative Entwicklung, berichtet: »[... unter Präsident Dr. Víctor Paz Estensoro und Gonzalo Sánchez de Lozada als Minister für Planung und Koordination wurde ich beauftragt, neue Instrumente für die Antidrogenpolitik in Bolivien zu entwerfen.« Aguilar ist einer der Urheber des Trienal-Planes gegen Drogen und des späteren Gesetzes Nr. 1008. Später arbeitete er in der Interamerikanischen Kommission zur Kontrolle des Drogenmissbrauch (CICAD) mit. Siehe: *http://www.nssd.net* (Zugriff vom 14.06.2006).

91   Ebd.

92   Siehe: Resumen de la Realidad Nacional, todo sobre la coca cocaína 1, CEDIB 1/1989, S. 7.

93   Dieses Gesetz weist eklatante Widersprüche auf. Die korrekte Logik, dass Koka sowohl für den traditionellen Konsum genutzt wird als auch in den Kokainkreislauf einfließt, verliert ihren Halt bei der Polarisierung in zwei unterschiedliche Produktionsgebiete, eines legalen und eines illegalen, wobei das letztere mit dem Drogenhandel in Verbindung stehen soll. Beide Kokas sind für die Kokainherstellung und ebenso für den traditionellen Gebrauch geeignet. Sicherlich hat die Koka der Yungas mehr Tradition, aber da sie den gleichen Wert für die Kokainherstellung besitzt, interessiert es die Drogenhändler nicht, ob sie aus einem *legalen* oder *illegalen* Gebiet kommt, sondern lediglich, wie hoch ihr Preis auf dem Markt ist.

Die traditionellen Konsumenten gehen beim Kauf ähnlich vor, allerdings hängt das Kaufverhalten auch vom persönlichen Geschmack ab. Eine Einteilung bezüglich Anbaugebiet macht nur bezüglich einer Effektivitätskontrolle der Produktion Sinn. Für die traditionellen Konsumenten ist das von erheblichem finanziellen Nachteil, weil der Preis steigt und das Angebot sinkt. Auf der anderen Seite regt diese Preissteigerung eine verstärkte Produktion an. Die selektive und intensive Nachfrage der Drogenhändler potenziert den Koka-Preis. Eine entsprechende Lösung wäre daher die Beseitigung der Nachfrage durch Drogenhändler und der Erhalt einer kontrollierten Koka-Produktion zum Zwecke der traditionellen Nutzung. Diese ist wichtig, weil die Geschichte zeigt, dass die Indígenas die Pflanze schon seit Jahrtausenden nutzen. Sie haben das Recht so zu leben wie ihre Vorfahren.

94 Siehe: El triunfo de la coca en Bolivia. El líder cocalero Evo Morales, vetado por EE UU y rebelde ante el sistema, aspira a que el congreso lo elija presidente, *El País* 14.07.2002, *http://www.elpais.es/articulo/internacional/morales_ayma/_evo/bolivia/ triunfo/coca/bolivia/elpepiint/20020714elpepiint_8/tes/* (Zugriff vom 25.09.2006).

95 Siehe: Wilson García Mérida: ¿Otra vez, Mister Greenlee? El represor de los cocaleros vuelve a Bolivia, *http://www.voltairenet.org* (Zugriff vom 14.07.2006).

96 Der bolivianische Journalist Wilson Garcia Mérida berichtet: »Als Journalist des Jahres 2002 habe ich Anzeige gegen Mister David Greenlee erstattet und darauf hingewiesen, dass er CIA-Agent war und den schmutzigen Krieg gegen die Kokabauern vorbereitet hat, der 1988 zum Massaker in Villa Tunari geführt hat.« Siehe: Renuncia de Mesa, Nuevos Escenarios Politicos y Sociales, *http://www.cedib.org/pcedib/?module=displaysection& section_id=246&format=html* (Zugriff vom 15.06.2006).

97 Siehe: Vida y milagros de Evo, según su entorno, *La Razón*, 25.12.2005.

98 Vgl. Interview S. 215–19.

99 Siehe: Ayar Quispe Quispe, Los Tupakataristas revolucionarios, Editorial Willka, La Paz 2005, S. 94 ff.

100 Siehe: Evo Morales Ayma, *http://www.cidob.org* (Zugriff vom 20.06.2006).

101 Quispe Huanca wurde 1992 nach einem Verrat durch seine Kameraden von den Regierungskräften gefangen genommen. Siehe: Ayar Quispe Quispe, op. cit. S. 58 ff.

102 Siehe: Alex Contreras Baspineiro: La Marcha Histórica, *CEDIB* Cochabamba, 12/1994, S. 9 ff.

103 Siehe: Alex Contreras Baspineiro, Biografía, op.cit., S. 12.

104 Siehe: José Antonio Alurralde Anaya, op. cit., S. 58 ff.

105 Siehe: Michael Levine/Laura Kavannau-Levine: Relato de un exigente de la DEA, La Guerra Falsa, Fraude mortífero de la CIA en la guerra a las drogas, Acción Andina/CEDIB, Cochabamba 1994, S. III.

106 Siehe: Washington Estellano: El MAS nace de los movimientos sociales, *Punto Final, http://www.puntofinal.cl/525/bolivia.htm* (Zugriff vom 28.08.2006).

107 Siehe: Interview mit Evo Morales von Aléxia Guilera Madariaga: Hablar de coca cero es hablar de cero quechuas, cero aymaras y cero guaraníes, *http://bolivia.indymedia.org* (Zugriff vom 19.06.2006).

108 Siehe: Palabras del Presidente de la República, Evo Morales Aima, *http://www.amigo-latino.de* (Zugriff vom 02.10.2006).

109 Siehe: Ayar Quispe Quispe: Los Tupakatistas Revolucionarios, La Paz 2005, S. 35 ff.

110 Siehe: Alex Contreras Baspineiro, Marcha, op. cit., S. 5 ff.

111 Ebd., S. 6 ff.

112 Siehe: Evo Morales Ayma, *http://www.cidob.org* (Zugriff vom 20.06.2006) .

113 Siehe: Alex Contreras Baspineiro, Marcha, op. cit., S. 5 ff.

114 Ebd., S. 12.

115 Ebd., S. 11.

116 Ebd., S. 14.

117 Siehe: José Antonio Alurralde Anaya, op. cit., S. 269 ff.

118 Ebd.

119 Siehe: Alex Contreras Baspineiro, Marcha, op. cit., S. 67 ff.

120 Während der Revolution von 1952 wurden unter anderem Gesetze über die Bodenreform, das Wahlrecht für Indígenas und die Nationalisierung der Minen verabschiedet.

121 Siehe: Roman Loayza Caero/Chayra Runaj Masys: Tierra territorio Instrumento Político. Por el poder – por la tierra territorio y la coca, Abja-Yala, Q′ochapanpa 2001, S. 39 ff.

122 Siehe: Roman Loayza Caero, op. cit., S. 34 ff.

123 Es existiert ein feiner Unterschied zwischen etwas zu sein und etwas zu werden. Die Idee, ein indigene Partei zu sein, ist alt, aber jetzt sollten sich die Gewerkschaftsorganisationen in eine politische Partei transformieren. Sie benötigten daher einen politischen Namen.

124 Siehe: Álvaro Linera: Evismo en Soberanía, *Nueva Epoca* 2/April 2006, S. 6 ff.

125 Mit der Thematik *Gewerkschaftsarbeit und Politik* befassten sich außer den Indígenas auch andere politische Strömungen, wie die des Bergarbeitergewerkschaftsführers Filemón Escobar. Dennoch ist die theoretische Position dieses Gewerkschaftlers und seiner Anhänger stark vom Klassendenken geprägt. Es wird sogar von einer *doppelten Identität* im bolivianischen Klassenkampf gesprochen, von der Klasse und der Volksgruppe. Unter der Vielzahl von Ungerechtigkeiten auf dieser Welt, ist besonders das Streben nach der Beseitigung des Rassismus in den verschiedenen sozialen Organisationen ausgeprägt und diese Idee sowie der Kampf gegen den Rassismus findet mehr Anklang als der alleinige Kampf gegen die Ausbeutung der unteren Klasse.

126 Siehe: Román Loayza Caero, op. cit., S. 40 ff.

127 Siehe: Ricardo Días: Evo ... Rebeldía de la coca, La Paz 2003, 102 ff.

128 Siehe: Evo Morales Ayma, *http://www.cidob.org* (Zugriff vom 20.06.2006).

129 Siehe: Román Loayza Caero, op. cit., S. 40 ff.

130 Siehe: Alex Contreras Baspineiro, Evo, op. cit., S. 44 ff.

131 Siehe: Nestor Taboada Terán, op. cit., S. 50 ff.

132 Siehe: Nestor Taboada Terán, op. cit., S. 64 ff.

133 Siehe: Ayar Quispe Quispe: Indios contra indios, Edición «Nuevo Siglo«, Bolivien 2003, S. 31 ff.

134 Ebd., S. 31 ff.

135 Ebd.

136 Es ist bekannt, dass Banzer diesen Betrag nicht erhalten hat. Es gelang ihm, insgesamt 370 Millionen Dollar zu organisieren. Siehe: Bettina Schorr, Die Drogenpolitik in Bolivien und der amerikanische ›Krieg gegen Drogen‹«, *http://www.uni-koeln.de* (Zugriff vom 12.08.2006).

137 Ebd.

138 Siehe: Interview mit Evo Morales geführt von Pablo Stefanoni am 25.08.2002, El neoliberalismo es la reedición del capitalismo salvajem, *http://www.lainsignia.org/2002/agosto/ibe_117.htm* (Zugriff vom 26.09.2006).

139 Siehe: Evo Morales Ayma, *http://www.cidob.org* (Zugriff vom 20.06.2006).

140 Siehe: Ricardo Días, op. cit., S. 98 ff.

141 Siehe: Bettina Schorr, op. cit.

142 Siehe: Eva Dietz: Der Funktionswandel der Koka in Bolivien, Verlag Breitenbach Publishers, Saarbrücken/Fort Lauderdale 1996, S. 83 ff.

143 Sicher ist, dass dieser Aufstand zum späteren Triumph von Evo Morales beigetragen hat, aber er ist nicht der Anfang, wie von einigen Kommentatoren behauptet wird. Wenn man von einem Anfang sprechen will, waren es die Cocalero-Kämpfe und später der Marsch für das Leben, für die Koka und die nationale Selbstbestimmung.

144 Siehe: Pablo Stefanoni, op. cit.

145 Bei einem Interview in der Schweiz sagt Olivera über Morales: »In der Vergangenheit haben wir gemeinsame Aktionen durchgeführt, aber ausschließlich auf gewerkschaftlicher und sozialer Ebene. Seit der Etablierung eines politischen Projekts, welches mich nicht überzeugt, habe ich meine Verbindung zu Evo Morales und zur MAS abgebrochen.« Vgl. Interview von Sanna Stockstrom mit Oscar Olivera, Creo en el poder de la gente, *http://www.democraciasur.com/americalatina/StockstromOlivieraEntrevista.htm* (Zugriff vom 25.09.2006).

146 Siehe: Ricardo Días, op. cit., S. 90 ff.

147 Ebd.

148 Siehe: Evo Morales Ayma, *http://www.cidob.org*, (Zugriff vom 20.06.2006).

149 Siehe: Ricardo Días, op. cit., S. 81 ff.

150 Ebd. S. 82 ff.

151 Ebd. S. 105 ff.

152 Ebd. S. 107 ff.

153 Siehe: »¿Fue legal la expulsión de Evo Morales de la Cámara de Diputados?«, U.P.S. Editorial, La Paz o. J.

154 Siehe: Ricardo Días, op. cit., S. 92 ff.

155 Siehe: Evo Morales Ayma, *http://www.cidob.org* (Zugriff vom 20.06 2006).

156 Siehe: El Tribunal declara nulo desafuero de Evo Morales, 02.08.2006, *http://www.cajpe.org.pe/titulares.htm* (Zugriff vom 10.08.2006).

157 Siehe: Ricardo Días, op. cit., S. 190 ff.

158 Siehe: *http://www.cajpe.org.pe/cronolog/julbo6.htm* (Zugriff vom 10.08.2006).

159 Siehe: Luis Gómez: El pequeño Asa y la nación clandestina, *http://www.narconews.com/littleasa1es.html* (Zugriff vom 01.08.2006).

160 Ebd.

161 Siehe: Luis Gómez: La abundante cosecha de la democracia, *http://www.narconews.com/cosecha1.html* (Zugriff vom 01.08.2006).

162 Ebd.

163 Siehe: Red de corrupción estafó $US 300 millones al Fonvis, están implicados políticos, empresarios y dirigentes, *Correo del Sur*, 22.06.2002, *http://www.cajpe.org.pe* (Zugriff vom 15.07.2006).

164 Siehe: Ricardo Días, op. cit., S. 56 ff.

165 Ebd. S. 56 ff.

166 Ebd. S. 55 ff.

167 Antonio Peredo ist einer der Brüder Peredo, die gemeinsam mit Ernesto Che Guevara kämpften.

168 Siehe: Ricardo Días, op. cit., S. 54 ff.

169 Siehe: Interview von Yvonne Zimmermann mit Evo Morales vom 10.07.2002, *http://bolivia.indymedia.org/es/2002/07/168.shtml* (Zugriff vom 01.08.2006).

170 Siehe: Usted Elige, *http://www.boliviahoy.com/modules/news/article.php?storyid=1054* (Zugriff vom 01.08.2006) sowie EEUU ›preocupado‹ por retorno de Evo Morales al Parlamento, el embajador Rocha afirmó que no le interesaba el ascenso del cocalero, 12.06.2002, *http://www.cajpe.org.pe* (Zugriff vom 01.08.2006).

171 Siehe: Ricardo Días, op. cit., S. 69 ff.

172 Siehe: Eulalio Grimaldes: EE.UU. cortará ayuda si se elige a Evo Morales. El embajador estadounidense, Manuel Rocha, se dirige a productores de varias comunidades chapareñas en Chimoré, 27.06.2002, *http://www.cajpe.org.pe* (Zugriff vom 05.06.2006).

173 Siehe: Ricardo Días, op. cit., S. 66 ff.

174 Daraufhin wurde der Terminus *systemisch* für die Befürworter des Systems und der Terminus *antisystemisch* für die Gegner der Systems benutzt.

175 Siehe: Interview von Yvonne Zimmermann mit Evo Morales am 10.07.2002, *http://bolivia.indymedia.org/es/2002/07/168.shtml* (Zugriff vom 01.08.2006).

176   Siehe: Ricardo Días, op. cit., S. 52 ff.

177   Siehe: El triunfo de la coca en Bolivia. El líder cocalero Evo Morales, vetado por EE UU y rebelde ante el sistema, aspira a que el congreso lo elija presidente, El País, 14.07.2002. *http://www.elpais.es/articulo/internacional/MORALES_AYMA/_EVO/BOLIVIA/triunfo/coca/Bolivia/elpepiint/20020714elpepiint_8/Tes/* (Zugriff vom 25.09.2006).

178   Ebd.

179   Siehe: Presidente Sánchez de Lozada clama a la unidad, 07.08.2002, *http://www.cajpe.org.pe/titulares.htm* (Zugriff vom 12.08.2006).

180   Siehe: Cocaleros: Evo Morales aprueba la defensa armada, 07.08.2002, *http://www.cajpe.org.pe/titulares.htm* (Zugriff vom 12.08.2006).

181   Siehe: Los opositores plantean Ley Coca por Ley 1008, El Diario, 14.08.2006.

182   Siehe: La comisión que hablará de la coca ya está en marcha, *La Razón*, 17.09.2002.

183   Siehe: Pausa?, para EE.UU. es ‚muy necesario seguir erradicando‘, *Los Tiempos*, 09.10.2002.

184   Siehe Roberto Navia: La erradicación cobra la vida de otro cocalero y deja 5 heridos, *El Deber+*, 07.10.2002.

185   Siehe: Diputado Evo Morales denuncia boicot de EE.UU. al diálogo, *El Deber*, 10.10.2002.

186   Andean Trade Promotion and Drug Erradication Act (ATPDEA), Norm der USA für die Länder der Andengruppe Peru, Bolivien, Ekuador und Kolumbien.

187   Siehe: Otto Reich: Bolivia debe seguir erradicando los cocales ilegales, *Los Tiempos*, 17.10.2002.

188   Ebd.

189   Siehe: *El Diario*, 11.01.2003.

190   Siehe: *Los Tiempos*, 20.01.2003.

191   Siehe: *Los Tiempos*, 13.01.2003.

192   Siehe: *Los Tiempos*, 03.02.2003 und *El Diario*, 06.02.2003.

193   Siehe: *Los Tiempos*, 10.02.2003.

194   Siehe: *http://www.cajpe.org.pe/titulares.htm* (Zugriff vom 18.08.2006).

195   Siehe: *La Prensa*, 18.03.2003.

196   Siehe: *Los Tiempos*, 23.03.2003.

197   Siehe: *El Diario*, 17.08.2003.

198   Siehe: *El Mercurio*, Chile, 10.04.2003, *http://www.cajpe.org.pe/titulares.htm* (Zugriff vom 18.08.2006).

199   Siehe: Informe confirma a Chile como mejor opción para exportar el gas boliviano, *La Tercera*, Chile, 19.09.2003, *http://www.cajpe.org.pe/titulares.htm* (Zugriff vom 12.08.2006).

200   Aus den Informationen der bolivianischen Presse ist bekannt, dass Bolivien an Argentinien Erdgas zum Solidaritätspreis von 2,40 US-Dollar

pro 1 Mio. BTU (British Thermal Units) verkauft hat, während die gleiche Menge an Kalifornien für 15 US-Dollar verkauft wurde.

201   Die Abgaben stellen keine Steuer dar, sondern eine Zahlung für Eigentumsrechte zu Lasten des Betreibers. Es handelt sich um eine Entschädigung für die Ausbeutung nicht erneuerbarer Rohstoffe, die der Staat vom ausbeutenden Unternehmen erhält.

202   Siehe: *El Deber*, 18.09.2003.

203   Siehe: *El Diario*, 12.10.2003.

204   Siehe: *El Diario*, 12.10.2003.

205   In einem Interview mit Felipe Quispe erfuhren wir, dass Evo Morales sich während der Mehrzahl der Ereignisse vom Oktober 2003 in der Schweiz aufhielt.

206   Siehe: *El Deber*, 11.10.2003.

207   Siehe: Bolivia, Guerra del Gas, 2003, *http://www.nadir.org/nadir/initiativ /agp/free/imf/bolivia/txt/2003/guerra_del_gas_octubre.htm* (Zugriff vom 25.09.2006).

208   Siehe: Sebastian Hacher: Bolivia: Crónica de la caída de un gringo, *http://www.nadir.org/nadir/initiativ/agp/free/imf/bolivia/txt/2003/ 1018cronica_caida.htm* (Zugriff vom 25.09.2006).

209   Siehe: *El Deber*, 18.10.2003.

210   Siehe: Después de Octubre: Conversando con Evo Morales, *http://www.nadir.org/nadir/initiativ/agp/free/imf/bolivia/txt/2003/ 1117conversando_morales.htm* (Zugriff vom 25.09.2006).

211   Siehe: Drogas y Conflicto, op. cit., S. 10 ff.

212   Siehe: Leopoldo Vargas R.: Evo Apoyo a Mesa por conveniencia, El Diario, 12.04.2005 .

213   Siehe: Discurso de renuncia del Presidente Carlos Mesa, 07.03.2005, *http://www.bolpress.com/documentos.php?Cod=2002085630* (Zugriff vom 15.06.2006).

214   Seihe: *Opinión*, 13.01.2005.

215   Diese Eigenart Evo Morales' wird von vielen dreisten und arroganten Analytikern und Journalisten aus anderen Kulturkreisen als Verhalten eines *ungezogenen Indios, der sein Mundwerk nicht im Zaume hält* interpretiert.

216   Siehe: Discurso de renuncia del Presidente Carlos Mesa, 07.03.2005, *http://www.bolpress.com/documentos.php?Cod=2002085630* (Zugriff vom 15.06.2006).

217   Siehe: Cayo Salinas: Mesa presidente y Evo al paredón?, *Correo del Sur*, 08.03.2005 .

218   Siehe: Manfredo Kempff: Sinceridad presidencial, *La Razón* 08.03.2005.

219   Siehe: *El Deber*, 13.03.2005.

220   Siehe: *La Razón*, 07.03.2005.

221   Siehe: Los políticos aceptan que Mesa se vaya y piden salida constitucional,

La Razón, 07.06.2005, *http://www.la-razon.com/versiones/* *20050607 %5F005200/nota_249_177248.htm* (Zugriff vom 13.06.2006).

222 Siehe: *El Diario*,06.08.2005.

223 Siehe: *La Razón*, 07.12.2005.

224 Siehe: *La Razón*, 11.09.2005.

225 Siehe: *La Razón*, 21.11.2005.

226 Siehe: *La Razón*, 07.12.2005.

227 Siehe: *La Razón*, 12.12.2005.

228 Siehe: *Opinión*, 08.01.2006.

229 Siehe: *La Razón*, 18.01.2006.

230 Siehe: El evismo, Álvaro García Linera en Soberanía, *Nueva Época*, 2/April 2006, S. 6 ff.

231 Die Benutzung des Terminus Evismus wird genauso wenig Erfolg haben, wie der Begriff Castrismus (von Fidel Castro). Man meinte, dass Castros Politik an anderen Orten wiederholbar wäre, aber so war es nicht.

232 Dieses Interview wurde der Tageszeitung *La República* entnommen und in der *Opinión*, 08.01.2006, veröffentlicht.

233 Ebd.

234 Siehe: *El Diario*, 14.12.2005.

235 Die Zehn Gebote bestanden aus folgenden Punkten: 1. Nationalisierung der Kohlenwasserstoffe und Industrialisierung; 2. Verfassungskonvent zur Neugründung des Staates unter Teilnahme der Ursprünglichen Nationen; 3. Gesetz *Andrés Ibáñez* über Autonomiebestrebungen; 4. Plan zur produktiven Entwicklung und Anullierung der neoliberalen Maßnahmen; 5. Gesetz *Marcelo Quiroga Santa Cruz* gegen Korruption und Straflosigkeit; 6. Staatlicher Sparplan/Gesetz *Tijera*; 7. Gesetz über produktiven Grund und Boden, Beendigung der Latifundienwirtschaft und Landverteilung an Kleinbauern; 8. Plan *Eficaz* für Frieden, Ruhe und Ordnung in Bolivien; 9. Soziale Selbstbestimmung und Gesundheitsfürsorge für alle Bolivianer; 10. Gesetz *Elizardo Pérez* für den Umbau des Bildungssystems und die Aufwertung der Kultur.

236 Siehe: *La Razón*, 17.10.2005.

237 Ebd.

238 Die Koka-Produktion ist ein Wirtschaftszweig, der seit Jahrtausenden überlebt hat und unvergleichliche Vorteile auf Weltniveau bietet. Die Produktion von fossilen Brennstoffen ist vorübergehend, da Bolivien in einigen Jahrzehnten keine Reserven dieser Rohstoffe mehr besitzen wird.

239 Siehe: Evo Morales propone racionalizar la producción de la coca, *La Razón*, 05.10.2005.

240 Siehe: Hay que revalorizar la hoja de coca, Redacción BBC Mundo, 21.12.2005 *http://news.bbc.co.uk/hi/spanish/latin_america/newsid_4546000 /4546928.stm* (Zugriff vom 13.06.2006).

241   Siehe: Evo Morales propone racionalizar la producción de la coca, *La Razón*, 05.10.2005 .

242   Siehe: Wilson García Mérida: Bolivia: noticias del Pachacuti, el Ceremonial y la Profecía, *http://www.voltairenet.org/article134212.html* (Zugriff vom 14.07.2006).

243   Der letzte Inka Atahualpa wurde überlistet und verlor seine Macht am 16. November 1532. Bis dahin hatten die Indígenas noch Macht auf dem amerikanischen Kontinent, obwohl die Azteken schon Jahre zuvor von den Eroberern besiegt worden waren.

244   Es ist bekannt, dass die namhafte Designerin Beatriz Canedo Patiño den Entwurf und die Ausführung der protokollarischen Kleidung des Präsidenten Evo Morales erarbeitete.

245   Die ersten durch Evo Morales ernannten Minister sind: Minister für Auswärtige Angelegenheiten und Kultus: David Choquehaunca Céspedes, Autodidakt; Minister des Präsidialamts: Juan Ramón Quintana Taborga, Major der Streitkräfte; Regierungsministerin: Alicia Muñoz Alá, Anthropologin und ehemalige Senatorin; Minister für Nationale Verteidigung: Walter San Miguel Rodríguez, Volksvertreter der Constituyente; Justizministerin (ohne Ressort): Casimira Rodríguez Romero, ehemalige Hausangestellte; Minister für Wasser (ohne Ressort): Abel Mamani Marca, Zimmermann; Minister für Kohlenwasserstoffe: Andrés Solíz Rada, Journalist und Rechtsanwalt; Minister für Nachhaltige Entwicklung: Carlos Villegas Quiroga, Volkswirtschaftler; Ministerin für Wirtschaftliche Entwicklung: Celinda Sosa Lunda, Gewerkschaftsführerin der Kleinunternehmer; Finanzminister: Luis Alberto Arce Catacora, Volkswirtschaftler; Minister für Dienstleitungen und öffentliche Arbeiten: Salvador Ric Riera, Doktor der Diplomatie; Minister für Bergbau und Hüttenkunde: Walter Villaroel Morochi, Gewerkschaftsführer; Ministerin für Gesundheit und Sport: Nila Ifigenia Heredia Miranda, Chirurgin; Minister für Bildung und Kultur: Felix Patzi Paco, Doktor in Forschungen zur indigenen Kultur; Minister für Arbeit: Santiago Alex Gálvez Mamani, Fabrikgewerkschaftsführer und MBA; Minister für ländliche und landwirtschaftliche Entwicklung sowie Angelegenheiten der Landbewohner: Hugo Salvatierra Gutiérrez, Rechtsanwalt.

246   Siehe: Accidentada jura de cúpula militar nombrada por Evo, Los Tiempos, 25.01. 2006, *http://www.lostiempos.com/noticias/25-01-06/ 25_01_06_nac7 .php* (Zugriff vom 12.08.2006).

247   Siehe: Interview mit Esteban Ticona, *La Prensa*, 02.04.2006.

248   Siehe: Morales pone plazos a la Asamblea Constituyente, *La Razón*, 22.01.2006.

249   Siehe: Autonomias y doble discurso, Los tiempos, 16.06.2006, *http://www.lostiempos.com* (Zugriff vom 16.06.2006).

250 Siehe: Referéndum Nacional Vinculante, *http://www.cne.org.bo/ sirenacomp06/wfrmdepartamentalref.aspx (Zugriff vom 25.09.2006)*.

251 Siehe: Morales anuncia una Asamblea Constituyente plenipotenciaria, 02.06.2006, *http://www.cajpe.org.pe* (Zugriff vom 13.08.2006).

252 Bis zum Moment ihrer Verkündung wusste man nichts von 57 Prozent. Erst später veröffentlichte der Nationale Wahlgerichtshof diese Zahl.

253 Siehe: El MAS ha ganado por triple partida, 03.07.2006, *http://www.bolpress.com/politica.php?Cod=2006070225* (Zugriff 25.09.2006).

254 Siehe: La constitución empieza con fiesta, desafios y advertencias, *http://www.laprensa.com.bo/hoy/pacto/pacto04.htm* (Zugriff vom 07.08.2006).

255 Siehe: La medida reportará 780 millones de dólares de ingreso a Bolivia, *http://www.el-nuevodia.com* (Zugriff vom 02.05.2006).

256 In diesem Krieg ging es um die Interessen von internationalen Unternehmen wie der Standard Oil Company aus den USA. In den Chaco-Krieg zogen drei Onkel Evos, zwei von ihnen fielen.

257 Der Erlass legt fest, dass 82 Prozent des Produktionswertes an den bolivianischen Staat gehen und 18 Prozent an die Unternehmen. Man erinnere sich, dass es einem heftigen Streit zwischen Evo Morales und Carlos Mesa gab. Obwohl die Abgaben weiterhin auf 18 Prozent festgelegt bleiben, erhöht der Staat jetzt Steuern etc. um 64 Prozent.

258 Siehe: Joseph E. Stieglitz: La elección de Morales hizo historia, ¿Quienes son los dueños de Bolivia?, *http://www.bolpress.com/ opinion.php?Cod= 2006062216* (Zugriff vom 28.07.2006).

259 Siehe: Zetsche bricht mit Ära Schrempp, *Handelsblatt*, 17.04.2006 .

260 Siehe: *El Mundo*, http://www.elmundo.com.bo (Zugriff vom 01.08.2006).

261 Evo ist Mitglied und Förderer der Weltaktion der Völker (AMP) und nahm an vielen Versammlungen dieses Netzwerkes in Genf teil. Siehe: Sergio Ferrari: El ascenso electoral de Evo Morales. Jaque mate a la política tradicional, *http://www.lafogata.org/bolivia/ascenso.htm* (Zugriff vom 12.08.2006).

262 Auf intensives Drängen der Moderatoren gab Evo Morales in der Sendung *Prohibido Mentir* (Lügen verboten) zu, zwei Kinder zu haben, einen Jungen und ein Mädchen. Zum Alter seiner Kinder äußerte er sich nicht. Vgl. *http://www.boliviahoy.com/modules/news/article.php?storyid* (Zugriff vom 15.06.2006).

263 Siehe: Los sueños premonitorios y el pasado sindical marcan a Evo Morales Ayma, *La Razón*, 15.11.2005, http://www.la-razon.com (Zugriff vom 16.06.2006)

Karte Boliviens

Wohnorte von Evo Morales
Anbaugebiete von Cocablättern

Karte der Region Oruro

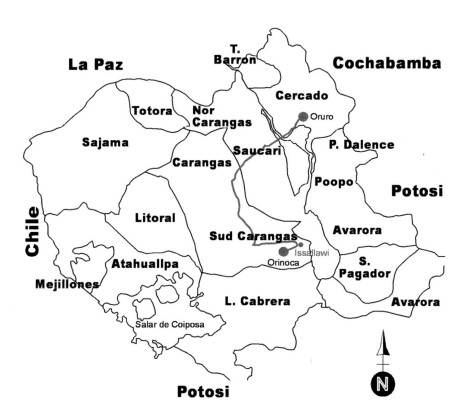

La Paz

T. Barron

Cochabamba

Totora

Nor Carangas

Cercado

Oruro

Sajama

Saucari

P. Dalence

Carangas

Poopo

Potosi

Chile

Litoral

Sud Carangas

Avarora

Issallawi
Orinoca

Atahuallpa

S. Pagador

Mejillones

L. Cabrera

Avarora

Salar de Coiposa

N

Potosi

● Stadt und Orte, wo Evo sich aufhielt

⟩ Verbindungsstraße zwischen
  der Stadt Oruro und Orinoca

Die Nationalitäten in Bolivien

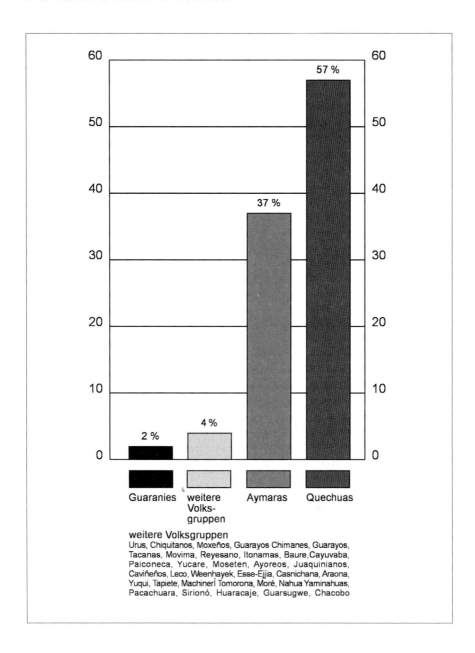

weitere Volksgruppen
Urus, Chiquitanos, Moxeños, Guarayos Chimanes, Guarayos,
Tacanas, Movima, Reyesano, Itonamas, Baure,Cayuvaba,
Paiconeca, Yucare, Moseten, Ayoreos, Juaquinianos,
Caviñeños, Leco, Weenhayek, Esse-Ejjia, Casnichana, Araona,
Yuqui, Tapiete, Machinerí Tomorona, Moré, Nahua Yaminahuas,
Pacachuara, Sirionó, Huaracaje, Guarsugwe, Chacobo

Die Grafik berücksichtigt die indigenen Völker, die im heutigen Bolivien leben,
nicht aber die Nachkommen der europäischen Einwanderer, Kreolen und Mestizen.

Parteienlandschaft Boliviens

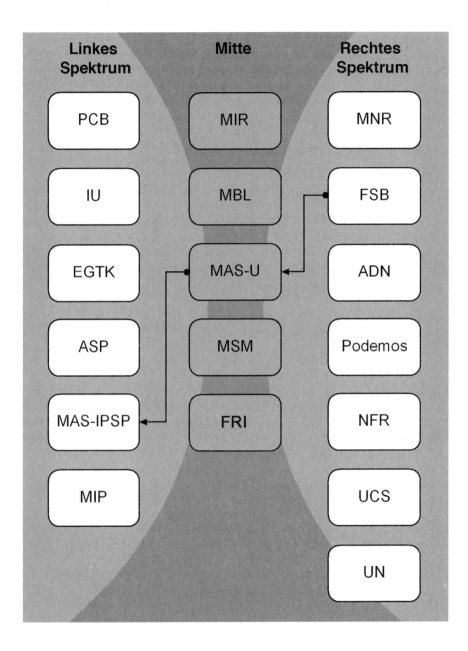

Die Grafik bietet eine Übersicht über jene Parteien, die in Leben und Werdegang Evo Morales' eine Rolle gespielt haben. Die Abkürzungen sind *Verzeichnis der politischen Organisationen* (S. 203) aufgelöst.

Liste der politischen Persönlichkeiten

Bolivianische Präsidenten von 1979 bis 2005

Name und Geburtsjahr	Amtszeit	Partei
Lidia Gueiler Tejada (1921)	1979–1980	FRI
Luis García Meza Tejada (1929)	1980–1981	parteilos (Militär)
Celso Torrelio Villa (1933)	1981–1982	parteilos (Militär)
Guido Vildoso Calderón (1937)	1982	parteilos (Militär)
Hernán Siles Zuazo (1913)	1956–1960,	MNR
	1982–1985	UDP
Víctor Paz Estensoro (1907)	1952–1960,	MNR
	1985–1989	
Jaime Paz Zamora (1939)	1989–1993	MIR
Gonzalo Sánchez de Lozada (1930)	1993–1997	MNR
Hugo Banzer Suárez (1926)	1971–1978,	ADN (Militär)
	1997–2001	
Jorge Quiroga (1960)	2001–2002	ADN und Podemos
Gonzalo Sánchez de Lozada	2002–2003	MNR
Carlos D. Mesa Gisbert (1953)	2003–2005	parteilos
Eduardo Rodríguez Veltzé (1956)	2005–2006	parteilos

Für das Leben von Evo Morales wichtige indigene Politiker

Name	Volksgruppe	Partei
Felipe Quispe Huanca	Aymara	EGTK und MIP
Alejo Véliz	Quechua	ASP und IU
Roman Loaysa Caero	Quechua	ASP und MAS

Botschafter der USA in Bolivien

Name	Amtszeit
Robert Gelbard	1988–2001
Manuel Rocha	2001–2002
David N. Greenlee	2003–2006

Glossar der Abkürzungen der politischen

Organisationen und Begriffe

ACNPI   *Asamblea Consultiva Nacional de Pueblos Indígenas*
Nationalrat der indigenen Völker

ADN   *Acción Democrática Nacional*
Nationale Demokratische Aktion

ALBA   *Alternativa Bolivariana para las Américas*
Bolivarianische Alternative für Amerika

ALCA   *Area de Libre Comercio de las Américas*
Amerikanische Freihandelszone

APDHB   *Asamblea Permanente de Derechos Humanos de Bolivia*
Permanente Menschenrechtskommission Boliviens

ASP   *Asamblea por la Soberania de los Pueblos*
Versammlung für die Selbstbestimmung der Völker

CAN   *Comunidad Andina de Naciones*
Andenpakt, Gemeinschaft der Andenstaaten

CCFTC   *Comité de Coordinación de las Federaciones del Trópico de Cochabamba*
Organisationskomitee der Verbände der Tropen von Cochabamba

CEIP   *Centro Especial de Investigaciones Policiales*
Spezialzentrum für polizeiliche Untersuchungen

CIDOB   *Confederación Indígena del Oriente Boliviano*
Dachverband der Indigenas Ostboliviens

CNCB   *Confederación Nacional de Colonizadores de Bolivia*
Landesdachverband der Siedler Boliviens

CNPI   *Comisión Nacional de Pueblos Indígenas*
Nationalkommission der Indigenen Völker

COB   *Central Obrera Boliviana*
Dachverband der Arbeiter Boliviens

COMIBOL   *Corporación Minera de Bolivia*
Staatliche Bergbaukorporation Boliviens

CSUTCB   *Confederación Sindical Ùnica de Trabajadores Campesinos de Bolvia*
Dachverband der Landarbeiter Boliviens

DEA   *Oficina Antridroga de Estados Unidos*
Drug Enforcement Administration (Drogenbekämpfungsbehörde der USA)

DIRECO   *Dirección de Reconversión de la Coca*
Direktion für Rückbau der Koka

EGTK   *Ejercito Guerrillero Tupaj Katari*
Guerillagruppe Tupaj Katari

FAMA	*Frente Amplio de Masa Antiimperialista*	
	Breite Antiimperialistische Massenfront	
FELCN	*Fuerza Especial de Lucha Contra el Narcotráfico*	
	Spezialeinheit gegen den Drogenhandel	
FETCTC	*Federación Especial de Trabajadores Campesinos del Trópico de Cochabamba*	
	Spezialverband der Landarbeiter der Tropen von Cochabamba	
FNMCB-BS	*Federación Nacional de Mujeres Campesinas de Bolivia- Bartolina Sisa*	
	Dachverband der Landarbeiterinnen Boliviens – Bartolina Sisa	
FRI	*Frente Revolucionario de Izquierda*	
	Revolutionäre Linksfront	
FSB	*Falange Socialista Boliviana*	
	Sozialistische Falange Boliviens	
FSTMB	*Federación Sindical de Trabajadores Mineros Bolivianos*	
	Dachverband der Bergarbeiter Bolivien	
FSUTUC	*Federación Sindical Única de Trabajadores Campesinos de Cochabamba*	
	Dachverband der Landarbeiter von Cochabamba	
GANPI	*Gran Asamblea Nacional de Pueblos Indígenas*	
	Große Nationalversammlung der indigenen Völker	
IEHD	*Impuesto Especial a los Hidrocarburos y Derivados*	
	Spezialsteuer für Kohlenwasserstoffe und Derivate	
IPSP	*Instrumento Político por la Soberanía de los Pueblos*	
	Politisches Instrument für die Selbstbestimmung der Völker	
IU	*Izquierda Unida*	
	Vereinte Linke	
MAS-IPSP	*Movimiento al Socialismo - Instrumento Político por la Soberanía de los Pueblos*	
	Bewegung zum Sozialismus - Politisches Instrument für die Selbstbestimmung der Völker	
MAS-U	*Movimiento al Socialismo Unzaguista*	
	Unzaguistische Bewegung zum Sozialismus	
MBL	*Movimiento por Bolivia Libre*	
	Bewegung Freies Bolivien	
MERCOSUR	*Mercado del Cono del Sur*	
	MERCOSUR	
MIP	*Movimiento Indígena Pachakuti*	
	Indigene Bewegung Pachacuti	
MIR	*Movimiento Izquierda Revolucionario*	
	Linke Revolutionäre Bewegung	

MNR	*Movimiento Nacionalista Revolucionario*	
	Nationale Revolutionäre Bewegung	
MSM	*Movimiento Sin Miedo*	
	Bewegung ohne Angst	
NFR	*Nueva Fuerza Republicana*	
	Neue Republikanische Kraft	
PCB	*Partido Comunista Boliviano*	
	Kommunistische Partei Boliviens	
Podemos	*Poder Democrático Social*	
	Sozialdemokratische Macht »Wir können«	
PTJ	*Policía Técnica Judicial*	
	Justizpolizei	
TCP	*Tratado de Comercio de los Pueblos*	
	Handelsvertrag der Völker	
TLC	*Tratado de Libre Comercio*	
	Freihandelsvertrag	
UCS	*Unidad Cívica Solidaridad*	
	Bürgereinheit für Solidarität	
UDP	*Unidad Democrática y Popular*	
	Demokratische Volkseinheit	
UMOPAR	*Unidad Movil de Patrullaje Rural*	
	Mobiles Einsatzkommando für Landpatrouillen	
UN	*Frente de Unidad Nacional*	
	Front der Nationalen Einheit	
YPFB	*Yacimientos Petrolíferos Fiscales Bolivianos*	
	Staatliche Erdgas- und Erdölgesellschaft Boliviens	

Glossar der verwendeten Begriffe aus den indigenen Sprachen Quechua und Aymara
(mit spanischer und deutscher Übersetzung)

Aymara	Quechua	Spanisch	Deutsch
akulliku	pijchu	*Masticar*, acullicar	Koka *kauen*
aptapi	kuska mikuna	compartir la comida en forma conjunta	gemeinschaftliches Essen, Teilen aller vorhandenen Speisen
aru	simi	lengua	Sprache
ayni	ayni	reciprocidad	Gegenseitigkeit, gemeinschaftliches Arbeitssystem
buphanta	buphanta	bufanda	Schal
ch'alla	ch'alla	brindis	einen Toast aussprechen, auf die Götter trinken
ch'uno	ch'uno	chuño	gefriergetrocknete Kartoffeln
chacha	qhari	varón	Junge
chacu	chacu	chaco	Landstück
charqui	charqui	charqui	Lamadörrfleisch
chinaru	quepa	atrás	dahinter
chinta	yachak'aj	aprendíz	Lehrling
chiqana	sinchi	mucho	sehr viel
chullu	luchu	chullu (gorro indígena)	indigene Chullo-Mütze
chuqui	q'ori	oro	Gold

chusi	pullu	colcha	Decke
chuspa	chuspa	chuspi (bolsita pequeña para la coca)	Koka-Beutel
huaraka	huaraka	honda	Schleuder
huari	huanaco	vicuña	Vikunja (Kamelart)
huta	huasi	casa	Haus
jaha	ñaupa	adelante	davor
Jallalla	kausachun	que vivan	Es lebe!
jalluña	paran	llover	regnen
jampʼi	jankʼaquipa	tostado	geröstet
janiwa	mana	no	nein
jayra	quella	perezoso	Faul
jichapi jichaxa	kunanma kunanga	ahora es cuando	Die Stunde hat geschlagen!
Jilakata	Mallku	mallku (autoridadmáxima de una comunidad)	Häuptling, Dorfoberhaupt
jiwaña	wanuchun	que mueran	Sterbt!
kʼari aru	llulla	mentira	Lüge
kʼere	qhuncha	quere (hornito de barro)	kleiner Lehmofen
Kʼichua	Qʼichua	Quechua	Quechua
kʼoka	quka	coca	Koka
kʼokha	sacha	árbol	Baum

Aymara	Quechua	Spanisch	Deutsch
kaluyu	kaluyu	musica zapateada	Kaluyu, traditionelle indigene Musik mit Charrango-Gitarre
kalzuna	kalzuna	pantalón	Hose
kepi	quepi	bulto	Bündel aus Aguayostoff
khananchiri	q'anchay	lumbrera	Genie, Erleuchteter
khota	k'ocha	laguna	Teich, See
khoya	qhoya	mina	Mine
kichiña	q'ichiy	pelliscar	Abzwacken
killpa	quillpa	marcado en las oregas	Lamas durch einen Schnitt ins Ohr kennzeichnen
kullu	orko	cerro	Hügel
kuta	q'ucha	laguna	See
lahua	lahua	lagua (crema o sopa de harina)	Maisbrei
legia	llujta	legia	Llujta, Gemisch aus Pflanzenasche mit Banane oder Süßkartoffel
liki	wira	grasa	Fett
likichiri	k'arisiri	liquichiri (persona extractor de grasa humana)	Aberglaube an Personen, die menschliches Fett entnehmen
liquina	yungas	valles	Yungas, höher gelegene Regenwaldgebiete
llijlla	awayu	aguayo	Aguayotuch

lunthatha	sua	Diebstahl
mara	wata	Jahr
marca	llajta	Heimat
mathi	tutuma	Gefäß aus einer Kalabasse
munta	munani	ich möchte
murasxanya	huajinay	Umziehen
muri	mat'cha	Feucht
murihuta	mat'chahuasi (mat'chahuasi)	Wiederbefeuchtungsraum
nayaxa	nucaico	wir
noko	yaquñawi	kleine Quelle
pachamama	pachamama	Mutter Erde
pachaquti	pachaquti	Ahnen
pampa	pampa	Pampa
pankara	tikas	Blumen
phasa	phasa	Phasa, ein Mineralpulver
punchu	punchu	Poncho
pusi	tawa	Vier
t'ajllasu	lakaso	Schlag
tari	incunya	Zeremonietuch
tarka	tarqa	Tarka-Flöte

Aymara	Quechua	Spanisch	Deutsch
thinku	thinku	tincu (encuentro festivo)	Tinku-Fest
ukatxa	chanta	entonces	dann, also
wathia	wathia	huatia (horno pequeño de bloques de tierra)	Ofen aus Erdklumpen
wawa	wawa	bebé	Baby
wilancha	qaraqu	ofrenda religiosa	Opferung, Opfergabe
willka	huaca	huaca (lugar sagrado)	Heiliger Ort
wiphala	wiphala	bandera multicolor	Wiphala, vielfarbige Flagge der Ureinwohner
yapisa	chumpi	cinturon	Gürtel
yatiri	qukakaudor	claravidente	Hellseher
	llunku	servil	Käuflicher, Einschmeichler

Tabellarische Biografie von Evo Morales

Jahr	Orte	Für Morales' wichtige Ereignisse	Relevante nationale Ereignisse	Relevante internationale Ereignisse
1959	Isallawi	Geburt		
1961	Wien			Einheitsabkommen über die Betäubungsmittel
1965	Galilea, Jujuy, Argentinien	Stieleisverkäufer		
1966	Orinoca	Grund-und Oberschulbesuch		
1967	Oruro	Erste Reise in eine bolivianische Stadt: Oruro	Ernesto Che Guevara hält sich in Bolivien auf	
1977	Oruro	Abitur am Nationalkolleg *Marcos Beltrán Ávila*		
1977 1978	La Paz	Militärdienst beim Generalstab	Ende der Militärdiktatur Banzer Suárez	
1979	Isallawi	Rückkehr in seine Gemeinde und die Stadt Oruro	Gründung des CSUTCB[1]	
1980	Chapare	Emigration in den Chapare	Putsch der Drogenregierung García Meza	

Jahr	Orte	Für Morales' wichtige Ereignisse	Relevante nationale Ereignisse	Relevante internationale Ereignisse
1983	Chapare	Sportsekretär der Gewerkschaft 2. August	Seit 1982 regiert H. Siles Suazo	
1985	Chapare	Generalsekretär der Gewerkschaft 2. August	Der Regierungserlass Nr. 21060 tritt unter der Regierung Víctor Paz Estensoro in Kraft	
1988	Chapare	Generalsekretär der FETCTC	Verabschiedung des Gesetzes Nr. 1008 durch die Regierung Víctor Paz Estensoro	Wiener Konvention[2]
1989	Chapare	Am 28. Juni wird ein Attentat auf Evo Morales verübt.	Jaime Paz Zamora übernimmt die Präsidentschaft	Fall der Berliner Mauer
1994	Cochabamba	Präsident des Organisationskomitees der Verbände der Tropen von Cochabamba; 11 Tage in Haft; Teilnahme am Marsch für das Leben, die Koka und die Selbstbestimmung	Gonzalo Sánchez de Lozada setzt seinen Plan Operativo Nuevo Amanecer um; Marsch für das Leben, die Koka und die nationale Selbstbestimmung	
1995	europäische Staaten[3]	24. Februar: Beginn einer Rundreise durch Europa auf Einladung von 14 nichtstaatlichen Organisationen (NGO)	24.-27. März: Historischer Kongress für Grund und Boden und ein Politisches Instrument. Das IPSP[4] wird geschaffen.	

1997	Chapare	Morales wird als Wahlkreisabgeordneter gewählt.	Banzer wird erneut Präsident und beginnt den *Plan por la dignidad* (Plan für die Menschenwürde)
1999	Cochabamba	Morales wird zum Vorsitzenden der MAS-IPSP gewählt.	
2000	Cochabamba	Teilnahme am Wasserkrieg	April 2002: Sieg im Wasserkrieg
2001	New York		11. September: Anschlag auf das World Trade Center
2002	La Paz	Januar: Ausschluss aus dem Parlament	Jorge Quiroga löst Banzer 2001 ab
2002	La Paz	Mit 22 Prozent zweiter Platz bei den Wahlen im Juni.	Sánchez de Lozada wird von einer parlamentarischen Koalition zum Präsidenten gewählt
2003	La Paz	Teilnahme am *Gaskrieg*	*Gaskrieg*, Carlos Mesa ersetzt Sánchez de Lozada und regiert bis 2005
2005	La Paz	Evo gewinnt am 18. Dezember mit 54 Prozent der Stimmen die Präsidentschaftswahlen	Eduardo Rodríguez Veltzé beruft als Präsident Neuwahlen ein

Jahr	Orte	Für Morales' wichtige Ereignisse	Relevante nationale Ereignisse	Relevante internationale Ereignisse
2006	Tiahuanaku	Evo erhält den Häuptlingsstab	Evo Morales erster indigener	
2006	La Paz	der Indigenas am 21. Januar und tritt seine Präsidentschaft am 22. Januar an	Präsident Boliviens	
2006	La Paz	Erlass des Gesetzes zur Nationalisierung der Kohlenwasserstoffe im Mai		
2006	La Paz	Am 2. Juli erreicht die MAS offiziell 53 Prozent (inoffiziell 59 Prozent) der Stimmen für die Constituyente.	Wahlen zum Verfassungskonvent	

[1] Am 26. Juni 1979 wird der Gewerkschaftsdachverband der Landarbeiter Boliviens gegründet.
[2] Die Prüfungskommission des Projekts zur Wiener Konvention traf sich im UNO-Büro in Wien vom 27. Juni bis 8. Juli 1988 und verabschiedete einen an die Konferenz gerichteten Bericht. Die UNO-Konferenz verabschiedete eine Konvention gegen den illegalen Handel mit Suchtstoffen und psychotropen Substanzen. Sie versammelte sich in der Neuen Hofburg, Wien, 25. November bis 20. Dezember 1988.
[3] Österreich, Belgien, Dänemark, Deutschland, Luxemburg, Holland, Großbritannien und Italien
[4] Politisches Instrument für die Selbstbestimmung der Völker (IPSP). Der Kongress fand in Santa Cruz vom 24. bis 27. März 1995 statt.

Interview mit Marcial Morales Aima

Wie heißen Sie und wie alt sind Sie?
Ich heiße Marcial Morales Aima und werde in einigen Wochen 73 Jahre alt.

Was ist Ihr Verwandtschaftsverhältnis zum heutigen bolivianischen Präsidenten Evo Morales?
Ich bin sein großer Bruder-Cousin.

Was meinen Sie mit großer Bruder-Cousin; wäre es nicht ausreichend, Cousin zu sagen?
Ich wurde von Evos Eltern mehr als sein Cousin behandelt, aber in Wirklichkeit war ich eher wie sein Bruder.

Was ist ihre jetzige Tätigkeit?
Ich arbeite weiterhin als Bauer in Bulo Bulo im Chapare.

Sind Sie Gewerkschaftsführer?
Das ist eine lange Geschichte. Ich habe in den Minen von Siglo XX gearbeitet und dort meinen Meister, den Macho Moreno, Federico Escobar Zapata kennengelernt. Von ihm habe ich die Ehrlichkeit eines Gewerkschaftsführers gelernt und auch mein Prinzip: Ich verkaufe mich weder für Silber noch für Gold. Politiker wie Oscar Zamora Medinacelli waren nichts im Vergleich zu ihm. Ich habe sehr geweint, als er verstarb. Danach bin ich in die Tropen gegangen, um hier mein Leben zu bestreiten. Ich habe für meine Gewerkschaftstätigkeit viele Urkunden erhalten. Im Osten Boliviens war ich einer der ersten von der revolutionären Bewegung. Ich hatte dort auch die Ehre, Che Guevara in meinem Haus empfangen zu dürfen. Wenige wissen, dass ich ihm geholfen habe. Ich werde Muthi genannt. Obwohl meine Augen nicht mehr richtig mitspielen, arbeite ich weiter aktiv in der Gewerkschaft mit.

Was sind Ihre ersten Erinnerungen an Evo?
Als Evo 15 Jahre alt war, fuhren meine Ehefrau und ich fast jedes Jahr zum Besuch nach Orinoca. Ich arbeitete zu dieser Zeit für die Bischöfliche Kommission Boliviens und bot Kurse zur Orientierung, Befähigung und Bewusstseinsentwicklung an. Auf einer dieser Reisen führte ich einen solchen Kurs auch für die Gemeindemitglieder von Orinoca durch. Aus den Ayllu Sullka nahm nur Evo teil.

Der Kurs dauerte drei Tage und befasste sich mit der Organisation einer Gewerkschaft. Ich erinnere mich, dass mir einmal ein Lehrer vom Lande sagte, er könne das besser. Ich hatte wirklich nicht viel Erfahrung im Unterrichten, dafür aber die Praxis. Es gab danach einige Abiturienten, denen es gelang, System in meine Kurse zu bringen.

Was können sie über die Teilnahme Evos an Ihrem Kurs sagen?
Ich erinnere mich, dass er sehr viel Interesse an seinem Inhalt, den Gewerk-schaftsthemen, zeigte. In einer dieser Nächte, wahrscheinlich beeindruckt von meinen Aktivitäten und der Weitergabe meiner Erfahrungen als Bergarbeiter-gewerkschaftsführer, weckte er mich und sagte: »Ich werde Dein Nachfolger sein!« Er hinterließ damit bei mir einen dauerhaften Eindruck. Daher zweifle ich nicht daran, dass ich sein erster politischer Mentor bin.

Wie erklären Sie sich dieses plötzliche Verhalten?
Ich glaube, dass sich Evo nicht nur mit der Thematik des Kurses, der Verteidi-gung der Unterdrückten und Gedemütigten, identifizierte, sondern auch eine persönliche Entscheidung fällte.

Meinen Sie, dass Evo in diesem Alter schon eine klare politische Einstellung entwickelt hatte?
Evo war intelligent und sehr interessiert. Wir sind immer in Kontakt geblie-ben. Ich war ein sehr bewusster Politiker, der seiner Sache treu ist und nahm Infomaterial mit aufs Land. Evo las viel in diesem Material über die politische Gewerkschaftsarbeit. Er musste dabei natürlich sehr vorsichtig sein. Er wusste, dass ich von den Regierungskräften verfolgt wurde. Meine Familie hat viel durchmachen müssen, vor allem meine Frau und meine Kinder. Vielleicht wollte er deshalb nicht heiraten.

Es wird gesagt, dass er Kinder hat. Ist das wahr?
Ja, es wird gesagt, dass er einen Sohn und eine Tochter hat. Ich kenne sie nicht persönlich. Ich habe meinen Bruder-Cousins immer empfohlen, keine *quipas wawas* (uneheliche Kinder) in die Welt zu setzen. Aber er hat recht daran getan, nicht zu heiraten. Seine Ehefrauen und Kinder würden darunter leiden.

Wie kann man Evo in diesem Alter beschreiben?
Er wurde sehr geachtet und wertgeschätzt, weil er Sport trieb und auch freundlich und solidarisch mit seinen Eltern umging. In Orinoca haben wir nachts Dame gespielt. Ich besiegte alle, auch Evo. Danach waren alle gegen mich und verprügelten mich am Ende fast.

Auf dem Lande wird sehr sparsam mit Wasser umgegangen und so war es auch bei meiner Tante Maria, Evos Mutter. Meine Ehefrau, die aus Cochabam-ba kommt, störte das, denn sie benötigte viel Wasser und es war lästig, es stän-dig von fern heranzuschleppen. Evo und ich beschlossen, einen Brunnen vor der Tür des Hauses zu graben. Das störte meine Tante. Meine Frau verstand sich gut mit ihr, trotz ihrer unterschiedlichen Muttersprachen. Wir setzten die Arbeit am Brunnen fort und stießen nach Tagen in etwa acht Metern Tiefe auf Wasser. Alle freuten sich. Mein Onkel Dionisio schlachtete ein Lama und kauf-te vier Kisten Huari-Bier. Im Hause meines Onkels fehlte es nie an Bier. Wir feierten entsprechend unserer Kultur eine Art Raimi-Fest, so wie es früher die

Inkas zur Sonnenwende zelebrierten. Wenn ich mir etwas vornehme, wird es immer gut. Und für die Suche nach Wasser habe ich sehr viel Erfahrung bei meiner Arbeit in den Minen gesammelt.

Wie war Evos Beziehung zu seinen Eltern?
Evo war schon in früher Jugend sehr arbeitsam, verantwortungsbewusst und respektvoll zu seinen Eltern. Mein Onkel war in der Gemeinde sehr anerkannt und hatte das volle Vertrauen aller. Er war fleißig und hatte viele Lamas, Alpakas und Schafe. Seinen Kindern war er ein Vorbild. Sie ernährten sich immer sehr gut. Eines Tages bereitete meine Frau ein leckeres Gericht; es wird *cojo pollo* genannt. Es handelt sich dabei aber nicht um Hühnerfleisch, sondern um die zarten Blätter der Quinoa. Evo mochte dieses Essen sehr. In Orinoca gab es kein Gemüse, aber mein Frau war sehr erfinderisch.

Mein Onkel hatte auf einem seiner Felder Gerste geschnitten. Ich beherrschte eine Technik, sie zu Garben zu binden. Ich konnte trotz meiner kleinen Statur mehr Getreide als meine Bruder-Cousins tragen. Sie wollten es mir gleich tun, aber es gelang ihnen nicht. Evo war sauer auf mich. Aber wir achteten immer darauf, dass jeder gut arbeitete. Er hatte schon immer die Angewohnheit, sehr zeitig aufzustehen. Um 6 Uhr morgens war er bereits bei der Arbeit.

Sie haben im Chapare gelebt und Evo auch. Haben Sie zusammen gewohnt?
Nein. Ich glaube, in den Chapare kamen nur Evo, Hugo und ihr Vater. Meine Tante habe ich dort nie gesehen, wahrscheinlich war sie in Orinoca geblieben. Ich wohnte in Aroma und war Generalsekretär und Gründer der Gewerkschaftszentrale 15. Dezember. Sie lebten an einem anderen Ort des Chapare, in San Francisco.

Haben Sie Evo geholfen, im Chapare Gewerkschaftsführer zu werden?
Geholfen wäre zuviel gesagt. Evo wollte schon immer die Armen verteidigen und es war sein Wunsch, Gewerkschaftsführer zu werden. Letztendlich haben wir jetzt einen Präsidenten, der einer von uns ist. Alle haben wir darum gekämpft und jetzt sind wir alle stolz auf ihn.

Evo wurde von den Militärs verwundet und sogar fast getötet. Was wissen Sie darüber?
Ich erinnere mich an diese tragische Situation. Er war zu der Zeit Generalsekretär des Verbandes der Tropen von Cochabamba. Ich sah ihn voller Asche und Schlamm mit einem aufgeblähtem Bauch daliegen. Er bedankte sich für meinen Besuch, dem ich ihm in Cerro Verde/Cochabamba abstattete.

Was haben Sie in diesem Moment gefühlt?
Er war für mich wie mein leiblicher Sohn. Und er tat mir sehr, sehr leid. Die Ärzte haben ihn am nächsten Tag behandelt. Zum Glück hat er sich schnell erholt, wir brauchten ihn.

Können Sie uns sagen, woher er seinen Mut nimmt?
Er hatte auf jeden Fall sehr viele Freunde, aber es fehlte ihm auch nicht an Feinden. Er hatte nie Angst und war konsequent. Er kämpfte nicht um seiner selbst Willen. Evo ist darin meinem Meister ähnlich, der mir sagte: Ich verkaufe mich weder für Silber noch für Gold. Genauso wenig lasse ich mich benutzen. Ich habe es auch von meinem Lehrer in der Schule gelernt, mutig zu sein, unsere natürlichen Reserven zu verteidigen und Steine und Dornen aus dem Wege zu räumen. Vielleicht hatte er dasselbe gelernt.

Bei diesem Mal in Cochabamba wurde er zum Generalsekretär des Verbandes der Tropen gewählt. Er kämpfte unter der Koka-Fahne und beeindruckte alle anderen. Bei dieser Veranstaltung erhielt er viel Zuspruch.

Evo hat Selbstbewusstsein und Stolz wie nur wenige. Woher kommt das?
Das ist unsere Kultur. In unseren Gemeinden hat jeder seinen Platz. Jeder wird respektiert und respektiert die anderen. Wir sind stolz, unsere Muttersprache zu sprechen, unsere Tracht zu tragen und das zu essen, was uns die Mutter Erde gibt. Wir pflegen unsere Bräuche. Evo kennt das und wurde von seinem Vater so erzogen.

An welche Aktivitäten Evos im Kampf für die Koka erinnern sie sich?
Es ist unmöglich, Evo vom Kampf für die Koka-Pflanze zu trennen. Das ist eine lange Geschichte. Aber ich erinnere mich an eine Aktion besonders. Wir nahmen an einem Hungerstreik der Koka-Bauern von Cochabamba in der Nähe des Campus der Stadt teil. Der Streik dauerte 12 Tage. Dabei habe ich seine Widerstandskraft kennengelernt.

Können Sie uns etwas über Evos Rolle beim Aufbau einer politischen Partei sagen?
Es gab viele Kongresse, die zum Zweck hatten, dieses Thema zu diskutieren. Erst hatten wir die ASP und danach das Ispi, so nannten wir das IPSP. Letztendlich hatten wir die MAS. Ich glaube, es war 1995, als Alejo Véliz ausschied. Der aktivste und ernsthafteste war aber schon immer Roman Loaysa gewesen. Bei diesem Kongress wurde Evo nicht gewählt.

Warum nicht?
Ich glaube, er war gar nicht auf dem Kongress. Ich auch nicht. Véliz hatte schon über drei Jahre versucht, die juristische Person für die Partei eintragen zu lassen, aber sie wurde uns verweigert. Daher haben wir uns den Namen von der MAS geliehen, die eine bereits anerkannte juristische Person beim Wahlgerichtshof war. Sie haben uns Namen und Fahne gegeben, waren aber eine rechte Partei. Wir haben uns ein Rennpferd geborgt, um am Rennen teilnehmen zu können. Unsere Politik war eigentlich immer, keine Bündnisse einzugehen und nicht zum Gehilfen einer anderen Partei zu werden. Wir wollten unser eigenes Pferd haben.

Während der Wahlkampagnen koordinierten Sie und Evo seine Arbeit?
Nicht nur in bei den Wahlen sondern auch bei vielen anderen Gelegenheiten.
Für mich ist er wie ein Sohn und er sagte immer: »Du weißt was zu tun ist, ich
muss Dir das nicht sagen.« Sowohl bei den Wahlen 2002 als auch 2005 war seine Botschaft, dass wir selbstverwaltet handeln sollten, das heißt, auch die ganze Propaganda aus unserer Tasche bezahlen. So haben wir unsere Fahnen,
Transparente und Mützen finanziert. Auch die Gelder für das Infomaterial
und die Flugblätter kamen von uns.

Yapacaní, den 18. März 2006

Bibliografie

Die Zitate aus den in den Anmerkungen und in der Bibliografie genannten spanischen Originalquellen wurden von Erik Engelhardt übersetzt.

Monographien:

Alurralde Anaya, José Antonio: Coca acullico y sus beneficios, N° de depósito legal 4-1-1792-02, La Paz 2002.

Contreras Baspineiro, Alex: Evo Morales, una historia de dignidad, Equipo de Comunicación y Organización Social (ECOS)/Editora JV, Cochabamba 2005. Contreras Baspineiro, Alex, Biografía de Evo Morales una historia de dignidad, U.P.S. Editorial s.r.l. ,La Paz 2005.

Contreras Baspineiro, Alex: La Marcha Histórica, CEDIB, Cochabamba 1994.

Carter, William E.: Ensayos científicos sobre la coca, Librería Editorial »Juventud«, La Paz 1996.

Choque C., Roberto: Bases socioeconomicas y politicas del Tawantisuyu, Centro Marka 1988.

Días, Ricardo: Evo ... Rebeldía de la coca, La Paz 2003.

Dietz, Eva: Der Funktionswandel der Koka in Bolivien, Verlag Breitenbach, Saarbrücken 1996

Drogas y Conflicto, Documento de debate, Mai 2006, Nr.13, ¿Coca si, cocaína no?, Transnational Institute, De Wittenstraat 25, 1052 AK Amsterdam

Steger, Hugo/Wiegand, Herbert Ernst: Namensforschung – Ein internationales Handbuch zur Onomastik, de Gruyter, Berlin/New York 1995, Bd. 1/1

Laserna, Roberto: 20 (mis)conceptions on coca and cocaine, Clave Consultores s.r.l, La Paz 1997

Levine, Michael/Levine, Laura Kavannau: Relato de un ex agente de la DEA, La Guerra Falsa, Fraude mortífero de la CIA en la guerra a las drogas, Acción Andina, CEDIB, Cochabamba 1994.

Loayza Caero, Roman: Tierra territorio Instrumento Político, Por el poder – por la tiera territorio y la coca, Abja-Yala/Q´ochapampa 2001.

Lopez Bárcenas, Francisco: Los movimientos indígenas en México Rostros y Caminos, mc Editores, o. O. 2005

Mamani Aruquipa, Hugo Faustino: Compendio de la Gramática Quechua, Promotora Cultural Oriom, Juliaca 2005.

Morales Zenteno, Román: Testimonio de Árbol Genealógico en la Memoria Histórica de los »Qala Katari«, Oruro, 24. August 2004.

Prescott, William: Die Eroberung Perus, Dieterich'sche Verlagsbuchhandlung, Leipzig 1975.

Quispe Quispe, Ayar: Los Tupakataristas revolucionarios, Editorial Willka, La Paz 2005.

Quispe Quispe, Ayar: Indios contra indios, Edición »Nuevo Siglo«, o. O. 2003.

Reinaga, Fausto: Amerika, India und das Abendland, Trikont Dianus, München 1980.

Reinaga, Fausto: La Revolucion India, Ediciones PIB, o. O. 1970

Rivera Cusicanqui, Silvia: Las Fronteras de la Coca. Epistemologías Coloniales y Circuitos Alternativos de la Hoja de coca, IDIS-UMSA y Ediciones Aruwiyiri, La Paz 2002.

Rivera Cusicanqui, Silvia: Oprimidos pero no vendidos no vencidos, luchas del campesinado aymara y quechua 1900-1980, Arawiyiri-Editorial del Taller de Historia Oral Antido (THOA), La Paz 2003.

Taboada Terán, Nestor: Tierra Mártir Del socialismo de David Toro al socialismo de Evo Morales, o. O. 2006.

Tageszeitungen

La Razón, La Paz (Bolivien), www.la-razon.com Opinión, Cochabamba (Bolivien), www.opinion.com.bo

El País, Madrid (Spanien), www.elpais.es

Correo del Sur, Sucre (Bolivien), correodelsur.com

El Diario, La Paz (Bolivien), www.eldiario.net

El Deber, Santa Cruz de la Sierra (Bolivien), www.eldeber.com.bo

Los Tiempos, Cochabamba (Bolivien), www.lostiempos.com

La Prensa, La Paz (Bolivien), www.laprensa.com.bo

La Tercera, Santiago (Chile), www.tercera.cl

El nuevo dia, www.el-nuevodia.com

Handelsblatt, Düsseldorf (Deutschland), www.handelsblatt.com

El Mundo, Santa Cruz (Bolivien), www.elmundo.com.bo

La República, Lima (Peru), www.larepublica.com.pe

Zeitschriften:

Punto Final, Santiago (Chile), erscheint vierzehntägig, www.puntofinal.cl

Nueva Epoca, La Paz (Bolivien), Zeitschrift der Regierung Morales

Bildnachweis

Die auf den Seiten 24, 31, 39, 91, 198, 199, 200 und 201 gezeigten Grafiken und Karten wurden nach Vorlagen des Autors von Thomas Butsch und Stephan Fritzsch neu angefertigt.

Die Fotos wurden von folgenden Personen zur Verfügung gestellt:

Silvano Arancibia Colque, Cochabamba (Bolivien): Seiten 82, 84, 85, 93, 96, 97, 98, 99, 101, 115, Tafel XIII; J. Bigwood (USA): Seite 100, 146; F. Cartagena (Bolivien): Seiten 117, 121, Tafel VI; Noah Friedman-Rudovsky, Philadelphia (USA): Tafeln III, XXIII, XXIV, XXV, XXVIII, XXX, XXXII; C. Lopez (Bolivien): Seite 120, Tafel VII; Picture Alliance/dpa/dpaweb: Seite 86; Florencio Morales, Halle: Seiten 8, 42, 51, 60, 65, 66, 74, 75, 81, 83, 87, 95, 113, 122, 140, 149, 150, 153, 175, Tafeln I, II, XXVII; Rainer Simon, Potsdam: Tafeln V, IX, XI, XVII, XVII, XIX, XX, XXI,XXI, XXIX; Archiv Fernando Salazar Ortuño, Cochabamba (Bolivien): Seiten 62, 71, 104, Tafel XIV.

Alle anderen Bilder: Archiv des Autors.

François Gantheret

Paul Cézanne

Der Maler und sein Weg in die Moderne
Ein Porträt
Eine Übersetzung aus dem Französischen von Annette und Norbert Leppert
Petite route du Tholonet, Éditions Gallimard, 2005
mit Abb. und DVD
ISBN 978-3-386189-756-9
49,90 € [D]

*»Die Kombination von ausführlicher Lebensbeschreibung und begleitender DVD
macht Gantherets Werk zu einem echten Muss für alle Freunde Cézannes und der
impressionistischen Malerei.«*
3sat

»Eine neue Sicht auf Cezannes Werk«
Bayern 2 Radio

Mehr Bücher und Informationen unter
www.militzke.de

Erste umfassende Darstellung über Thomas Manns Verhältnis
zur Musik inklusive einer CD mit musikalischen Originalaufnahmen aus
Manns Plattensammlung!

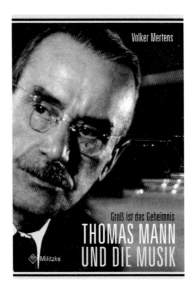

Volker Mertens

Groß ist das Geheimnis

Thomas Mann und die Musik

Hardcover mit CD musikalischer Originalaufnahmen
ISBN 978-3-86189-747-7
39,90 Euro [D]

*»Volker Mertens aber lässt sich mit immenser Belesenheit, einer Fülle von
Zitaten und beträchtlicher Leidenschaft auf dieses Abenteuer ein.«*
Die Zeit

*»Ein sehr umfassendes, sehr informatives, nicht zuletzt sehr schön gesetztes und
gebundenes Buch mit CD, auf der erhellende Hörbeispiele versammelt sind.«*
Deutschlandradio Kultur

Mehr Bücher und Informationen unter
www.militzke.de